通俗麻将技巧

赵国鑫 著

人民体育出版社

前言

　　麻将具有很强的趣味性、娱乐性，是我国普及程度最高的棋牌项目，有着广泛的群众基础。它作为一种竞技项目，入门简单，道理却有其博大精深的一面，与数学、心理学、哲学、逻辑学都有关系。美国人从棋牌游戏和博彩等活动中研究出了著名的博弈论，但时至今日，我国有着悠久历史的麻将并没有大的发展，国内几乎没有人运用现代科学去研究它、发展它，而在美国、日本却有专门的麻将研究机构。本书开创性地运用概率论、数理统计、风险决策、逻辑推理等科学方法研究麻将，向读者介绍种种传统的、经典的制胜方法，使读者能在实战中运筹帷幄，招招御敌于千里之外。

　　本书具有科学性、新颖性、实用性的特点。科学性体现在本书编入了概率论、统计推理、逻辑推理、风险决策、哲学等内容；新颖性体现在编入了民间的种种招术，特别是码牌内容在其他麻将书中只是浅尝辄止，而本书则详细介绍；实用性体现在内容经过多次整理，实战牌例很多，使读者能够即学即用。

　　学习如同做事一样，无论做大事还是小事，只有用心去做，才能成功。麻将涉及的知识面很广，加之各地打法又不尽相同，就是同一个地方也有不同的讲究。因此，初学者一定要循序渐进，一步一步来，切忌急于求成。比如说，新手可以先学着打"两报扣"（即只碰不吃自摸和牌），再学"三报扣"（即可吃可碰自摸和牌）；先学"两报包"（即只碰不吃可以收炮），再学"三报包"（即可吃可碰可收炮）；在掌握了全部基本功之后，最后学习打计番麻将。如果想把麻将研究透彻，达到较高的水平，就要阅读相关书籍，集百家之长；还要肯下工夫，用头脑多思考；更重要的是参加实战，积累经验。在此，希望各位能学有所成、学有所悟、学有所用，并在竞技中取得好成绩。

最后，希望广大读者和专家能对本书的不足之处提出批评，也希望有兴趣研究麻将文化的牌友能同我交流，联系邮箱为 QGBPP@163.COM。

著 者

于 2005 年 6 月

目 录

第一章 基础理论 …………………………………………（ 1 ）
一、概率论 …………………………………………（ 1 ）
二、速度论 …………………………………………（ 11 ）
三、对手的等级控制理论 …………………………（ 14 ）
四、技术的局限性 …………………………………（ 19 ）
五、猜牌的逻辑思维 ………………………………（ 25 ）
六、统计推理 ………………………………………（ 31 ）

第二章 吃碰杠听技巧 ……………………………………（ 35 ）
一、吃牌技巧 ………………………………………（ 35 ）
二、碰牌技巧 ………………………………………（ 45 ）
三、杠牌技巧 ………………………………………（ 52 ）
四、听牌技巧 ………………………………………（ 55 ）

第三章 两报扣技巧 ………………………………………（ 77 ）

第四章 码牌原理 …………………………………………（ 91 ）
一、码牌的技术层次 ………………………………（ 92 ）
二、码牌技巧 ………………………………………（ 93 ）
三、码牌战例 ………………………………………（ 103 ）
四、连荒两局情况下码牌的策略 …………………（ 110 ）

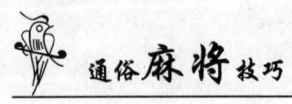

第五章　两报包技巧 …………………………………（113）

　　一、行牌技巧 ……………………………………（113）
　　二、减少放炮的技巧 ……………………………（123）
　　三、听牌技巧 ……………………………………（128）
　　四、两报包中码牌技巧的运用 …………………（144）
　　五、两报包头家听牌时推测其听张法则 ………（149）
　　六、激进型打法 …………………………………（159）

第六章　三报包技巧 …………………………………（165）

　　一、各阶段的战略 ………………………………（165）
　　二、如何舍孤张 …………………………………（179）
　　三、舍牌技巧 ……………………………………（183）
　　四、拆搭与兜搭 …………………………………（191）
　　五、猜牌技巧 ……………………………………（200）
　　六、欺上压下 ……………………………………（208）
　　七、实战例 ………………………………………（214）
　　八、麻将问题解答 ………………………………（219）

第七章　麻将哲学 ……………………………………（236）

　　麻将与书法 ………………………………………（237）
　　打麻将的人 ………………………………………（239）
　　人生如同一场麻将 ………………………………（242）
　　牌如其人 …………………………………………（243）
　　解读麻将 …………………………………………（244）

第八章　高手篇 ………………………………………（247）

　　形象篇 ……………………………………………（247）

心态篇 …………………………………………（248）
顺逆篇 …………………………………………（251）
攻守篇 …………………………………………（255）
行为篇 …………………………………………（260）
猜牌篇 …………………………………………（262）
码牌篇 …………………………………………（272）
洞察篇 …………………………………………（275）

第一章 基础理论

一、概率论

1. 什么是概率

以简单的掷硬币试验为例，掷出一枚硬币，可能有两种结果——正面或反面，这就是不确定性。概率论是专门研究不确定性的，它所关心的是某个具体事件出现的可能性的大小，概率值就是这种可能性大小的一个度量。记"出现正面"为事件 A，记"出现反面"为事件 B，它们的概率[分别记为 P（A）和 P（B）]各应当是多少呢？概率论是以随机现象为研究对象的，概率却必须是一个客观的、确定的值，因此，关键在于从不确定现象中寻找确定的规律。

掷硬币的结果是有规律的吗？这种规律性又如何表现出来呢？从历史上有一些著名的试验，为我们提供了直观的背景。

实验者	掷硬币次数	出现正面次数	频率
蒲丰	4040	2048	0.5069
皮尔逊	12000	6019	0.5016
皮尔逊	24000	12012	0.5005

这些实验的结果是很有启发性的，虽然事件 A 在一次试验中可能发生，也可能不发生，但大量重复试验中，它出现的频率

却非常稳定，而且试验次数越多，频率越接近于1/2，这种现象被称为频率稳定性，它说明随机事件发生可能性的大小是随机事件本身固有的属性。因此可以对它进行度量，这正是概率论得以建立的现实基础。根据这一结果，确定P（A）=1/2就是理所当然的了，同样P（B）=1/2。

2. 古典概型

从上面的讨论得知，均匀投掷硬币出现正面和反面的可能性是一样的，它们的概率都是1/2，这是掷币模型的一个重要特点。事实上，这种可能性并非只有掷币模型才具备，而是一大类概率模型的共同特征。例如，一般的摸球模型，假设袋子中装有各种不同颜色的球共n个，很容易理解，摸球者在任意一次摸球中，袋中各球被摸到的可能性的大小是一样的。

这种可能性加上样本点个数的有限性，就是古典概型的基础特征。

对于一般的任何事件A，其概率则由其所包含的样本点的个数所决定。一个人买了一百张"即开型"福利彩票，而本期共发行十万张，只设一个一等奖，那么他获一等奖的机会（即概率）可由以下公式计算：

$$P(A) = \frac{\text{事件A包含的样本点个数}}{\text{样本点总数}}$$

P（A）=100/10万=1/1000，由此公式计算出该彩民获一等奖的概率是千分之一。

【例1】一副麻将牌共有136张，其中有4张南风，现从所有麻将牌中任抽1张，抽中南风的概率是多少？

解：样本点总数为136，事件A"抽中南风"中包含的样本点数即南风的张数为4，因此，P（A）=4/136=0.029。该例中抽中南风的概率是2.9%。

3. 概率的基本性质

推论1 不可能事件的概率为0。

【例2】现4条已经被上家暗杠，那么听牌夹4条和牌的概率为0。

推论2 有限个事件中，若A1、A2……An两两互不相同，则发生事件A1或A2的概率为A1与A2的概率之和。

【例3】听牌准备和三、六万，和牌的概率应当等于听三万和牌的概率加听六万和牌的概率。

推论3 若A事件的范围能将B事件全部包含进去，那么发生A事件的概率必定大于或等于发生B事件的概率。

【例4】听三、六万和牌的概率应当大于或等于听夹三万和牌的概率。

推论4 对于事件A，发生的概率为P（A），那么事件A不发生的概率应为1-P（A）。

【例5】现有技术水平相当的四人（甲、乙、丙、丁）在一起打麻将，任意一局中甲的和牌概率为1/4，那么在任意一局中甲不和牌的概率为1-（1/4），即3/4。

4. 全概率公式

【例6】某一局中，手中留有的牌为

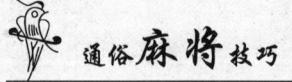

如果说我们已知，将要摸的下一张牌或是二万或是三万，同时还已知听夹三万和牌的概率是20%，听二、五万和牌的概率是40%，试问本局中和牌的概率是多少？

我们可以用图解的方式来计算结果：

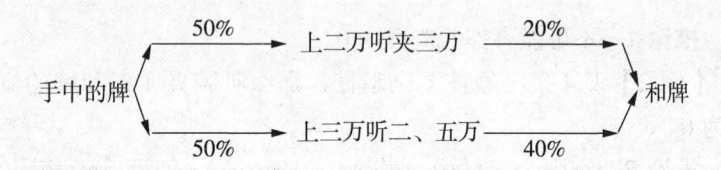

```
                50%      上二万听夹三万     20%
手中的牌 <                                    > 和牌
                50%      上三万听二、五万   40%
```

和牌的概率P=（0.5×0.2）+（0.5×0.4）=0.3，即本局中和牌的概率是30%。

5. 事件独立性

定义：对相互独立的事件A和B，事件A发生的概率是P（A），事件B发生的概率是P（B），那么两事件同时发生的概率P（AB）=P（A）×P（B）。

【例7】手牌已经报听，如下图所示：

牌墙内还剩60张牌，现在从牌墙上摸一次牌，发生杠上开花的概率是多少？即摸进的是东风和杠头是二、五万两事件同时发生的概率是多少？

解：首先我们分别计算出事件A（即摸进的是东风）和事件B（即杠头是二、五万）各自发生的概率。

摸进的是东风的概率P（A）=1/60=0.017

杠头是二、五万的概率P（B）=8/136=0.06

然后利用公式 P（AB）=P（A）×P（B）计算两事件同时发生的概率。摸进的是东风和杠头是二、五万发生的概率 P（AB）=P（A）×P（B）=0.017×0.06=0.001。千分之一的概率是很低的，由此解释了牌场上自摸杠上开花很罕见。

【例8】现有四人（甲、乙、丙、丁）坐在一起打麻将，假设在任意一局中甲先生的和牌概率是 1/4，那么从本局开始，甲先生连续和牌四局的概率是多少？

解：首先我们已知事件 A（甲先生在任一局中和牌）发生的概率 P（A）是 1/4，然后我们计算连续四局中均发生了事件 A 的概率，P=P（A）×P（A）×P（A）×P（A）=（1/4）^{4}=0.004。

即甲先生连续四局和牌的概率是 0.4%。

【例9】现有四人（甲、乙、丙、丁）坐在一起打麻将，假设在任意一局中甲先生的和牌概率是 1/4，那么从本局开始，甲先生连续四局不和牌的概率是多少？

解：首先，我们计算出事件 A（甲先生在任意一局中不和牌）发生的概率 P（A）是 1–（1/4），即 3/4，然后，我们计算连续四局均发生了事件 A 的概率，P=P（A）×P（A）×P（A）×P（A）=（3/4）^{4}=0.316。

即甲先生连续四局不和牌的概率是 31.6%。

6. 独立重复试验

公式：将一个试验独立重复地做了 n 次，设在每次试验中事件 A 发生的概率为 P，那么在这 n 次试验中事件 A 至少发生一次的概率为 1–（1–P）^{n}。

用大白话解释，袋子中有一个黑球和一个白球，每次将手伸入袋中取出黑球的概率是 1/2，那么任意两次取球试验中至少取出一次黑球的概率是 1–（1–1/2）^{2}，即 3/4。

【例10】在一局牌中，甲先生听夹四万，此时剩下的两道牌

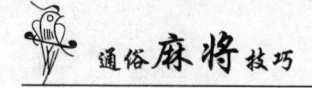

墙 68 张牌中有 4 张四万，那么将所有的牌摸完，能够自摸到四万的概率是多少？

解：两道牌墙中共有麻将牌 17×2×2=68 张，摸其中任意一张能摸中四万的概率是 4/68，两道牌墙共有 17 次摸牌机会，17 次摸牌中至少摸中一次四万的概率是 $1-(1-4/68)^{17}=0.64$，约等于三分之二。

从这个结果来看，听夹四万即使决策很正确——4 张四万全在牌墙之中，那么没有自摸和牌也很平常，因为即便在另外三家都不和牌的情况下，也有三分之一的场合不能自摸，何况对手是不可能将和局拱手相送的呢？这更说明了为什么大家都偏好听"多口叫"，而很少有人对"单钓"情有独钟。因为"单钓"和牌的概率要大大低于"多口叫"，并且即使是听"多口叫"，从概率值来看也不能说是稳操胜券。下面通过一个例子来计算"多口叫"和牌的概率值。

【例 11】在一局牌中，某人听牌，准备自摸二、五、八万和牌，听牌后摸牌 8 次至少摸到一个二、五、八万的概率是多少？

解：首先我们知道麻将共有 136 张，其中二、五、八万占了 12 张，那么自摸任意一张牌摸中二、五、八万的概率是 12/136。

利用上述的独立重复试验公式，连续摸 8 次牌至少摸到一个二、五、八万的概率是 $1-(1-12/136)^8$，即 0.52，略大于 1/2。

从这个例子，我们可以这样理解，听二、五、八万不考虑其他因素影响，八巡之内自摸和牌的概率约为 1/2。

7. 概率在麻将技巧中的运用

前面为大家讲了一些概率的数学知识，其实只是概率论中最肤浅、最容易理解的一部分内容，目的是启发大家的数学思维。下面通过实例为大家进一步讲解概率的使用。

（1）牌的分布

麻将的行牌过程为我们提供了很多信息，使我们对部分事物是已知的，部分是未知的，部分是猜测的，但在一局牌中，未知（信息）的范畴永远大大多于已知（信息）的。尽管如此，我们总是试图掌握牌局中更多的信息，比如：对手想碰什么牌？听夹3条是否绝和？在剩下的牌墙中有几个3条呢？当这些信息在当时的环境下无法知道时，我们可以利用概率去测算。最简单的是3条一共有4张，假设洗牌时足够均匀，特别是现在很多比赛开始使用自动洗牌码牌的麻将机，使洗牌过程剔除了人为干扰，那么每道牌墙中应该有1张3条，当然这是理想化的正态分布，但这条理论在对牌局的判断上却切实可行，至少比妄自猜测好许多。

打个比方，你的手牌如下图：

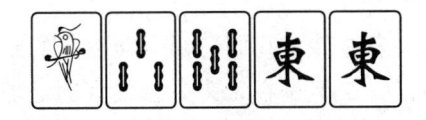

现在准备听牌，面临两种选择：听夹2条或听夹4条。此时1、3条已经被人碰出，海内有2张2条。通过以上迹象可以判断2条各家都没有用，仅剩的最后一道牌墙（十七墩牌）中必定有2张2条，但4条海内一张都没有，剩下的这段牌墙中4条可能有0~4张。这时，很多人会头脑一热，主观上就奔着4张4条去听夹4条。但是，如果用概率计算，一道牌墙中应当只有1张4条，4条和牌的可能性比2条小，所以应该听夹2条。

（2）和牌的概率

现在手中的牌如下图，需要舍出一张牌即可听牌。

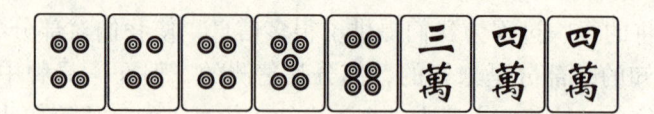

如果舍三万，听四、七饼带四万，属于"三口叫"；如果舍四万听二、五万，属于"两口叫"。从表面上看，"三口叫"要好于"两口叫"，似乎和牌的可能性大。但是通过计算，听四、七饼带四万，除掉自己手中占的牌，外面还剩 1 张四饼、四张七饼、两张四万，待牌 7 张；而听二、五万，外面还剩四张二万、四张五万，待牌 8 张，待牌张数越多，自摸和牌的概率就越高。因此在这局中，听"两口叫"和牌的概率反而要高于"三口叫"。

8. 风险型决策

风险型决策所面对的未来事件，我们已知可能发生的状态及在这些状态下的利益和损失，但是在未来是否发生则是随机的，其发生的概率可以根据经验或以往的统计资料来估计。由于决策结果可能导致一定的损失，因此称这种决策为风险型决策。

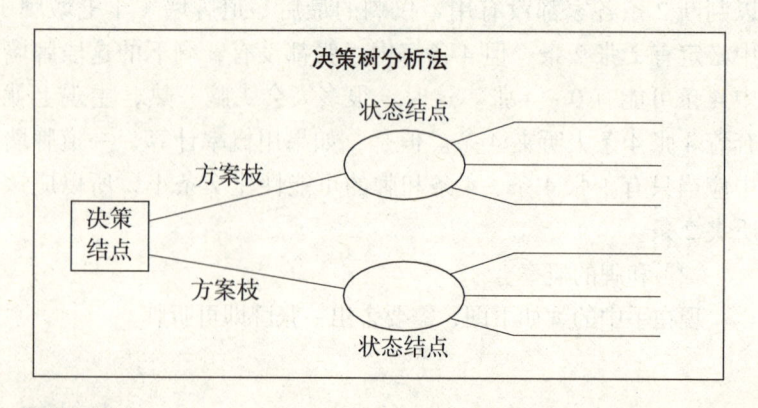

举例：

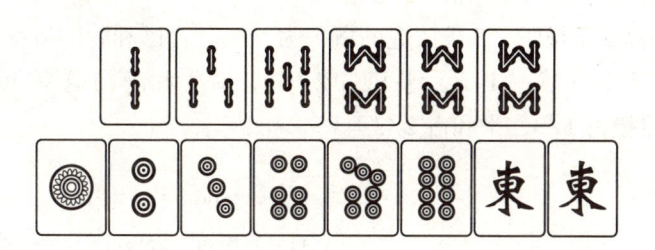

手牌如上图，已经有两家报听，现决定如何舍牌，有两种方案：

①舍2条报听，2条放炮的概率为0。以后自己和牌的概率是25%，对手和牌的概率是75%。

②舍5条报听，5条放炮的概率为40%。若5条未放炮，以后自己和牌的概率是40%，对手和牌的概率是60%。

以下情况中我的利益和损失为：听牌放炮失1分，自己自摸和牌得6分，自己平和得3分，对手自摸和牌失2分，对手平和失1分。

解：首先，根据事件独立性的定义，事件A发生的概率是P（A），事件B发生的概率是P（B），那么两事件同时发生的概率P（AB）=P（A）×P（B）。我们将该两种方案转化为：

①舍2条报听，2条放炮的概率为0%，自己和牌的概率是25%×（1-0%），对手和牌的概率是75%×（1-0%）。

②舍5条报听，5条放炮的概率为40%，自己和牌的概率是40%×（1-40%），对手和牌的概率是60%×（1-40%）。

其次，方案①和方案②均是三家报听，听牌各家以自摸和牌为结果的概率是1/3，以平和为结果的概率是2/3。我们再将两种方案细化为：

①舍2条报听，2条放炮的概率为0%，自己和牌的概率是

25%（其中自摸占 1/3，平和占 2/3），对手和牌的概率是 75%（其中自摸占 1/3，平和占 2/3）。

②舍 5 条报听，5 条放炮的概率为 40%，自己和牌的概率是 24%（其中自摸占 1/3，平和占 2/3），对手和牌的概率 36%（其中自摸占 1/3，平和占 2/3）。

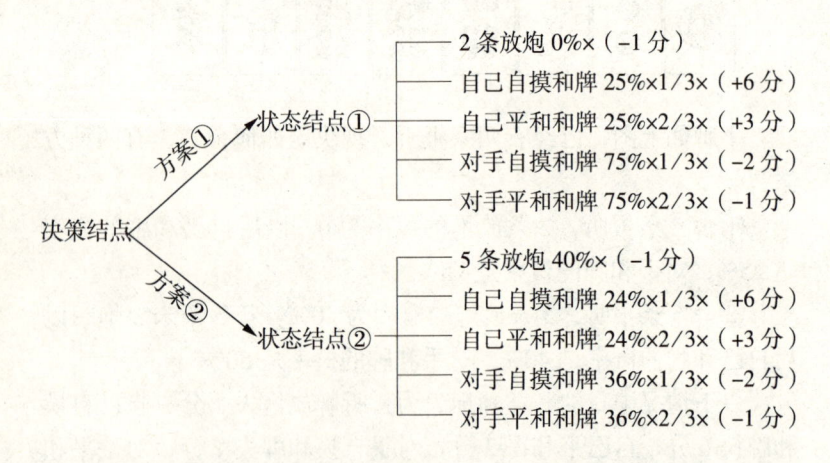

```
                              ┌── 2 条放炮 0%×（-1 分）
                              ├── 自己自摸和牌 25%×1/3×（+6 分）
               方案①  状态结点①┼── 自己平和和牌 25%×2/3×（+3 分）
              ╱               ├── 对手自摸和牌 75%×1/3×（-2 分）
             ╱                └── 对手平和和牌 75%×2/3×（-1 分）
   决策结点
             ╲               ┌── 5 条放炮 40%×（-1 分）
              ╲              ├── 自己自摸和牌 24%×1/3×（+6 分）
               方案②  状态结点②┼── 自己平和和牌 24%×2/3×（+3 分）
                              ├── 对手自摸和牌 36%×1/3×（-2 分）
                              └── 对手平和和牌 36%×2/3×（-1 分）
```

最后，将每个方案的各种概率的收益和损失相加后得出：方案①的期望收益为 0 分；方案②的期望收益为 0.08 分。比较后得出结论，方案②的期望收益较大，因此选择舍出 5 条报听。

掌握了风险决策方法，并不意味着在每次抉择时都要繁琐地计算，其实只需要粗略地估计即可作出决定，关键在于读者要从以上的数学计算中明白得与失的关系。不愿付出就很难得到回报，付出太多而预期回报太少则不划算，自己若不主动追求回报，就意味着将回报拱手送予对手。

二、速度论

兵法中讲"兵贵神速",麻将也是如此。麻将的规则是以某一家和牌为标志结束一局而开始下一局的,因此,麻将的第一目标就是抢在其他对手之前和牌。这就意味着,在行牌的过程中,速度是至关重要的。特别是打包牌(即一家未听牌而放炮的话,而赔付三家的下注数额之和给和牌方)时,先听牌的一方将占据有利的地位,先听牌即使不和牌也不至于包牌,未听牌的一方则处于很被动的位置。本节是概率论的具体应用,从数学角度讲解麻将的听牌、和牌速度。

1. 上牌的速度

以这手牌为例,牌局规则要求两报扣和牌,在第5巡上手1条,就面临选择:要么听牌,求和夹2条;要么不听,等待上2条、4条、2饼、4饼中任何一张;然后再报听,这样就能听个好口子。我们该如何科学地选择呢?

①我们先选择听牌。两报扣的打法是不留后八墩的,一直打到有人和牌为止,打到荒庄(也称流局)共有21巡。经过多次实验测算,和牌通常在第15巡左右,也就是说,听牌后将有10次摸牌的机会,自摸和牌的概率是 $1-(1-4/136)^{10}=0.259$,约等于 1/4,报听夹2条将有 1/4 的可能性和牌。

②我们再选择不听牌,期待上2条、4条、2饼、4饼使牌

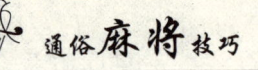

面变得有利。下一巡能摸到这四张牌的概率是 16/136，也就是说，通常情况下需要 8.5 巡才能摸上这四张牌中的任意一张，此时牌局总巡数已经到了第 14 巡，接近尾声，和牌希望渺茫。

通过以上比较，对于这个实例我们应该选择及早报听。实际上也凭借数学方法验证了那句俗语："早听三分和。"

2. 和牌的速度

仍以这手牌为例，牌局规则要求两报扣和牌。对于这手牌而言，我们在第 5 巡报听夹 2 条，或在第 10 巡报听 2、5 条，自摸和牌的概率各是多少呢？

在第 5 巡报听夹 2 条，有 10 次摸牌机会，和牌概率是 $1-(1-4/136)^5=0.259$。

在第 10 巡报听 2、5 条，有 5 次摸牌机会，和牌概率是 $1-(1-8/136)^{10}=0.261$。

二者和牌的概率是均等的。

3. 听牌的速度与质量要统一起来

通过上面的讲解，我们破除了陈旧的麻将概念——听牌过分注重好口子。速度固然重要，但是凡事都要把握好"度"，过犹不及，听牌过分注重好口子不科学，听牌过分追求速度同样也不科学。因此，听牌的速度与质量要统一起来，作为一个整体来看待。

引申一步讲，有两个层次。

第一层次：通过实战中对牌局的统计，两报扣平均是在第 15 巡和牌，但实际每局牌有的和牌会早一些，有的和牌会迟一些。

仍以上面这个例子分析，倘若这局牌打到第 12 巡就有人和牌，那么在第 5 巡报听夹 2 条的选择是正确的；倘若这局牌打到第 20 巡才有人和牌，那么在第 10 巡报听 2、5 条的选择是正确的。正确和错误以和牌概率的高低来衡量。这时，我们在决定是否听牌时，就将一个外部因素考虑了进来，即这局牌会很快结束呢，还是会有多个回合呢？如果预计本局将很快结束，应该选择立即报听；如果预计本局还有多个回合，就应该选择听个好口子。

结论：对手牌面好或多家报听时，应当及早报听，而不注重口子的好坏；对手牌面差或无人报听时，应尽量听个好口子，而不注重听牌的速度。

第二层次：在听与不听的选择中，如果不听，未来能否听个好口子，也是一个重要参考因素。比如说，如果手中的牌现在仅剩一张，要么单钓这个，要么单钓那个，绝大多数人会毫不犹豫地选择立即听牌，因为无论再过多少巡报听，始终还是听个单钓的口子。

以这手牌为例：

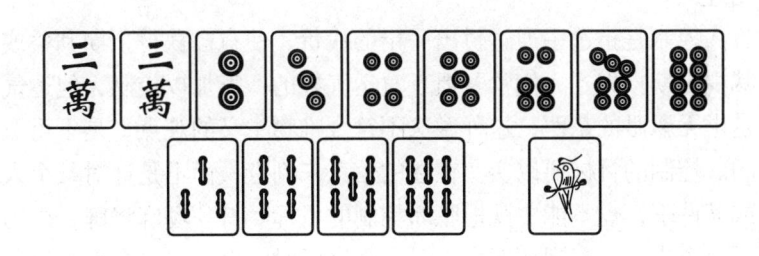

在第 5 巡上手 1 条，若立即报听，则听夹 2 条；若舍去 1 条不听，则等待上手 1、3、4、6、7、9 饼或 2、4、5、7 条或三万，就可以报听 "两口叫" 或 "三口叫"，下一巡能摸上这 11 张牌的概率是（4/136）×11=0.32，约等于 1/3，也就是说，通常需要三巡就可以报听 "两口叫" 甚至 "三口叫"，和牌的可能性大大提高。

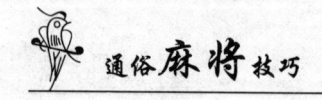

结论：当牌面不好，很难在今后的上牌中改成好口子时，应当尽早报听；当牌面好时，很容易能在今后的上牌中改成好口子，应推迟报听的时间。

三、对手的等级控制理论

牵制在麻将竞技中具有重要的战略意义，牵制是最基本、最常用的技巧。对手一共有三人，在战略上我们不能将三人一视同仁，应该以每局牌提供的外部信息作为评价标准，将三个对手评定为两个等级——放松控制和加强控制。控制等级的差别，将使三个对手在行牌过程中享受的政策有差别。对手如果是放松控制等级，则对他牌面的发展不大限制，甚至帮助他吃牌、碰牌；对手如果是加强控制等级，则对他牌面的发展尽力加以限制，该吃的吃不上，该碰的碰不到，和牌难度加大。这就是对手的等级控制理论。

控制是指选手通过付出一定的代价，使自己获得预期利益或减少预期损失。人们常习惯于对运气好的一家加以控制，但运气是虚无飘渺的东西，这种做法不符合唯物主义的观点，是不可取的。控制的目标要以实实在在的信息来判定，而不是针对某个人或某件事，也不能主观地臆断控制的目标。打一场麻将牌，少则两三个小时，多则四五个小时，在这段时间里，对三个人的控制等级是随时变化的，随着每局牌局势的发展来确定。也就是说，甲在这一局被评定为放松控制等级，在下一局却可以评为加强控制等级。甚至可以说，甲在这一局之初被评为放松控制等级，随着甲接连碰了东风、南风、西风，准备再碰北风然后报听大四喜，此时由于大四喜和牌分值很高，所以立即调整控制等级，将甲评定为加强控制等级，乙、丙反而成为放松控制等级。

1. 对手控制等级的评定标准

（1）根据注数

北方麻将中，各种牌型和牌后得分是一样的，比如说无论谁平和都赢得3分，另外三家各失去1分；无论谁自摸和牌都赢得6分，另外三家各失去2分，而不论你手中的牌是清一色还是混一色。这种情况下，北方人通常喜欢用加注的方法提高比赛结果的可变性。比如说，某局牌甲加注2分，乙、丙、丁都未加注，那么甲若平和，甲得9分，乙、丙、丁各失3分；若乙平和，乙得5分，甲失3分，丙、丁各失1分。由此可见，如果压注多的对手和牌，我的损失就大；如果压注少的对手和牌，我的损失就小。在上个例子中，假设每局都是平和，那么只要控制住甲不和牌，乙只需要在6局里和1局（和1局得5分，输5局失5分，总共6局中得到0分），即可以做到不失分。而在正常情况下，要做到不失分，必须确保在4局里和1局才行。这就是在甲不和牌的前提下，乙、丙、丁三人所处的优势地位。因此，对注数多的对手应加强控制，对注数少的对手可相对放松控制。

（2）根据番种的分值

广东麻将中，各种牌型和牌后得分是不一样的，大四喜、十三幺是高分，花牌则是低分。由此可见，若做大四喜的对手和牌，我损失就大；若做花牌的对手和牌，我损失就小。

而在北方麻将中，虽然没有番种的规定，却也有诸如"七小对""九幺""明杠""暗杠"等影响和牌分值。因此，根据行牌过程中的各种信息，首先判断出每位对手所做之牌一旦和牌的分值，然后将分值高的对手加强控制。

（3）根据不同的庄家

庄家因最先行牌，所以往往占据有利位置。常常出现某家连续坐五、六庄的情形，这也反映出庄家的优势所在。因此，应想方设法让庄家尽快下庄，这样才能使自己尽快上庄。每将庄家拉下庄一次，距离自己坐庄就前进一步。庄家应被评定为加强控制等级。

2. 控制的方法

（1）喂牌的选择

通常我们都不愿意让下家吃牌，我们会花费很大心思去判断下家想吃什么牌、不吃什么牌，但这也有个度的问题。如果花全部力气去阻止下家吃牌，那么下家确实再吃不上牌了，但是我自身也没有和牌的可能了，因此，我们要视情况而定。当下家是加强控制等级时，就需要狠盯下家，尽量不要让下家吃牌；当下家是放松控制等级时，就适当放松对下家的看守，努力做好自己手中的牌。

（2）碰牌的选择

手中的牌如下图：

现在各家都未报听，上家是加强控制等级，对家和下家是放松控制等级。此时对家打出三万，我们可以选择碰或者不碰，因为上家是加强控制等级，为了让他少抓一张牌，我选择碰。

（3）危险牌的选择

手中的牌如下图：

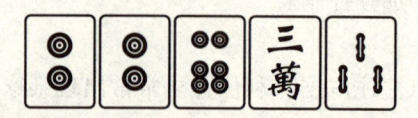

现在甲、丙两家都报听，甲是加强控制等级，丙是放松控制等级，报听前甲打过6饼，丙打过三万，说明甲不会和六饼，丙不会和三万。根据对手的控制等级，宁可让丙和牌，也不能让甲和牌，所以选择打出6饼。

（4）是否打出风牌让别人碰

手中的牌如下图：

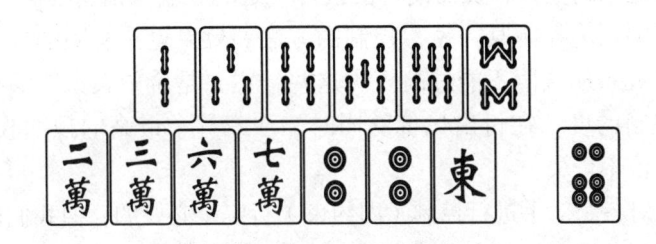

一一一一一一 一一一一一一 一一一一一一 一一一一一一 ⚆⚆ ⚆⚆ 東　⚅⚅

二萬　三萬　六萬　七萬　⚆⚆　⚆⚆　東　⚅⚅

已经打到第10巡，各家都未听牌，我手中有一张东风，牌堂里未见东风，这说明很可能有人要碰东风，暂时先不要打出。分两种情况对待：①若几巡后加强控制等级的甲先行报听，则迅速打出东风，让放松控制等级的乙（或者丙）碰东风听牌，与甲竞争。②若几巡后放松控制等级的乙先行听牌，则扣住东风不打，甲、丙两人中很可能有一人要碰东风，待我报听时再打出东风。

总之，控制的方法很多，这里不再赘述。

3. 控制系统

民间素有击筷行令作酒拳的方法，即老虎吃鸡、鸡吃虫、虫蛀棍子、棍子打老虎，这是一个循环克制的关系。打麻将也是一样，多方控制力形成一个控制系统。控制系统中的构成要素就是四个参赛选手，选手之间是相互作用的，形成东盯南、南盯西、西盯北、北盯东，结果是每个人都在紧盯别人而又受别人紧盯的情况下行牌。

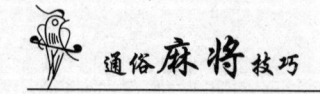

4. 控制力的有限性

如果抛开实际，我应该将对手三人全部评定为加强控制等级，因为谁和牌都对我方没好处。但从实际出发，我既没有精力去控制全部对手，而且也没有控制全部对手的能力。控制是在有限的条件下，付出较少的精力和代价，去较大限度地、有目标地制约他人，从而使自己获得一定的收益（预期收益）。即使集中精力控制某一家，控制的方法和效果也是有限的，对控制的效果期望值不能过高。讲这些，主要是希望大家能够把握好控制的度，在付出代价的同时，注意寻求最高的预期收益，以免得不偿失。

对各个对手进行控制（即约束）肯定是必要的，但我们同时要清醒地看到控制力的有限性。就好比整体与局部的关系，麻将是四名选手共同参与的游戏，即使个人水平再高，也只是整体中的一部分；即使个人控制力再强，也只是整个控制链条中的一环。单个选手对整体的影响十分有限。

麻将局不是单纯的一对一的对抗博弈，而是一场几方竞争混战的"四国演义"，四名各有自己目的的牌友，如同组成一个相互关联的小社会。而在这个小社会中，每一方既要自己用心组牌出牌，更要时时注意其他三方的不同动态，注意种种"社会关系"的演变。牌局的胜负结果，绝大多数情况下，不是哪一方单独可掌握，而是由一种合力动态较量的格局所定。例如，当另外三名选手（比如都是新手）之间无相互制约作用时，控制链条断裂，此时你若一意孤行，仍然加大控制力。实际上相当于你一人承担了四人的牵制义务，却只得到了四分之一的投资收益，得不偿失，这就是一个高手常会输给三个低手的原因。

四、技术的局限性

任何技术都有其赖以存在和成长的土壤，离开这片土壤，技术将百无一用。就好比南方的桔子移到北方种植，纵然有最好的栽培技术，桔子也不可能开花结果。技术固然有用，但是每种技术的发挥都受环境的限制。下面我们分别研究各种技术交锋的结果。

1. 压制与不压制

常玩麻将的选手都善于压制下家，尽量不让下家吃牌，以此牵制下家。但新手均不懂得压制，只顾做自己的牌，使下家吃牌很容易。我们看一下新手与老手对局时各自的处境。

（1）三个老手（甲、乙、丙）与一个新手（丁）对局的情况

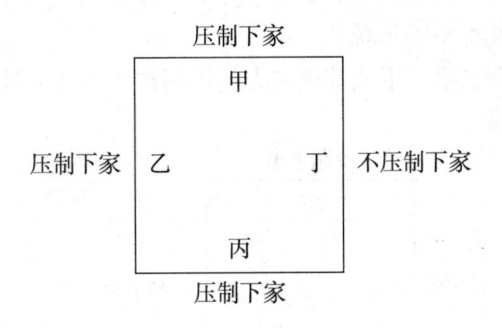

```
            压制下家
            ┌─────────┐
            │    甲    │
压制下家    │ 乙    丁 │ 不压制下家
            │    丙    │
            └─────────┘
            压制下家
```

由于选手丁不压制下家，选手甲吃牌很容易，甲常能最先听牌，甲处于优势地位。当甲接近听牌时及听牌以后，必然放松了对下家的压制，乙在中期可以得到实惠，乙处于次优势地位。当乙接近听牌时及听牌以后，必然放松了对下家的压制，丙在中后期可以得到实惠，丙处中势地位。丁处劣势地位。这一局中四名选手的处

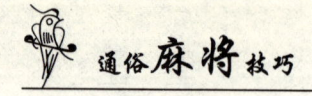

境从优至劣排序为：甲、乙、丙、丁。新手处于最劣势地位。

（2）三个新手（甲、乙、丙）与一个老手（丁）对局的情况

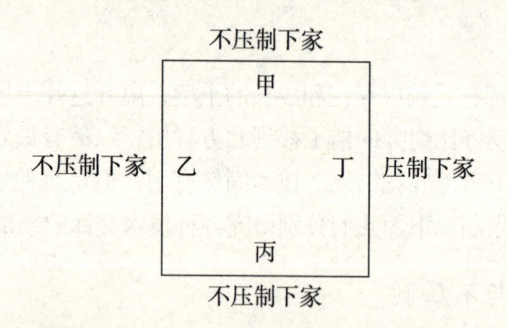

```
            不压制下家
              甲
不压制下家  乙      丁  压制下家
              丙
            不压制下家
```

由于选手丁压制下家，选手甲吃牌很难，甲处于劣势地位。乙、丙、丁均吃牌很容易，但是丁在压制下家的同时，必然要付出一定的代价，而乙、丙做牌时只考虑自己的牌面，舍牌时不顾忌下家，做牌更加顺畅，因此乙、丙处于优势地位。丁处中势地位。这一局中四名选手的处境从优至劣排序为：乙、丙、丁、甲。老手的处境不容乐观。

（3）四个老手（甲比其他三人的压制技术更高）对局的情况

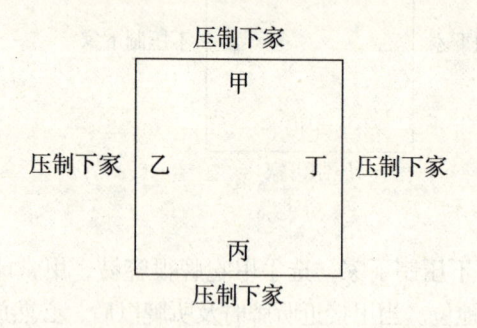

```
            压制下家
              甲
压制下家    乙      丁  压制下家
              丙
            压制下家
```

由于选手甲技术更好，导致乙很难吃进甲的舍牌，降低了乙的做牌速度。乙成牌很难，舍牌的范围很广泛，利于发挥压制技术影响到丙的吃牌；丙成牌较难，又影响到丁的吃牌。丁成牌较

难，反过来又影响甲的吃牌，但此时牵制力已经递减得很小了。甲对下家的牵制作用波及到各家，但其影响力按逆时针方向层层递减（如图）。

```
        甲方
   ⇇⇇      ↖
乙方          丁方
   ⇊⇊⇊    ⇈⇈
        丙方
```

这一局中四名选手的处境从优至劣排序为：甲、丁、丙、乙。当四名老手交锋时，压制技术好的选手占据优势地位。

2. 谨慎与胆大

当牌战进入中盘以后，选手通常有两种风格——谨慎或胆大，也有介于两者之间的。谨慎，就是力求安全第一，尽量不闯生张牌，甚至放弃做牌也在所不惜；胆大，就是力求和牌为主，以上牌快以及听口好来做牌，甚至冒着放炮的危险也要做牌。我们研究一下两种风格的选手对局时各自的处境。

（1）三个谨慎选手（甲、乙、丙）与一个胆大选手（丁）对局的情况

```
          谨慎
           甲
谨慎  乙         丁  胆大
           丙
          谨慎
```

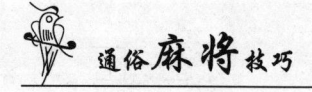

甲、乙、丙为避免放炮，行牌谨慎，听牌较慢；丁听牌速度快，丁一旦听牌，甲、乙、丙三人力求自保，均不放炮，最终常常导致于依靠自摸和牌。丁占据优势；甲、乙、丙处劣势地位。

这类情况很常见，比如，甲、乙、丙、丁四名选手技术水平都很好，牌战之初始四人尚能正常发挥水平，突然丁加注10分，其他三名选手惟恐给丁放炮，行牌变得过分谨慎，最终常导致丁君大胜。

（2）三个胆大选手（甲、乙、丙）与一个谨慎选手（丁）对局的情况

```
           胆大
            甲
胆大    乙        丁    谨慎
            丙
           胆大
```

甲、乙、丙行牌急于求成，经常放炮，牌局多以他们三人放炮结束；丁行牌谨慎，虽和牌次数少，但从未放炮。丁占据优势；甲、乙、丙处劣势地位。

（3）四个风格各有千秋的选手混战的情况

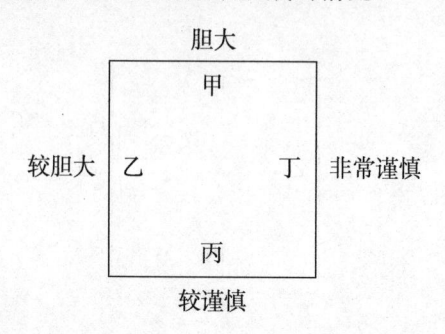

```
            胆大
             甲
较胆大    乙        丁    非常谨慎
             丙
           较谨慎
```

这是他们四人竞赛的结果，也说明了放炮应有度的道理。

参赛选手	手牌未听时放炮次数	和牌次数（包括自摸与收炮）	积分	名次
甲	10	15	−19	4
乙	6	17	+18	1
丙	4	13	+11	2
丁	1	8	−10	3

从比赛结果看：①放炮最少的人往往和牌也最少，因为丁太谨慎了，丧失了许多听牌、和牌的机会。②放炮最多的人往往成绩最差，因为甲太大意了，轻率的放炮将和牌取得的成绩拱手送人了。③只有既谨慎又胆大的人，将度把握得最好的人，才能最大限度地做牌、和牌，最小限度地放炮，收获大于付出，最终赢得胜利。

很多选手都懂得如何努力避免放炮，如果一味地追求不放炮，自己恐怕也没有和牌的机会，所以必须要灵活运用。当有一家报听时，我的牌面很漂亮，此时应不惧怕放炮，牌的取舍中只考虑如何快速做好牌，不考虑放炮的因素。因为只有一家报听，放炮的概率很低，一旦我能快速报听，优势立即得以体现。相反，如果畏首畏尾，为了不放炮，拆开好搭子舍牌，往往错过听牌机会，待到最后阶段对手三家都报听时，我就成了众矢之的，一旦舍牌跟不上熟张，结果还是我放炮。高手并不等于不放炮，重要的是放炮值不值得（预期收益是否大于放炮风险），放出的炮是不是低级错误（舍牌有无科学依据）。

3. 其他战术的交锋

（1）蚀搭战术　所谓蚀搭，是指在一种牌的组合中打去一张，使进张的范围缩小。比如手牌有五、六、六万，先打六万，这样做可使上家打出六万旁边的牌，或许是一张七万或八万。若上家是个高手,蚀搭战术比较有效;若上家是个新手,根本不懂得什么是压制,生搬硬套地运用蚀搭战术就是庸人自扰。

(2)骗和战术 比方说手里有1饼、2饼的搭子,摸进4饼后舍出,使对手误以为我不要4饼,自然也不要3饼,为以后听边3饼预设圈套。若对手都是高手,骗和战术比较有效,对手甚至会拆舍手中的一对3饼出来;若对手都是新手,根本不懂得怎样盯海牌,设下这样的圈套就没人会钻了,倒不如留下4饼,将来摸进5饼还可以听3、6饼。

(3)猜牌战术 比方说对手曾经舍过4饼,我们估计他不要4饼,舍出4饼他通常不会和牌。但是对于新手行牌,往往无规律可言,且时常打丢张,舍出4饼他照样能和牌,此时就不要枉费心机地猜测了,倒不如顺其自然,轻松应对。

(4)诛风战术 诛风就是将生张风牌捏在手中很长时间,以此牵制想碰这张风牌的对手。四名选手中若有一两人使用诛风战术时,可以牵制对手的成牌速度;若有三人都使用诛风技术时,常导致每人手中诛着同样的风牌,或是两家诛住某风牌从而对死,反而让没有诛风的那一家受益。

通常,我们的技巧B是建立在对手掌握某个技巧A的基础上的,因此当对手并不掌握技巧A时,我们所使用的技巧B就失去了效用。比如报听的那一时刻,手里有四万、六万、八万,舍四骗七,对中手很有效,但对高手则不灵,反而宜舍八骗五。相同的战术在不同的环境下使用,会产生截然相反的效果。技术的发挥受到环境的限制,选择使用何种技术应该视环境而定,视对手的水平层次、技术风格而定。在牌局之初应当多去观察对手,掌握了他的打法及水平后,再决定自己的战略。

4. 技术在各种打法中的不同分量

技术在麻将的竞技中占有很重要的地位,但是天南海北的打法各不相同，而不同打法中技术所能起到的作用也有大有小。比如，在只允许自摸和牌的打法中，猜牌技术的重要性大为降低，诱骗战术也无用武之地；在不允许吃牌的打法中，牵制技术的重要性大为降低。

总的来说，越是规则复杂的打法，技术的涉及范围愈广，技术则显得愈加重要；越是规则简单的打法，很多技术将无法使用，运气则显得愈加重要。因此，高水平的选手应置身复杂打法的牌场，才能够降低运气对战局的影响力，取得好成绩；低水平的选手应去简单打法的牌场中锻炼，才能减少输的概率。

下面将各种打法按规则从易到难排序：

①甩幺两报扣（开局甩出幺、九、风，每三张幺九风算做一副顺子亮在门前，不允许吃牌，听牌时要报予各选手周知，只允许以自摸方式和牌）；

②两报扣（不允许吃牌，听牌时要报予各选手周知，只允许以自摸方式和牌）；

③甩幺两报包（开局甩出幺、九、风，不允许吃牌，听牌时要报，允许收炮）；

④两报包（不允许吃牌，听牌时要报，允许收炮）；

⑤三报包（允许吃牌，听牌时要报，允许收炮）；

⑥推倒和（允许吃牌，听牌时不报，允许收炮）；

⑦和牌记番算分。

五、猜牌的逻辑思维

1. 推理方法

是根据已知的知识和掌握的信息求出结论，而这个结论是感官不能直接认识到的（因为别人手中的牌或牌墙中的牌，事前我无法看到）。这个结论只能接近于事实，向 100% 的准确率靠近，但推理永远不能与事实划等号。

【例1】在四家舍出的海牌中，发财见了 3 张，那么你手上还剩的最后一张发财，肯定没有人需要。这个极为浅显的例子，却蕴含着猜牌的基本思维方法。大家可以从下面这个例子来深入学习：例如八万海里有 3 个，九万海里有 1 个，而你手里的七、八万的搭子，必然极容易吃进或和出。也就是说，对手手中不占有八万，九万就成了失去联络的孤张牌，所以手牌除九万对子外，一般人自然会舍掉的。

【例2】海内没有出现 2、3 条牌张，则 1、4 条必然成为人家容易吃进或和出的危险牌，这种现象是极为普通的。又如 5、6 条很少见，但 1 条出现了多张，你把 4 条当同一线筋牌舍出的话，当然就放炮了。

上述牌例只是向读者介绍一些猜牌的初步概念，猜牌必须从这些初步概念起步，否则，你的猜牌就无法准确，更谈不上将猜牌上升到更高层次了。

【例3】已知 4 张 7 条海内有 2 张，自己手中有 2 张，5 条亮出 3 张。因为组成顺子必须用三张数字连续的牌，所以别人再要组成 7、8、9 条顺子已经不可能，除非自己舍出 7 条；另外，组成 4、5、6 条顺子的可能性也很小。

【例4】起手甲舍出 7 饼，乙跟着舍出 7 饼，三巡以后，丙手中摸进一张 7 饼，7 饼是孤张，留在手中也无用，那么丙是否将 7 饼舍出呢？甲乙起手舍出 7 饼，说明手牌中无 5、6、8、9 饼，丙手中也无 5、6、8、9 饼，那么这些大饼子到哪里去了呢？根据排除法推测，既然大饼子不在甲乙丙三人手中，那就可以断定大饼子一部分在丁手中，余下的大部分在后面的牌墙里。因此丙若舍出 7 饼，丁很有可能吃牌；若丙不舍出 7 饼，丙很有可能在以后的牌墙中摸进 5、6、8、9 饼组成搭子。

我们根据上述推理，得出以下结论：起手三家都不需要的中张牌，另外一家肯定需要。这也验证了"先不跟熟后跟熟"的道理，意思是在初盘战期，不要跟着别家舍熟张，目的是促进靠张和抑制下家吃牌；在后盘战期，要跟着别家舍熟张，目的是避免放炮。

【例5】某家因吃碰过多，手牌仅剩4张：东风、东风、七饼、牌A。碰东风后舍出7饼报听，手中仅剩1张牌，单钓牌A求和。已知7饼是个生张，我们猜他单钓的牌A是什么呢？首先我们推理出牌A肯定不是5、6、7、8、9饼，因为如果是5、6、7、8、9饼，他早就听牌嵌口或两面口了，没有必要再去碰牌最终单钓。其次，手牌是一入听的牌姿，而且手中有将，那么牌A和7饼的作用相同，都是为了靠张听牌，因此按常理讲牌A不可能是幺或九，因为幺九不便于靠张。再次，通常来讲，听单钓的口子当然是边张要好于中张，舍出的7饼属于生张，单钓7饼也可以，那么他为什么还要舍7饼而听单钓牌A呢？说明单钓牌A比单钓7饼略好一点，至少应该等于单钓7饼求和的机会。因此我们推断出牌A是个次边张或尖张，而且也是生张。综合以上三方面推理的结果，牌A不是5、6、7、8、9饼，也不是幺九风张，是边张牌2、3、7、8中的一张，是生张。目标就锁定在了2条、3条、7条、8条、2饼、3饼、二万、三万、七万、八万这十张牌中，再将海内的熟张排除，牌A的锁定范围就剩四五张了。

【例6】某家先行报听，听牌前他曾经连续从手牌中拆舍出五万、六万，说明他手牌搭子富余，却又不见有人把四万或七万碰成明刻，由此推理五、六万是上好的搭子，而他拆好搭子，必然手中仍留有上好的两面搭。因此我们就不必提防他求和嵌张、边张、钓张以及对倒，若见到海内4条是熟张，就可以放心舍出1条或7条；若见到海内6饼是熟张，就可以放心舍出3

饼或9饼。

【例7】对家摸到九万报听,而海内有3个八万,我的手牌有七、八、九、九、九万,那么对家肯定听的是单钓九万或夹八万,由此推断对家绝和。

2. 演绎方法

是根据已知的一般原理,推知从属于该类事件的特殊情况的方法。演绎方法着重从普遍性真理推理出特殊规律。

【例1】初盘阶段,对家不舍风牌,紧跟熟中张舍牌,未见其吃碰,推测对家在做七小对。

【例2】中盘阶段,下家舍牌紧跟熟张,不吃也不碰,说明下家和牌无望,自愿放弃听牌的机会。

3. 归纳方法

从对个别事物的考察中,抽象出其中的一般性规律,然后概括到同类事物上,并从而断定,由个别事物中抽象出来的规律,也是该类事物的共同规律。这种从个性寻找共性的推理方法,称为归纳方法。

【例1】某家听牌时舍出了8饼,按组牌成顺子的常规推理,他拆的是搭,即6、8嵌搭或是8、9边搭,7、8两面搭子的可能性极小,所以这一家极可能是吊6饼或9饼的将牌。这种推理运用到万子和条子也是合理的,于是得出"听牌时舍出8,谨防6、9吊将"的推论。

【例2】下家起手舍出5饼,按组牌成顺子的常规推理,在舍5饼之前他手牌不可能有以下的搭子:1、3、5饼或5、7、9饼,因为他不可能将三张两夹的搭子起手就舍成两张一夹的嵌搭。所以下家起手舍5饼,我可以跟着舍出2饼或8饼,他是不会吃牌的。这种推理运用到万子、条子都是正确的。同时,还可以得出以下结论：起手下家舍6，可以跟9；下家舍4，可以跟1。读者可能觉得这个推理讲的是人人皆知的道理，其实不然。通过这次推理，我们会发现，起手下家舍5，我们跟舍出2是不会被吃牌的；但是起手下家舍6，我们跟舍出3是有可能被吃牌的；起手下家舍4，我们跟舍出7也是有可能被吃牌的。以往大家都忽视了这一点，因为一路熟的理论已经在我们大脑中形成了思维定式，但推理使我们用科学的眼光看待麻将，而不是凭经验思考问题。

归纳方法有如下几种：

（1）求同法　被研究现象在不同场合出现，而在各个场合只有一种情况是共同的，那么，这个唯一共同的情况与该现象有因果联系。

例：开局之初甲舍出二万，乙、丙、丁都跟着舍出二万，甲因为手中无三万，所以舍出二万，那么乙、丙、丁舍出二万的原因应该也是手中无三万。

（2）求异法　如果被研究现象只有一个情况不同，其他情况完全相同，那么，这个唯一不同的情况就与被研究现象之间有因果联系。

例：某家行牌酷爱留风，而这局牌他却起手就将几个海内没出过的风牌舍出，从这种反常情况推测，就能得出结论：此人这局牌上手极好，急于求听。

（3）求同求异并用法　如果被研究现象出现的若干场合中，只有一个共同的情况，而在被研究现象不出现的若干场合中，却没有这个情况，那么这个情况就与被研究现象之间有因果联系。

【例1】如果舍出四万下家未吃，那么舍出一万下家也是不会吃的，这是因为：如果下家有二、三万搭子，那么就可吃进四万，也可以吃进一万，否则一万也是不会要的。由此还可推出下家无五、六万搭子,是否有八、九万边搭则难以断定。

【例2】如果舍出四万下家未吃,那么可以推断出下家无五、六万搭子。如果下家以前曾舍出过八万,则下家也无六、八万嵌搭或八、九万边搭,可以推断出一、四、七万暂时是不会吃的。

(4)共变方法 如果在被研究现象发生变化的各个场合,只有一个情况是变化着的,那么,这个唯一变化着的情况就与被研究现象之间有因果联系。

【例1】当你舍出七万时,你的上家随后亦舍出七万,也就是你不要万子时,你的上家亦不要万子,显然,上家这局对你控制得很紧,在行牌决策时不要寄予吃牌太多期望,应该将希望寄托在碰牌和摸牌上。

【例2】当你碰出4条之后,你的下家相继舍出3条、5条,显然他拆的是嵌搭,因为4条只剩一张,再吃或摸到的可能性极小,这就是连锁效应。

4. 类比方法

根据两个(或两类)对象在一些属性上相同或相似,从而得知它们在其他属性上也相同或相似的推理形式。

【例1】前一次对家碰五万上听,在你舍出八万时他正好和牌,原来他使用的是"羊上树"法。对家手牌如下图:

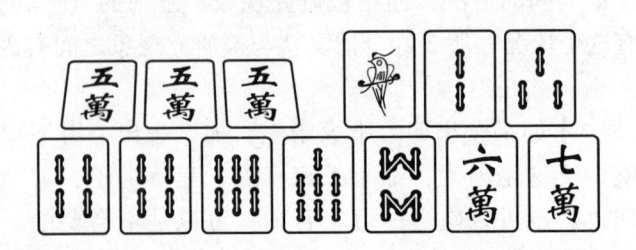

这次对家碰4饼上听,那么他是否有5、6饼的搭子呢?很有可能。手中的孤张7饼不能打,牌局结束时查看对家的牌,果然是5、6饼的搭子求和4、7饼。对家手牌如下图:

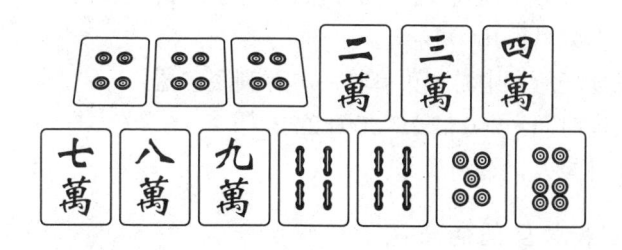

一个人习惯于某种行牌技巧后,通常是一成不变的。

【例2】某一局已至后盘,发现海内无南风,以为单钓南风是好口子,遂报听单钓南风,待对手和牌后发现对手正是南风做将。由此推理出牌局后期,若某张幺九风少见,必被握有对子或暗刻。

六、统计推理

统计推理是由样本具有某种属性推出总体具有某属性的推理方法。从数量方面来研究随机现象的规律性,通过对该课程的学习,掌握处理随机现象的基本思想和方法,培养运用概率与数理统计的方法去分析和解决有关实际问题的能力。由于篇幅有限,在此仅讲一例,希望通过该例的讲解,促使大家能够运用这种分析方法研究更多的麻将现象,比如通过实战统计出最先报听的一家能和牌的概率是多少,最迟报听的一家能和牌的概率是多少,听牌的牌型中求和风牌的概率是多少。诸如此类无法获得标准答案的问题,可以通过实战

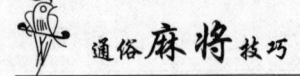

统计来确定概率的数值，从而为进一步研究有关问题提供科学依据。

本例将以 1000 局实战的原始数据为依据，对推倒和的和牌速度、番种分布以及和牌方式进行统计学分析。

样本数量：1000 局

采样场所：中游金币麻将一本万利服务器

采样时间：2004.2.25~2004.2.29

采 样 人：秦剑汉戈

1. 和牌区间的研究

区间分析只对和牌多发的区间进行分析，这将帮助我们界定牌局的危险时段。

下面是根据和牌频次分布表中的数据绘制的图形（经过 5 次平滑处理）。

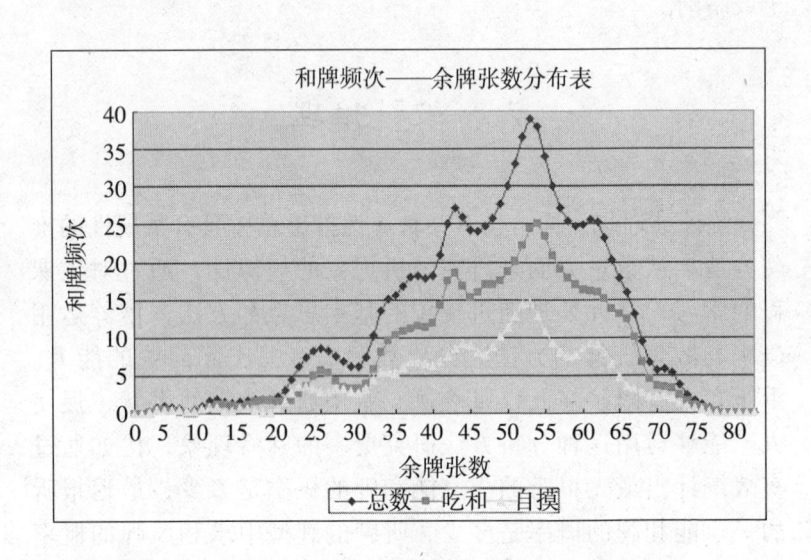

	当前和牌次数（次）	当前和牌概率（%）	累计和牌概率（%）
牌局第 1 巡	0	0	
牌局第 2 巡	0	0	
牌局第 3 巡	7	0.7	0.7
牌局第 4 巡	22	2.2	2.9
牌局第 5 巡	52	5.2	8.1
牌局第 6 巡	90	9	17.1
牌局第 7 巡	99	9.9	27
牌局第 8 巡	137	13.7	40.7
牌局第 9 巡	132	13.2	53.9
牌局第 10 巡	103	10.3	64.2
牌局第 11 巡	102	10.2	74.4
牌局第 12 巡	71	7.1	81.5
牌局第 13 巡	66	6.6	88.1
牌局第 14 巡	30	3	91.1
牌局第 15 巡	31	3.1	94.2
牌局第 16 巡	31	3.1	97.3
牌局第 17 巡	7	0.7	98
牌局第 18 巡	8	0.8	98.8
牌局第 19 巡	7	0.7	99.5
牌局第 20 巡	1	0.1	99.6
牌局第 21 巡	4	0.4	100

从图表看，和牌曲线、吃和曲线和自摸曲线呈现出极为相似的分布特征，如果说这是正态分布有些不太妥当，但至少和牌曲线的形态很接近正态分布。通过计算，余 48 张牌时为和牌

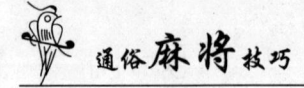

的中点，即第 10 巡。和牌的重点区间为第 7 巡至第 13 巡，共和牌 710 局，占总局数的七成。得出结论：牌局最危险的时段为第 7~13 巡。

2. 和牌方式

和牌方式的整体构成为：

方式	次数	比例
自摸	352	35.2%
收炮	648	64.8%

收炮占了全部和牌的六成以上。

第二章　吃碰杠听技巧

一、吃牌技巧

　　吃牌是手牌进张的一种方式，吃牌有利有弊，先讲吃与不吃的界限。

　　牌谱云"头不吃"，是指前四巡不吃不碰，而不要理解为遇到第一张能吃的牌时放弃吃的机会。

　　在开局之初，牌面较零乱，对牌的需求范围相当广泛，如果直接摸牌很容易摸到自己需要的进张，并且开局吃牌容易暴露信息，所以开头一般不应吃牌。对于吃牌会暴露信息的弊端，在此讲一例。

　　【例1】开局之初，我手牌如下图：

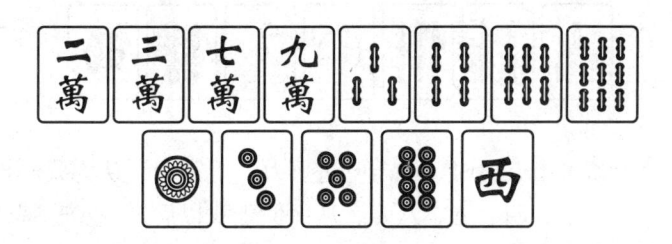

　　当上家舍出一万、2条时，我若是不吃牌，上家再舍出二万、三万、四万、3条、4条、5条时会甚为小心，当上家舍牌无所适从的时候，往往会舍出我所急需的牌，比如八万、2饼

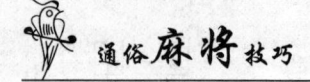

等，这时我再吃牌，将使牌面大有起色。

反之，当上家舍出一万、2条时，我若是吃牌，手牌发展成下图：

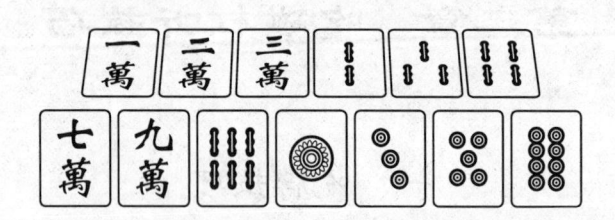

[牌图：一萬 二萬 三萬 3条 5条 6条 七萬 九萬 4条 饼 2饼 4饼 8饼]

上家根据我的副露，便敢于舍出二万、三万、四万、3条、4条、5条，那么上家舍出八万、2饼、4饼的可能性就很小了。

吃进牌后，牌姿进展不大，应当不吃。

吃牌后可以给对手造成错觉，从而达到某一目标时，应当吃，比如套吃。

【例2】开局之初，我手牌如下图：

[牌图：二萬 三萬 三萬 四萬 七萬 九萬 1条 4条 5条 饼 2饼 6饼 西]

当上家舍出五万时，我若吃进五万，上家会误认为我不再需要一、二、三、四、五、八万，从而便于我以后进一步吃牌，因此吃进五万是正确的。

吃边搭、吃嵌张、吃绝张，可以使牌面出现重大转机，往往是劣势牌面向优势牌面转化的重要转折点，应当吃。比如说七、八万的搭子，若放弃吃上家的六万，以后常有机会再吃到九万；而1、2条的搭子，若不吃3条，以后将很难再有吃牌的机会了。

上家第二次舍出某张牌，若再不吃，以后将很难有吃的机会，应当吃。

若吃牌后，无安全牌可舍出，为了避免放炮应当不吃。

牌局中对手三家都已经报听，而自己手牌为"二入听"的状态，应不吃。

牌局即将结束，无论吃牌后是否能报听，都不应当吃。

已经吃碰了两个以上的副露，再吃手牌内容趋于明朗，应当不吃。前期减少吃碰，也是后期听牌"三口叫"以上牌型的基础，否则吃碰满河滩，听牌时恐怕只有单钓的份儿了。

为增加以后的和牌机会，能吃而不吃。

【例3】牌局初期，手牌较好，如下图：

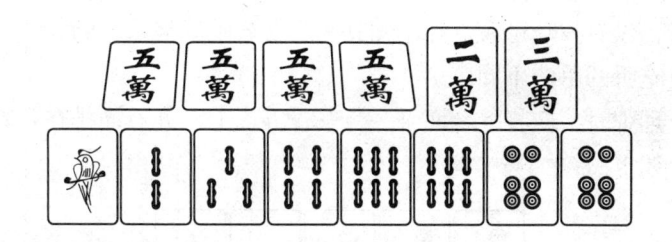

我明杠五万，按说一、四万是绝好的搭子，偏偏此时上家舍出四万，我若吃进四万，如果对倒中张，和牌希望很小。考虑牌局尚在初期，故而未吃进四万，五巡后碰出6条，报听一、四万。对家看我不吃四万，立即舍出四万，供我食和。这一局听牌虽有些迟，和牌却很快。

手牌搭子很多，待牌机会较多时，不宜吃牌。

下面介绍吃牌的技巧，希望读者在阅读时能够举一反三。

1. 副露吃牌　迷惑对手

吃牌时，故意将舍牌一并露出，以制造假象来迷惑对手，骗出一路熟的筋牌，达到食和的目的。

【例4】庄家手牌如下图：

[筒三×3　南南　東東東]
[一萬　三萬　五萬　七萬　九萬]

在这铺牌里，无论吃进二、四、六、八万中的任何一张，都能达到听牌的目的。第七巡上家舍出二万，庄家正好以一、三万吃二万嵌张，当然顺手舍出五万。这样的吃牌与舍牌，显得平淡无奇，没有技巧可言。殊不知其间隐藏着吃牌战术上的要诀，关键是吃听的手法不同。

理牌时，应将复合面子一、三、五、七、九万插排在手牌中间，如下图：

[筒三×3　南南]
[一萬　三萬　五萬　七萬　九萬　東東東]

吃嵌张二万时，不仅亮出一、三万牌面，应同时将一、三、五万一起推倒，拾进二万再将五万打入海内。故意引起旁家注意，表明手中仅有的三张万子全部露馅，加深旁家对二、五、八万一路熟筋牌的安全感。若另外三家手中有八万是闲牌，必定会舍出放炮。

2. 颠倒排序　引君入瓮

【例5】手牌如下图:

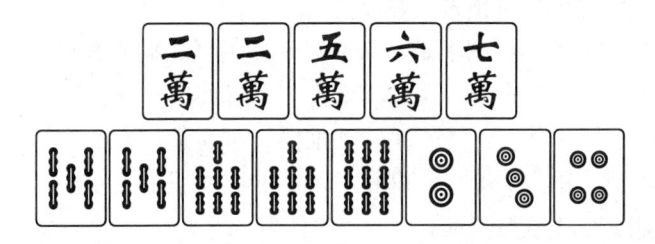

不熟练的牌手,常将这样的条子复合面子的牌按照顺序排列。一旦碰听或吃听,都需要从整齐的手牌中抽出两个条子,对手从你手牌交错的空隙观察,会觉察叫听牌仍在5~9条之间。比如吃进8条,舍出5条,在对手的眼中会瞬间形成这样的视觉效果:

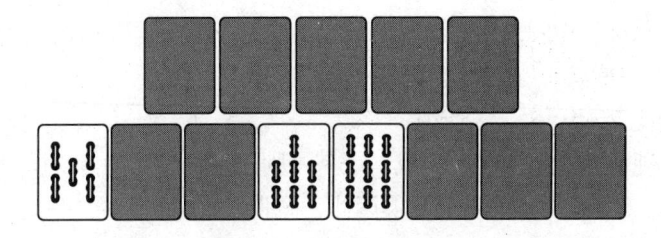

对手一看便知,你手中还有条子一搭,且在5~7之间,这样的战术非常不利。如果事先将条子分开,摆成三张两嵌搭子顺序的姿态,就能达到迷惑对手的目的。

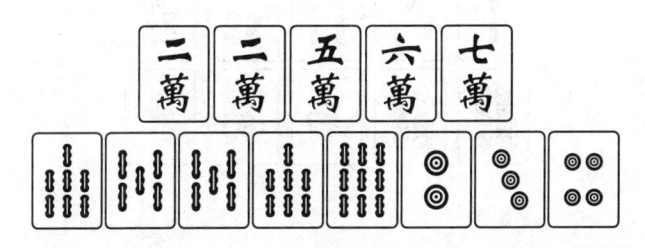

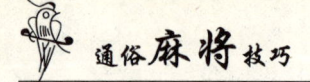

当上家舍出一张6条,吃牌时将5、7、9条一并翻倒,吃进夹6条,舍出9条。由于上家的6条被自己吃进,而且是夹张吃听,其余各家均认为6条没有放炮的危险,往往当成安全牌舍出。这就是理牌时预先设好埋伏的好处。

如果上家舍出的不是6条而是8条的话,同样翻出5、7、9条来吃进8条,舍出5条,其效果与前者如出一辙。如果别家舍出5条,可以将7、5、5条一并推倒,碰5条,舍出7条,别家也想不到和牌是夹8条。麻将战术中的真真假假、虚虚实实的方法,往往成为获胜之捷径。

3. 偷张做牌　事半功倍

所谓偷张,是指一个顺子的朋组加一多余靠张的四张牌结构,展开成为两个搭子,上一张再求一张。例如3、4、5、6条,吃上2条再求4、7条。

从纯粹做牌角度来说,偷张转化成为一个顺子和一个两头搭子(或一对麻将),应该比较容易。比如3、4、5、6条的偷张,可以凭借吃2、4、5、7条或摸1、2、3、4、5、6、7、8条实现转化。而单独一张3条要想发展成一个搭子则很难,只能凭借自摸1、2、3、4、5条,才能实现转化。因此,偷张是做牌的捷径之一。

用偷张吃牌,常会让对手猜出牌面,例如,你手中有一组偷张:

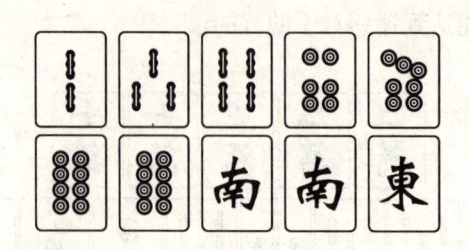

此时上家舍出7饼，正好吃进7饼听牌6、9饼，可是当你从手牌中抽出6饼、8饼时，在对手的眼中会瞬间形成这样的视觉效果：

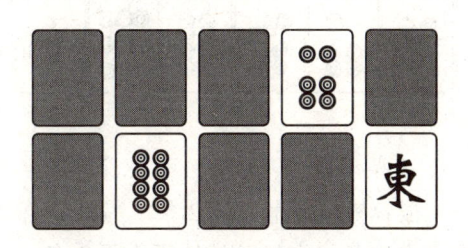

对手就估计到你是在套吃了，听牌后想收炮就很难了。因此需要提前做好准备工作，将牌摆放成下图所示：

并且要事先考虑好吃什么牌、不吃什么牌。否则待上家舍下某张牌时再考虑，对手便会猜忌，以后会对此类牌有所警惕。

另外，用偷张吃牌不要吃成边搭或嵌搭，会使牌型更加恶化。如前面的牌型吃进6饼，形成嵌7饼的搭子，7饼仅剩3张，再想进张难上加难。

4. 迷惑上家　蚀搭骗吃

【例6】手牌如下图：

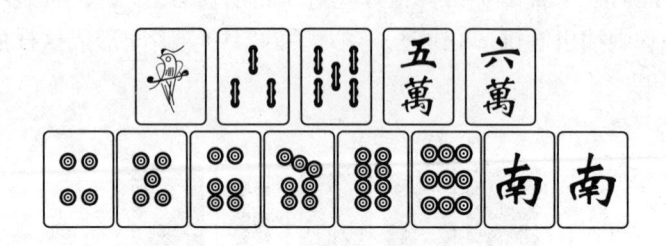

[牌图:一条 二条 三条 四条 五万 六万 / 一饼 二饼 三饼 四饼 五饼 六饼 七饼 南 南]

留下 1、3、5 条求吃 2、4 条，不必等到叫听再舍出 5 条，早些舍出 5 条，很容易引出上家的 2 条。另外，若是等到摸进七万报听之时再舍出 5 条，有经验的选手会视 2 条、8 条为高度危险牌。若是先行舍出 5 条，再摸进七万报听，对手会视 2 条、8 条为安全牌。

5. 对对套吃　兵行险招

【例 7】手牌如下图：

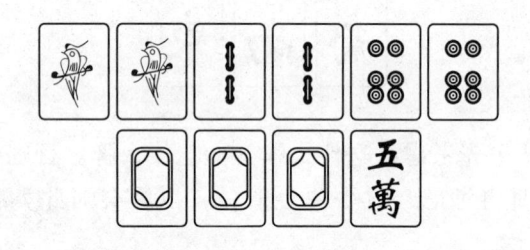

[牌图:一条 一条 二条 二条 六饼 六饼 / 白板 白板 白板 五万]

此时，上家舍出一张 3 条，是吃还是不吃？上家打 3 条，无人叫碰应该还有 3 张 3 条，假如别人手中掌握 1 张 3 条留用，仍有 2 张可供和出，于是断然吃下，上听边 3 条。

6. 假吃骗和　出其不意

【例 8】手牌如下图：

第二章

〔南〕〔南〕〔南〕〔一萬〕〔二萬〕〔三萬〕〔七萬〕

上述牌型，剩下 7 张牌而单钓七万。七万属尖张，实难钓出，本想改换一张牌单钓，但摸进的牌不是海内多见就是中张，很难改钓。正在此无可奈何之际，上家舍出四万，此时吃进，舍出七万，别家认为吃四万打七万说明一、四、七万都是安全牌，于是舍出一万放炮。再者，如果吃是一万，再钓一万，更是神鬼莫测。

7. 牌回头　必定留

本来是自己已经拆了一半的搭子，结果上张时再次组成搭子，可以留下来，对手误认为你的舍牌你一定不会需要，轻易舍出使你吃牌成功。这就是亡羊补牢，未为迟也，而且这招防不胜防。

【例9】手牌如下图：

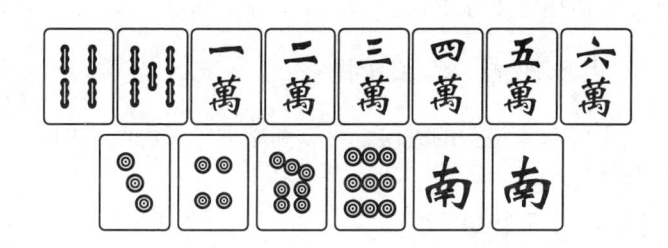

〔三条〕〔三条〕〔一萬〕〔二萬〕〔三萬〕〔四萬〕〔五萬〕〔六萬〕
〔三饼〕〔四饼〕〔五饼〕〔七饼〕〔南〕〔南〕

目前手牌中搭子富余，需要拆搭，故决定拆舍 7、9 饼嵌搭。不料刚舍出 9 饼，下一巡竟摸进 8 饼，于是留下 7、8 饼的搭子，重新拆舍 4、5 条的两面搭子。上家看我曾经舍出 9 饼，跟着舍出 9 饼，我正好吃进 9 饼，组成一副顺子。

【例10】手牌如下图：

43

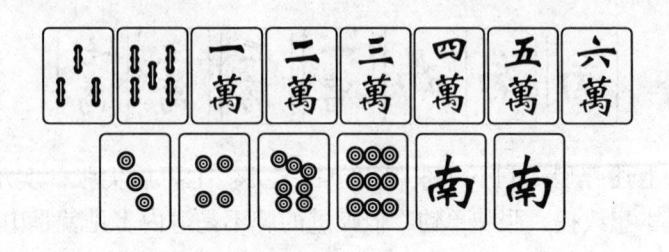

[牌图：二条 三条 一萬 二萬 三萬 四萬 五萬 六萬 / 三饼 四饼 五饼 六饼 南 南]

手牌搭子富余，需要拆搭，故决定拆舍7、9饼嵌搭。不料刚舍出7饼，下一巡竟上张7饼，于是留下7、9饼的搭子，重新拆舍3、5条的嵌搭。上家看我曾经舍出7饼，认为8饼是安全牌，跟着舍出8饼，我正好吃进8饼，组成一副顺子。

8. 兵不厌诈

用表情、神态故意做出某种姿态，以造成上家的错觉。比如你明明只要万子，但上家打一张3饼。你却故意把手中的牌排一排，做出想吃进3饼的模样，这种做法是合规的。倘若不是虚虚实实，便难引诱上家上当。

9. 大肚伸吃　意在腾将

当手牌缺少将头的时候，可以利用大肚子牌吃进中张，腾出一副将头。

【例11】手牌如下图：

[牌图：东 东 东 白 二条 三条 四条 / 二萬 三萬 三萬 四萬 三饼 五饼]

此时上家舍出三万,可以吃进三万,舍出1条,腾出一对三万做将,并使手牌进入一入听状态:

东 东 东 二万 三万 四万

二条 三条 四条 三万 三万 六筒 八筒

10. 动作镇静

选手在行牌时要镇静,行为举止宜慢,摸牌宜慢,吃牌宜慢。上家打出一张你要吃的牌时,不妨慢一些将牌吃进,以防人家碰去。因为你准备吃牌时又被别人碰去,暴露军情后,你需要的牌便被上家紧紧看住了。

【例12】上家舍出6条,甲君立即亮出4、5条欲吃牌,偏巧对家碰出6条。这时上家明白甲君想吃3条或6条,手中的3条决不会舍出来。最终甲君报听,此时对手都清楚甲君求和的是3、6条,收炮和牌的可能性微乎其微。

【例13】上家舍出东风,甲君迅速摸走牌墙上的牌,一看是夹5条,惊喜之情洋溢在脸上,急着就往手牌中插。这时乙君猜出甲摸进一张好牌,原本不想碰东风,见此情形,大喊"碰"!甲君失去理智,说道:"坏了!我的夹5条呀。"这时大家都清楚,甲君需要5条,待甲后来碰听,大家必定不会舍出5条的。

二、碰牌技巧

碰牌也是手牌进张的一种方式,碰牌有利有弊,先讲碰与不

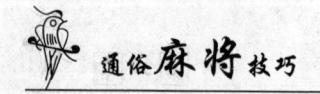

碰的界线。

手上对子较多，有希望做成七小对，而碰牌后仍不能形成一入听的牌姿，则不碰。

庄家欲吃的牌，必碰。

坐在庄家的上家，估计庄家手牌较好时，为了减少庄家摸牌的次数，能不碰牌最好不要碰出。

多张复合面子的对子，应该碰，因为这张牌碰出后，它的邻张对子会容易陆续碰出。

【例1】手牌如下图：

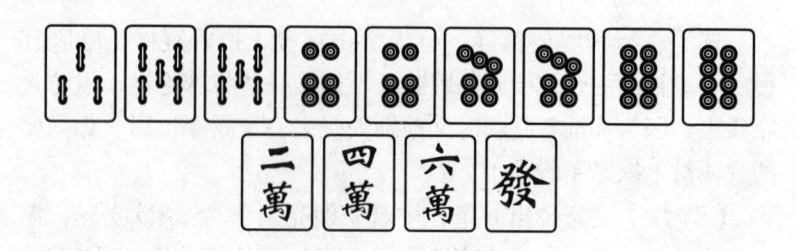

碰出七饼后，六饼、八饼很快陆续碰出，并且报听嵌张，如下图：

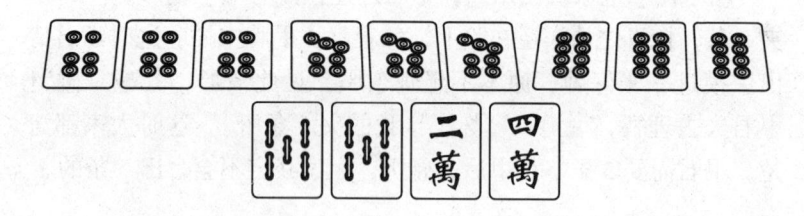

上家舍出的风牌，一般情况下不碰；当这张风牌第二次出现在牌堂中的时候，应该碰出。

手中有尖张或中张对子，牌局初期碰出可打击各家的气势，同时可以使手握边搭的一家拆搭，减慢这家的听牌速度，应该碰。

对手舍出的中间张子，应当碰出，所谓"中张入海，切勿轻放"。因为碰牌只有两张待牌机会，这一张你不碰，另一张别人组合在手牌中，就再也没有碰出的机会了。若是上家舍出的中间张，可以根据情况灵活掌握是否碰出，因为摸牌与碰牌的机会同样宝贵，只能权衡利弊。但决策一定要快，以免对手猜出你手中握有一对。

牌局后期碰牌后能叫听，应碰，否则不应碰。

【例2】已经有两家对手报听，我手牌如下：

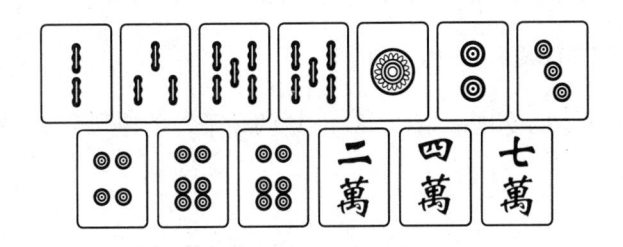

此时，上家舍出6饼，即使碰出6饼，也不能听牌，反而有放炮的危险。若是不碰6饼，尚可以跟舍6饼。

牌局将要结束，无论碰牌后是否能叫听，都不要碰。

碰牌后，必须舍出危险牌时，应不碰，避免放炮，必要时可以拆舍这个熟张对子。

牌堂内已经有1张，这次不碰就会成为死将的对子，应该碰出。

自己坐庄，上一局已荒牌，这局再荒牌自己则要赔庄时，应该多碰。

对手坐庄，上一局已荒牌，这局再荒牌对手则要赔庄时，尽量不碰。

碰牌可以切断中张牌势，使自己的边搭成为好搭时，必碰。

【例3】手牌如下图：

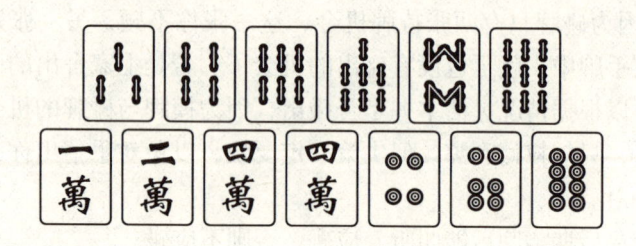

此时碰出四万,边三万便成为最好的搭子。

在对碰牌有了初步了解之后,再看看碰牌的技巧。

1. 巧布疑阵　出其不意

【例4】已吃进一副7、8、9饼的顺子,手牌剩余10张,见下图:

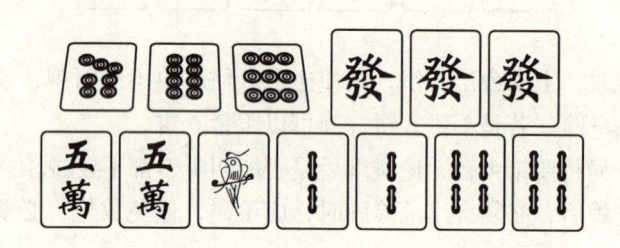

如果对手舍出4条,碰牌时同时翻出2、4、4条,碰入4条刻子,舍出2条,使对手误认为我决不会再求和小条子。相反情况,如果上家舍出3条,应该将2、4、4条一并翻倒,吃入嵌张而舍出4条。对方岂知我吃牌后仍叫听3条?

2. 预设圈套　改听它牌

【例5】手牌已进入听牌阶段,牌型如下图:

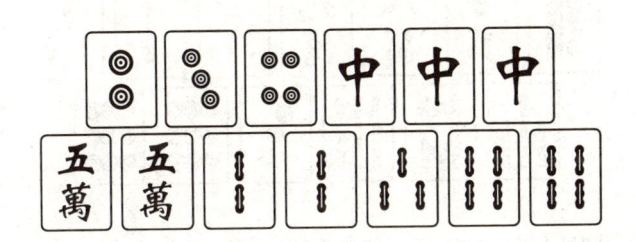

[牌面图：五万 五万 | 四筒 四筒 | 中 中 中 | 三条 三条 三条 三条]

显然，听牌为嵌 3 条，然而牌堂中已经有 1 张 3 条，食和机会渺茫。恰好此时对方舍出一张 4 条，根据牌势，不得不改变叫听其他的牌张，于是将 3、4、4 条同时推倒，碰进副露 4 条刻子，舍出 3 条，给对手错觉，认为你碰 4 条刻子并舍出 3 条，决不会叫 2 条。在 4 条碰出以及 3 条海内有 2 张的情况下，各家会把 2 条视为安全牌。

3. 副露碰牌　诱敌误判

【例6】手牌牌面如下图：

[牌面图：七万 八万 九万 白板 三条 三条 | 三万 三万 三万 五筒 六筒 八筒 九筒 九筒]

无论碰张或吃张，均构成单钓叫听的牌型。在牌局趋向中盘阶段，要吃进 7 饼或单钓 3 饼都较困难，而碰出 9 饼的可能性较大。据此，在手牌的排列上，应事先设好埋伏，把 8 饼提前移至万子区域，手牌摆放如下图：

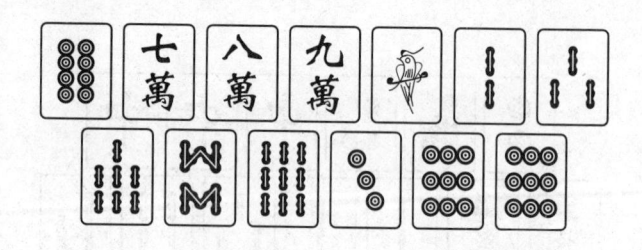

[七萬] [八萬] [九萬] [一索] [四索] [四索]
[三筒] [四筒] [五筒] [五筒] [八筒] [八筒]

等待别人舍出9饼时即可开碰，同时将手牌右侧的3、9、9饼同时推倒。拾入9饼后，舍出3饼，给人以拆搭子舍出3饼而叫牌1、4饼或2、5饼之感觉，使人不会猜测出单钓叫牌却是8饼。

4. 破釜沉舟　蚀搭骗碰

【例7】手牌如下图：

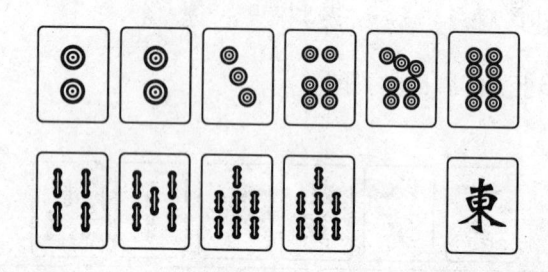

[二筒] [二筒] [三筒] [六筒] [七筒] [八筒]
[四索] [五索] [六索] [東]

你有2饼、2饼、3饼的牌，急于碰听，此时海里已经有1张下家舍出的3饼，这一巡摸进东风，为了在手牌中留下一张安全牌，同时能压制对手碰牌，应该舍出3饼。这样海里就有2张3饼，有人开始着手将留有的边3饼或夹3饼搭子舍去，一旦碰出2饼，就能以快求胜。

5. 兵不厌诈

你手上有一对二万，急于求碰，此时上家舍出三万，你可以佯装要碰，犹豫一下即从牌墙上摸牌，此时对手误以为你有一对三万，因顺碰不利于做牌而未碰出，分析牌墙内已无三万，立即将边三万或夹三万的搭子拆掉，二万即可碰出。需要注意的是，佯装要碰牌时，动作是稍做犹豫后尽快摸牌，不要犹豫再三，忸怩作态，一则你的反常表现招致对手疑心，影响欺骗的效果；二则招人反感，成为众矢之的。在牌桌上要注意自己的形象，给对手留下愉悦的好感和放松的心情，建立统一战线，千万不要惹火上身，成为对手三家共同控制的对象。

6. 逆用牵制 设网以待

这是麻将牌胜诀战术中较为奥妙的一手。一般牌理是：当自己碰出对家6饼刻子之后，凡有5、7饼嵌搭的上下家，很可能立刻拆掉5、7饼。因为他们知道，打掉6饼的对家再不会要5饼或7饼，而我方碰过6饼后，也不会再要5饼或7饼了。这就是上家与下家以拆舍嵌搭作为牵制手段的一种方法。正因为如此，我们可以采取逆用牵制法加以对付，方法是在理牌过程中，如果手牌已有6饼对子，那么对于3饼与9饼的单张筋牌轻易不要舍出。经过摸调整理，一旦入张4饼或8饼，面子牌形成3、4、6、6饼或6、6、8、9饼，这样，一旦碰出6饼刻子，上、下家企图借拆舍5、7饼嵌搭作为牵制手段，正好中了逆用牵制的圈套，为你准备好的3、4饼或8、9饼搭子带来了生机。

碰6，就是设网，3、4或8、9所要吃的牌则是"鱼"。

7. 顺势而为 技高一筹

普通打法都是忌打生张，满地熟张，利用这种规律，听大家公认的安全牌即熟张，以奇制胜。

【例8】手牌如下图：

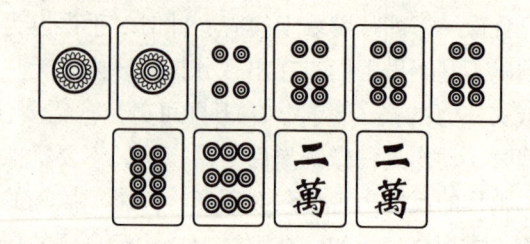

此牌碰1饼或二万听牌边7饼,但7饼已被人碰成明刻,是听张还是重新连搭子?看海内8饼已有2张,自己手握1张,6饼手中已成暗刻,一般来讲对手的手牌无法留住第四张7饼,所以单嵌绝张未尝不可。此时1饼可碰,打掉4饼听边7饼。

三、杠牌技巧

杠牌的作用要比吃碰逊色许多,它不能使手牌进展一步,只能多一次摸牌机会,并希望杠头那张牌有利用价值。杠牌有利有弊,是否开杠要分情况区别对待。

有杠早杠。手牌起手时就有幺、九、风牌暗杠,应及早杠出,否则相当于手中少一张牌,自然减小了牌的组合范围,降低了做牌的速度。

下家舍牌应该杠出。从上牌的角度看,倘若下家或对家舍牌,此时开杠对己有利,等于多摸一张牌,开杠为上策。若开杠尖张,开杠后可抑制各家;中张牌杠出,也是对其他各家面子组合的一个打击。

上家舍牌可以不杠。上家舍出四万,我不杠可以不透露信息,因此选择放弃杠牌,直接从牌墙上摸牌。

从听牌角度上看,有时开杠不如不开杠。

【例1】手牌如下:

第二章

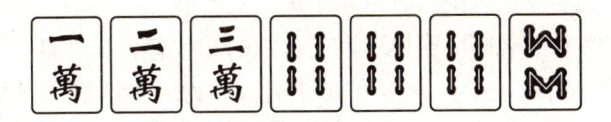

[一萬][二萬][三萬][二条][二条][二条][西]

手中有4条3张，别家舍出4条，不杠而去摸牌。如果摸进3条，叫牌可改听2、3、5条，胜过单钓；若摸进5条，就可以改听3、5、6条；即使摸进2条，也可改听2、3条，都比单钓的食和机会大。

在特定的牌势里，开杠可为对手提供很有价值的信息，而弃杠可以迷惑对方。

【例2】手牌在第3巡上听三、六万，如图：

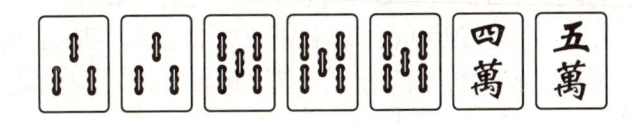

[二条][二条][二条][二条][二条][四萬][五萬]

上家打下5条，要么开杠，要么摸牌。此时应摸牌，因为开杠会暴露信息，使对手拆去3、4条的搭子，与己不利。相反，比如手中有3个5条、2个3条，求和3条和五万对倒，如图：

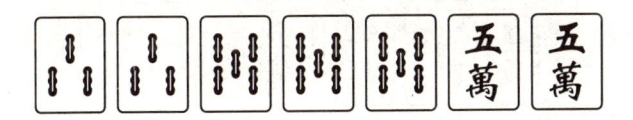

[三条][三条][五条][五条][五条][五萬][五萬]

此时上家舍出5条，应该开杠，因为开杠会让对手得到信息，从而拆去3、4条的搭子，而3条正是我所需要的牌。

当后盘战期摸进一张与自己碰出的刻子相同的牌时，是否亮出加杠呢？应当视局势而定。一旦有人听张听在偏门上，只要你一加杠，别人便可抢和（即抢杠）。只有估计在充分安全的情况下，才能加杠，否则只有留在手里伺机行事。

杠牌后按规则应当摸牌墙最末端的一张牌，在牌桌上，因这张牌在牌墙最边上，常被衣袖挂倒，成为一张明牌，这种情况下，若杠头是一张东风，即使我现在暗杠白板，我也放弃杠牌，将白板舍出。因为此时开杠，摸进东风对自己的牌面是无用的，我却为将来开杠的人做了件好事，一旦后面有人杠上开花，则都是我的"功劳"，没有我暗杠白板把东风拿走，他人又怎能杠上开花呢？

若听牌后的叫牌与刻子毫无关系的话，开杠的机会不应放过，开杠等于多一次摸牌机会。

杠牌前应进行以下分析：①能否实现目的；②能否形成他人得利；③能否被抢和；④是否杠上放炮。特别是第四点——杠上放炮，大家只关心杠上开花，但杠上放炮也是很常见的，所以当自己手牌离听牌尚远，而手上又无熟张可跟舍时，如果确定杠牌不是炮，可以弃杠，以免杠出一个生张而放炮。

【例3】手牌如下图：

手牌是二入听的牌姿，海里有4个二万，手中有3个一万，这一巡我摸进一万，若杠牌将再无熟张可以舍出，预期危险很大，所以弃杠舍出一万。以后根据牌局的形势变化，危急时刻甚至可以依次再舍出一万。

四、听牌技巧

1. 什么样的听牌容易成和

一手叫听的牌能否成功和牌，涉及到多方面的因素。

①摸到和牌的几率，即叫听几张牌，和牌在牌墙中还剩几张。

【例】手牌如下图，需要舍出一张报听。

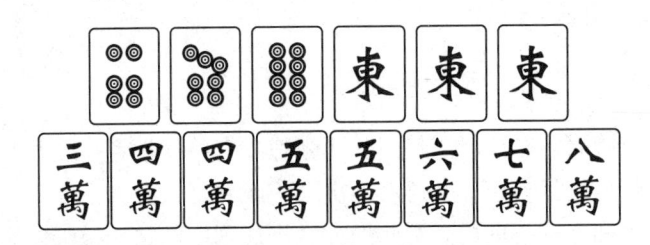

这副牌有很多种听牌的方法，可以舍三万，或四万，或五万，或七万，或八万，或东风，其中舍东风听三、六、九万，待牌10张，待牌数最多，因此舍东风报听为宜。

②早听三分和。一方面及早听牌可以增加摸牌的次数，从而增加和牌的概率；另一方面，先听可以压制对手做牌的势头，迫使对手做牌时受到放炮因素的干扰，降低其做牌效率。

③以奇制胜。如单钓回头张、设陷阱引诱对手舍出炮牌、争取和各家都视为废牌的牌张等方法。兵不厌诈，突破传统思维，求和对手意想不到的牌张，计策一旦对路就容易成和。

④有些牌在前期容易舍出，有些牌在后期容易舍出，比如单钓9条生张，在牌战前期容易收炮，在牌战后期很难收炮。

⑤生张无人敢舍出，而熟张在牌堂内有很多，剩下的张子已经不多，因此半熟张比较容易收炮。

⑥叫听的牌在各家手牌中所体现的利用价值越高，则越难于收炮。比如各家手牌中都有两副条子的顺子或搭子，那么此时5条在各家手牌中都有较高的利用价值，若是求和嵌5条能够收炮的可能性极小。

⑦针锋相对，两败俱伤。四个选手都听牌，如果有三个人都和同样的牌，那么受益的就是另外一个人，因为通过概率计算，如果四家听牌其中三家口子相同，那么前三个人和牌的概率总计是1/2，分摊到每个人仅是1/6；后一个人和牌的概率则是1/2。这就是鹬蚌相争、渔翁得利的道理。因此，听牌时要避免和其他选手听在同一个口子上。

2. 对已听牌型的研究

听牌时，必须看清楚叫和几张牌。有些初学者往往看漏了听张，甚至已经自摸和牌还看不出来，或者别人舍出了你所和的牌也没食和，错失良机。有些地方麻将规则中规定，报听以后一次不收炮，永不能收炮。即某家舍出一张你可以食和的牌，你没和，那么这局中你再也不能放炮，只允许自摸和牌，以避免打人情牌。所以算清听张，是很重要的。

看一副已经报听的牌面，和几张牌，和什么牌，若在短时间内答对这个问题，需要两个方面的能力。一方面，我们必须掌握扎实的基本功，我们要熟识各种听牌的牌型，这样在实战中就不需要再临时去排列组合，既可以节省时间，也不致暴露情报；另一方面，我们还要学会"同花色计算和牌定理"，在完成一组或两组顺子后，其余牌若是同花色，应能很快看出和的是哪些牌。

【例1】

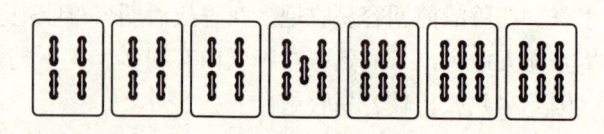

显然，手牌中条子系同种花色牌，在暗刻4条与6条的中间余一张5条，与两个暗刻有顺序数的关系，所以，这副牌的和牌包括暗刻及其中间牌和前后牌，即3、4、5、6、7条。

【例2】

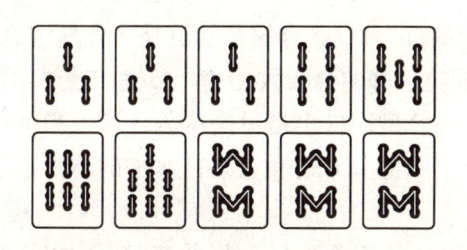

这手牌的和牌包括暗刻及其中间牌和前后牌，即2、3、4、5、6、7、8、9条。

另外，在计算听牌的求张时，必须注意筋线牌的关系，求和三口叫以上的，往往求的就是关联牌。例如某一组合，可以求1，则往往也求4和7；可以求3，则往往也求6和9。因此，实战中注意求张的筋线关系，就不容易算漏张了。

3. 诈听的使用

有些情况下，为了防止放炮包赔，可以采取诈听法。

当自己手牌很滥，根本没有听牌的可能时，当一家报听时，可以跟舍熟张，坚持一段时间，另外未听的两家觉得只有一家报听，放炮的可能性不是很大，心存侥幸，故而敢于舍出生张，一旦他们放炮，我就可以避免损失；当又有一家报听时，期望另外未听的一家放炮则希望渺茫，因为两家听牌，一般人不会轻易舍出生张，这时我若固执地等待未听牌的一家放炮，往往等来的不是别人点炮，而是听家自摸和牌（那时我将失去2分），因此我在第二家听牌以后立即诈听，三家听牌，一家跟舍熟张，那么三

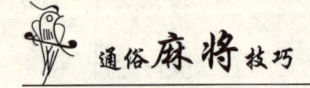

个听家自摸和牌的概率仅是 1/3，收炮平和的概率是 2/3，若是最后某家平和，我仅失 1 分，损失很小。

4. 听牌牌型的罗列

对各种听牌牌型的认识，大多未能引起足够的重视。比如，见同花色牌皆可和牌的牌型，大家都知道是"九莲宝灯"，待牌张数是 36-13（同花色牌的总张数-手牌"九莲宝灯"的张数）= 23 张，但还有几种牌型同样也是见同花色牌皆可和牌，待牌张数同样也是 23 张，这些知识恐怕很多高水平的麻将选手也未必知道。

围棋选手要学习许多"定式"，以便在对弈中出现定式时可以按照先前学好的步骤行棋，确保应着快且准确无误。麻将也需要学习定式，当手牌出现定式时，不需研究便可作出正确决策。牢记定式将使选手在最短时间内作出最优选择。为了让读者掌握各种听牌的牌型，下面将各种听牌牌型罗列出来以供参考。

（1）听一张

①边张；

②嵌张；

③单钓将；

④七小对。

（2）听二张

①标准两面听；

②两对倒；

③两头甩将（即两头钓将）；

④半皮夹克带刀：

这是指手牌已组成三副顺子（或刻子），剩下一副暗刻和一张与其相连（或相隔）的钓将牌张，既能钓将又可和边张（或嵌张）。

【例1】 此牌和牌为7、8饼，待牌7张。

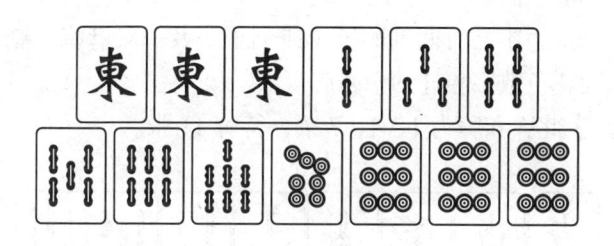

【例2】 此牌和牌为4、5饼，待牌7张。

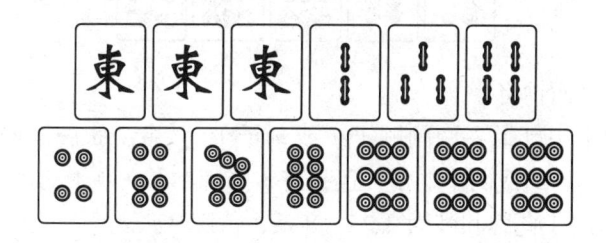

例2是"半皮夹克带刀"的变形，是手中组好四副顺子（或刻子），其中有暗刻一组，并有一组同花色顺子与暗刻相连，另有一单张牌与该顺子相隔的牌型。

⑤特殊七小对：

这是七小对比较特殊的类型。

【例】 此牌和牌为2、5条，待牌5张。若和牌5条，即做成七小对。

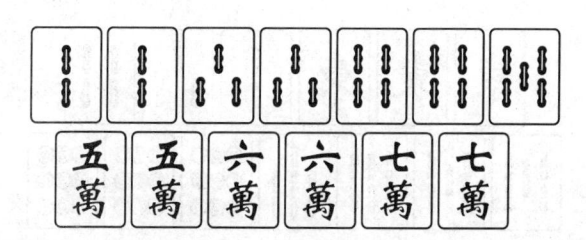

（3）听三张

①标准三面听：

这是指手中已有两副顺子（或刻子）及一对麻将，剩下的5张牌为同花色数字相连的中张牌。

【例】此牌和牌为1、4、7条，待牌11张。

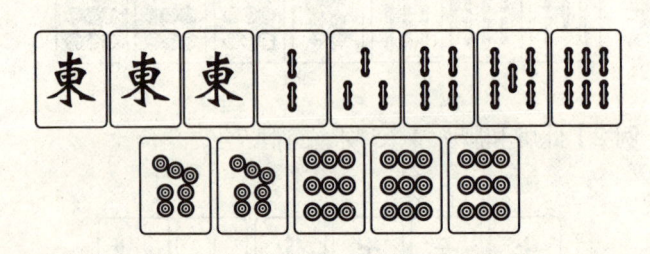

②三面钓将：

指手中已组妥两副顺子（或刻子），其余7张牌属同花色，且6张相连组成两个顺子，还另有1张牌贴靠在顺子的边上。

【例1】此牌和牌为2、5、8条，待牌9张。

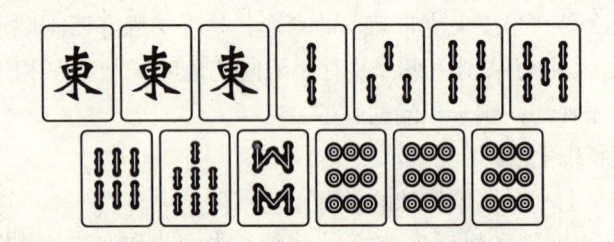

【例2】此牌和牌2、5、8条，待牌9张。

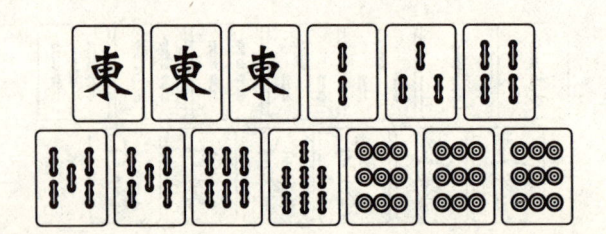

③皮夹克带刀：

这是指手牌已组好三副顺子（或刻子），剩下 4 张牌是一副中张暗刻和 1 张与暗刻相连的中张牌。

【例1】此牌和牌为 6、7、9 饼，待牌 11 张。

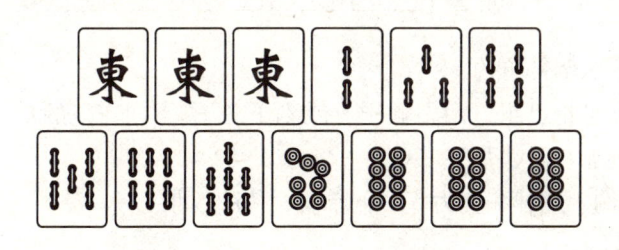

【例2】此牌和牌为 4、6、7 饼，待牌 9 张。

例 2 是"皮夹克带刀"的变形，是手牌已组成两副顺子或刻子，剩下 7 张牌为同花色的一副顺子连一副暗刻，且顺子中张余出 1 张。

④对倒带两面：

这是指已组好两副顺子（或刻子）和一对麻将，剩下同花色的 5 张牌是一副暗刻加 2 张与刻子相连的数字中张牌。

【例】此牌和牌为 5、8 饼与五万，待牌 7 张。

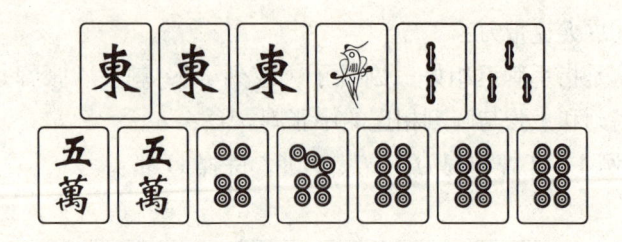

[东][东][东][🐦][条][条]

[五万][五万][饼][饼][饼][饼][饼][饼]

⑤对倒带单钓：

这是指已组好两副顺子（或刻子），剩下同花色的 7 张牌是一暗刻加左右邻张各一对。

【例】此牌和牌为 5、6、7 饼，待牌 5 张。

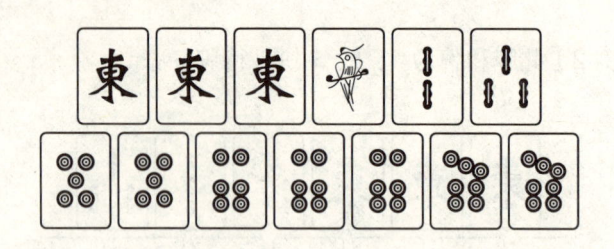

[东][东][东][🐦][条][条]

[饼][饼][饼][饼][饼][饼][饼]

⑥特殊七小对：

这是七小对比较特殊的类型，手里须持一副暗刻。

【例】此牌和牌为五、九万和发财，待牌 5 张。

[五万][五万][九万][九万][九万][发][发]

⑦单嵌带两头甩将：

这是指已组好两副顺子（或刻子），剩下同花色的 7 张牌中有一副暗刻和与暗刻相隔的一副四连顺。

【例1】此牌和牌为4、5、8条，待牌10张。

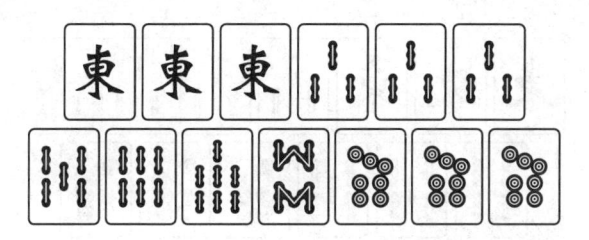

【例2】此牌和牌为4、5、8条，待牌10张。

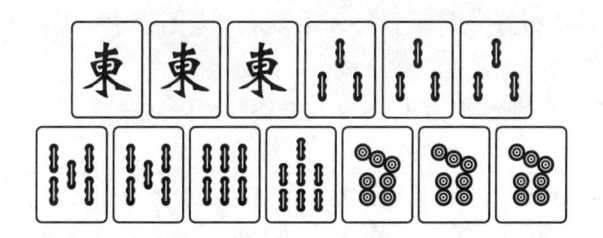

⑧单钓双嵌听：

这是指已组好两副顺子（或刻子），剩下同花色7张牌为单个中张和左右隔张的两副暗刻。

【例】此牌和牌为4、5、6条，待牌11张。

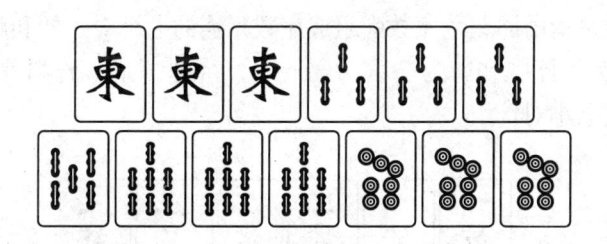

⑨甩将单嵌听：

这是指已组好两副顺子（或刻子），剩下同花色7张牌为中张牌左连一副暗杠、右连一副麻将。

【例】此牌和牌为 2、4、5 条，待牌 9 张。

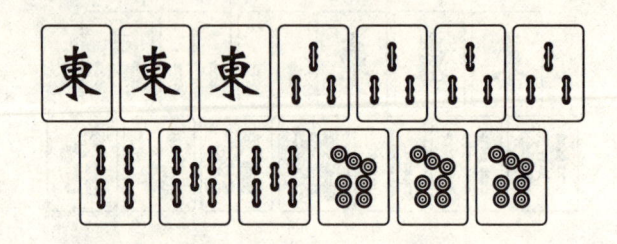

⑩双飞对倒听：

这是指组好一副顺子和一副麻将，其余牌为两副完全相同的四连顺。

【例】此牌和牌为 3、6 条与 7 饼，待牌 6 张。

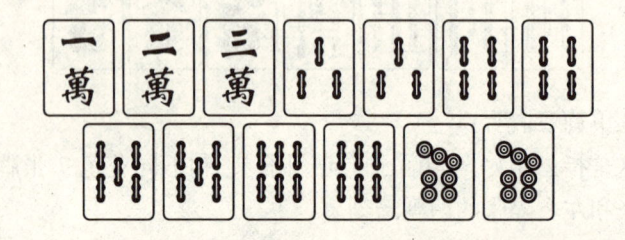

⑪七连对：

这是指由同花色序数牌组成序数相连的七个对子的和牌。

【例】此牌和牌为一、四、七万，待牌 7 张。若和牌七万，即做成七小对。

（4）听四张

①标准四面听：

这是指手牌已组好两副顺子（或刻子），剩下同花色的7张牌中有一副暗刻和与暗刻相邻的一副顺子、一个邻张。

【例】此牌和牌为2、4、5、7条，待牌13张。

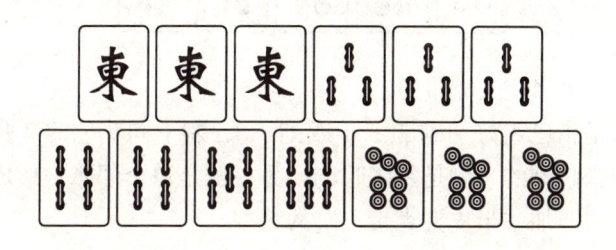

②同色对倒两面听：

这是指已组好两副顺子（或刻子），剩下同花色的7张牌是一副麻将左右相邻一个暗刻和一个对子。

【例】此牌和牌为3、4、5、6条，待牌9张。

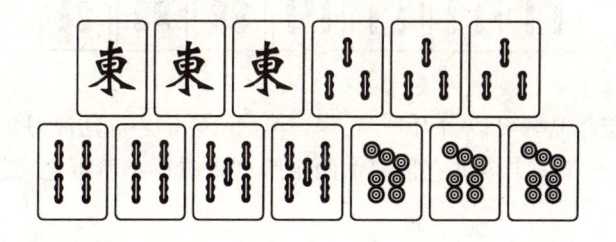

③异色对倒两面听：

这是指已组好三副顺子或刻子（但至少要有两副顺子），剩下4张牌是两个分别挂在两个顺子一边的对子。

【例】此牌和牌为3、6条与4、7饼，待牌10张。

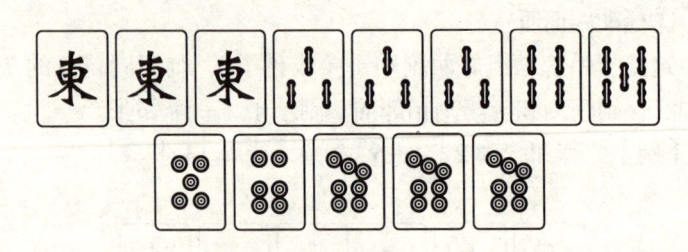

④一个半皮夹克带刀：

这是指已组好两副顺子（或刻子），剩下同花色的7张牌是一个中张暗刻的一侧是邻张暗刻，另一侧是单个邻张，形成"皮夹克带刀"加"半皮夹克带刀"的牌型。

【例】此牌和牌为3、4、5、6条，待牌9张。

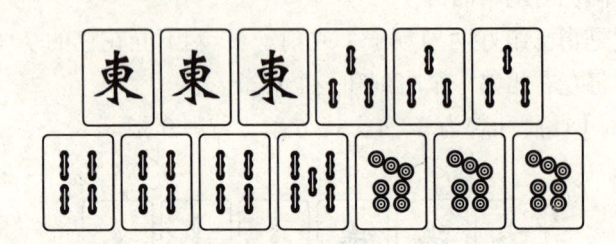

这个牌型可以分开成4、4、4、5条（皮夹克带刀）和3、3、3、5条（半皮夹克带刀）两个牌型来看待，所听之牌就一目了然。

⑤对倒三面听：

这是指已组好一副顺子（或刻子）和一副将，剩下同花色的8张牌是既可以标准三面听又可以拆出一副麻将对倒求和的牌型。

【例】此牌和牌为2、5、8条与7饼，待牌10张。

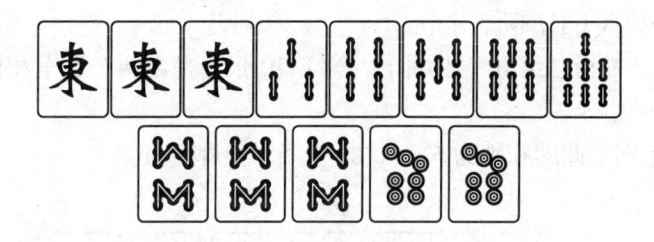

⑥单钓三面听：

这是指已组好两副顺子（或刻子），剩下 7 张牌是一副暗刻和分别与暗刻左右相邻的一副顺子、一张单张的牌型。

【例】此牌和牌为 2、3、5、8 条，待牌 14 张。

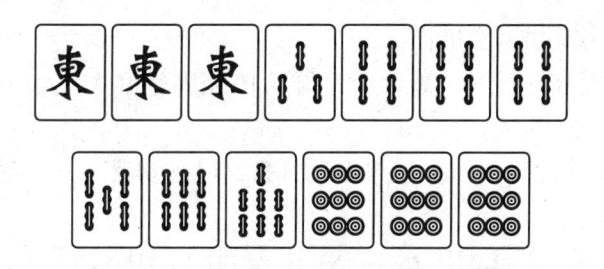

⑦三对倒兼七小对：

这是指已组好一副刻子和一副麻将，其余牌为两个完全相同的四连顺。

【例】此牌和牌为 3、6 条与 7 饼兼七小对单钓东风，待牌 7 张。

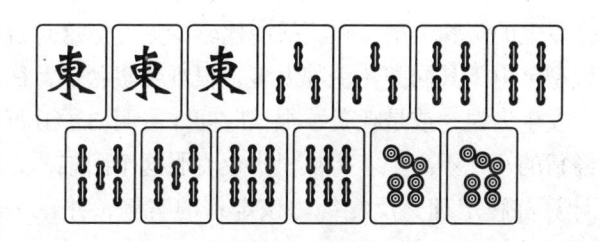

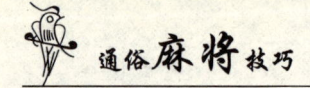

⑧四飞对倒听：

这是指已组好一副顺子，剩下10张牌是由两个完全相同的五连顺组成。

【例】此牌和牌为5、6、8、9条，待牌8张。

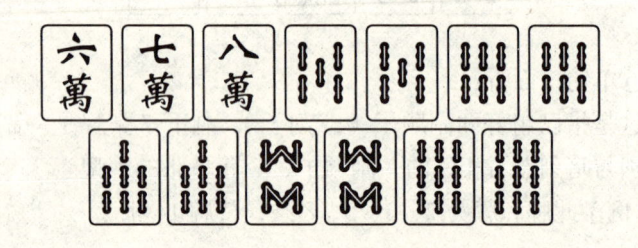

⑨双嵌带两头甩将：

这是指已组好一副顺子，剩下10张牌是由一个四连顺加两个隔张暗刻组成。

【例】此牌和牌为3、4、7、8条，待牌14张。

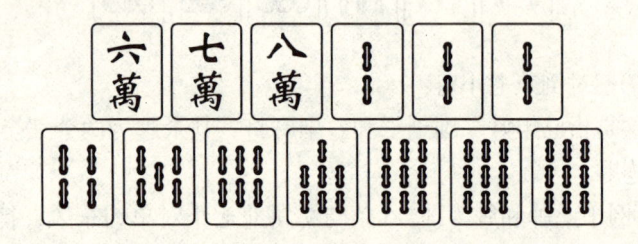

（5）听五张

五张以上的听牌类型，在实战中比较少见，但这是自摸和牌的绝佳牌型。由于其同类花色牌太多，很难明察秋毫，往往在牌的取舍上发生失误，或是耗费了很长时间才看明白子丑寅卯，对手早已经猜的八九不离十。要从根本上克服这个困难，必须熟记同花色计算和牌定理，反复练习该定理的实例，并在实战中摸索,总结经验,才能在竞技比赛中应对自如、游刃有余。

①标准五面听:

这是指手牌中已组好两副顺子(或刻子),剩下 7 张同花色数字中张牌为一副暗刻和与暗刻相连的四连顺的牌型。

【例】此牌和牌为 2、4、5、7、8 条,待牌 17 张。

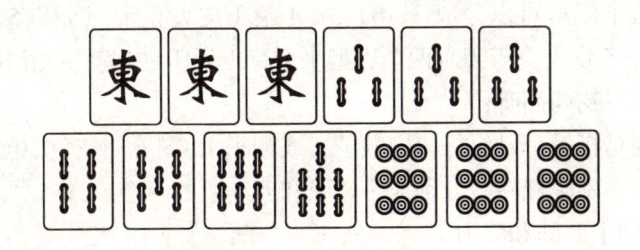

②对倒三面听:

这是指手牌中已组好一副顺子(或刻子),剩下同花色 10 张牌为数字相连的暗刻、两对将、一顺子的牌型。

【例】此牌和牌为 3、4、5、6、9 条,待牌 12 张。

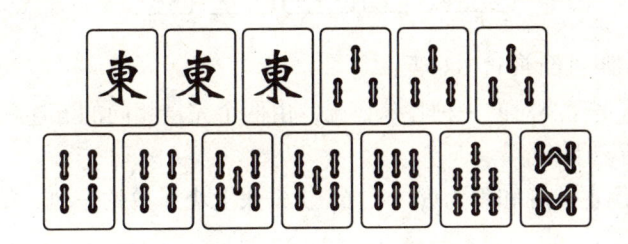

③双皮夹克带刀:

这是指手牌中已组好两副顺子(或刻子),剩下同花色的 7 张牌是一个中间单张牌左右两边各相邻一个暗刻,形成两个"皮夹克带刀"的牌型。

【例】此牌和牌为 2、3、4、5、6 条,待牌 13 张。

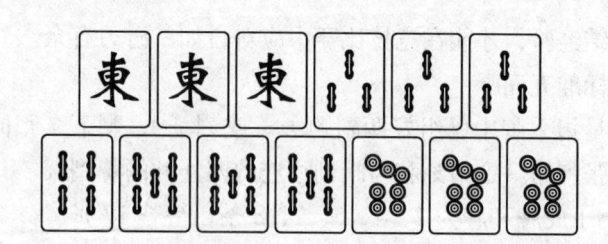

这个牌型可以分成3、3、3、4条（皮夹克带刀）和5、5、5、4条（皮夹克带刀）两个牌型来看待，所听之牌就更加清晰。

④三钓两面听：

这是指手牌已组好一副顺子（或刻子），剩下同花色10张数字牌为一副暗杠左右分别连一邻张和五连顺的牌型。

【例】此牌和牌为2、3、5、6、9条，待牌16张。

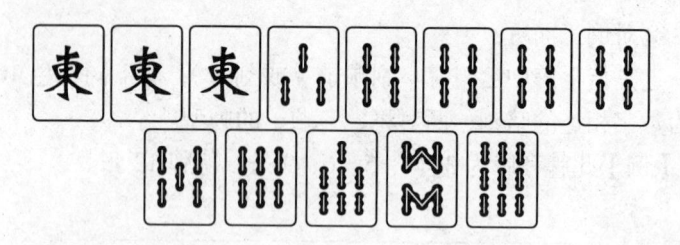

⑤四对倒兼七小对听：

这是七小对的一种特殊情况，由两个完全相同的五连顺外加一副暗刻组成。

【例】此牌和牌为3、4、6、7条兼七小对单钓东风，待牌9张。

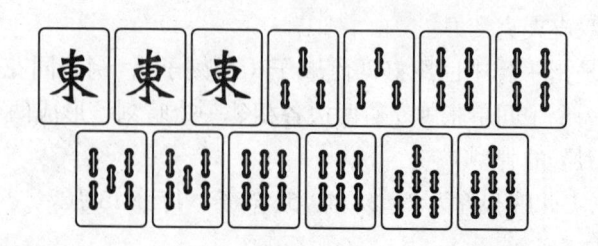

⑥甩将对倒两面听：

这是指手牌已组好一副顺子（或刻子），剩下同花色10张牌是三个相连的暗刻加一个与暗刻相连的邻张，既两头甩将又对倒，又是两面搭子和牌的牌型。

【例】此牌和牌为3、4、5、6、7条，待牌10张。

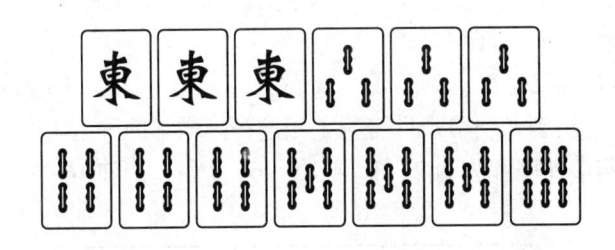

⑦异色对倒三面听：

这是指两种不同花色的牌皆可视作顺子带一对将的牌型。

【例】此牌和牌为六、九万与3、6、9条，待牌13张。

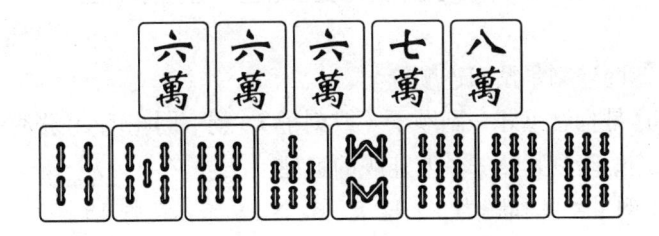

（6）听六张

①标准六面听：

这是指已组好一副顺子（或刻子），剩下同花色10张是一副暗刻且相连七连顺的牌型。

【例】此牌和牌为2、3、5、6、8、9条，待牌19张。

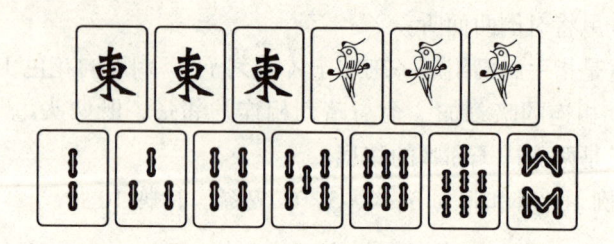

② 两刻夹张连顺子：

这是指已组好一副顺子（或刻子），剩下同花色 10 张牌是两副相隔的暗刻夹一中张且与刻子相连一副顺子的牌型。

【例】此牌和牌为 2、3、4、5、6、9 条，待牌 16 张。

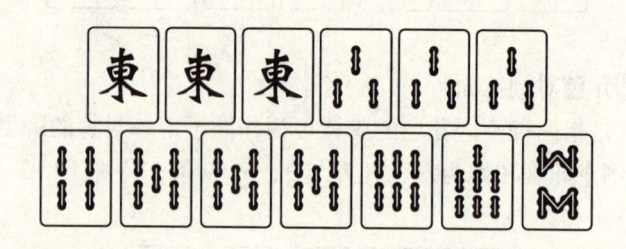

③ 两连刻紧贴四连顺：

这是指已组好一副顺子（或刻子），剩下同花色 10 张牌是两个相连的暗刻紧贴一个四连顺的牌型。

【例】此牌和牌为 3、4、5、6、8、9 条，待牌 15 张。

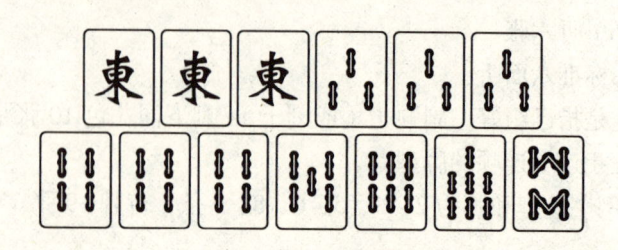

④三面钓将三面搭：

这是指已组好一副顺子（或刻子），剩下同花色10张牌是顺杠相连四连顺的牌型。

【例】此牌和牌为2、3、5、6、8、9条，待牌19张。

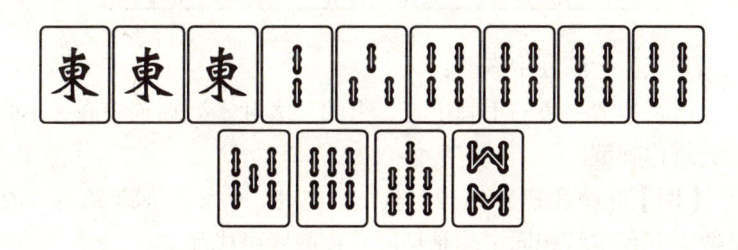

（7）听七张

①标准七面听：

这是指清一色的手牌中三连刻紧贴四连顺的牌型。

【例】此牌和牌为1、2、3、4、5、7、8条，待牌16张。

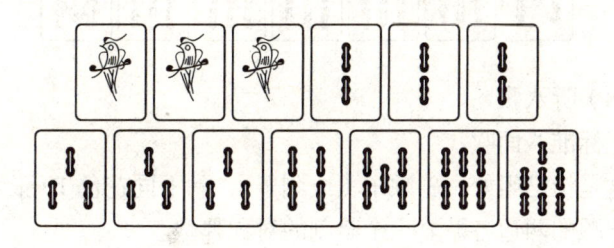

②四、六顺杠中嵌五：

这是指清一色的手牌中四、六的顺杠中嵌一单张五的对称牌型。

【例】此牌和牌为1、2、3、5、7、8、9条，待牌23张。待牌数与九莲宝灯相同，均是见同花色牌皆可成和。

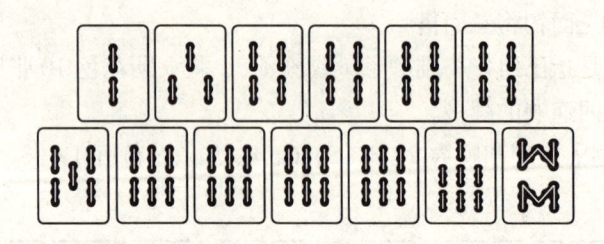

③三、七断杠中嵌顺：

这是指清一色的手牌中三、七的"大肚子"顺杠中嵌一单张五的对称牌型。

【例】此牌和牌为1、2、4、5、6、8、9条，待牌23张。待牌数与九莲宝灯相同，均是见同花色牌皆可成和。

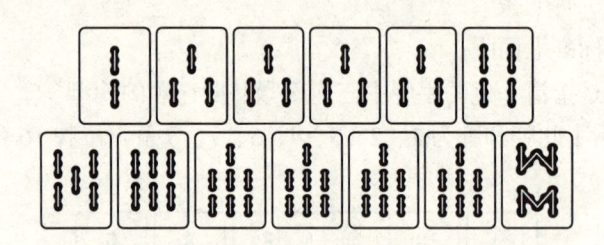

（8）听八张

①标准八面吹：

这是指已组好一副顺子（或刻子），剩下同花色10张牌是一副四连顺的两边各贴靠一个暗刻的对称牌型。

【例】此牌和牌为1、2、3、4、5、6、7、8条，待牌22张。

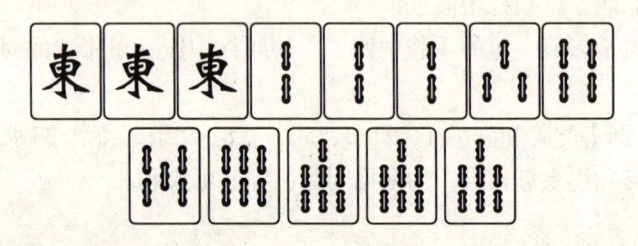

② 八莲宝灯：

这是将九莲宝灯的九（或一）暗刻移至同一线筋牌的六（或四）处，故称为"八莲灯"。实际上是异曲同工之妙，只是因为手占4张六（或四），因此除六绝和，其余同花色的牌张皆可成和。

【例1】此牌和牌为1、2、3、4、5、7、8、9条，待牌23张。待牌数与九莲宝灯相同，均是见同花色牌皆可成和。

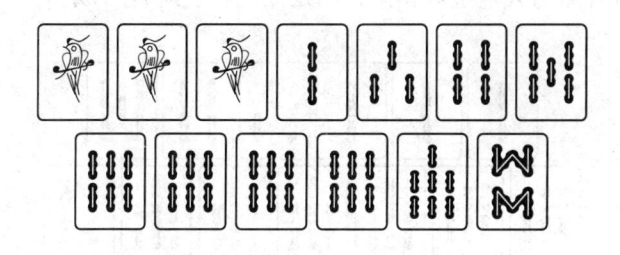

【例2】此牌和牌为1、2、3、5、6、7、8、9条，待牌23张。待牌数与九莲宝灯相同，均是见同花色牌皆可成和。

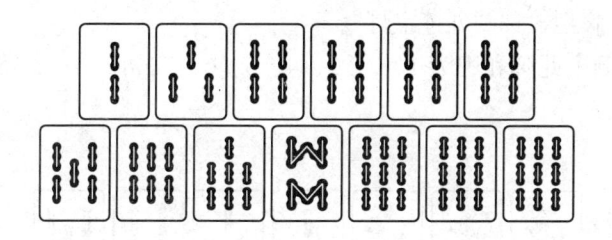

③ 三、七成杠的八门听：

这是指清一色的手牌中三或七已成4张，形成同花色张皆可成和的牌型。

【例1】此牌和牌为1、2、4、5、6、7、8、9条，待牌23张。待牌数与九莲宝灯相同，均是见同花色牌皆可成和。

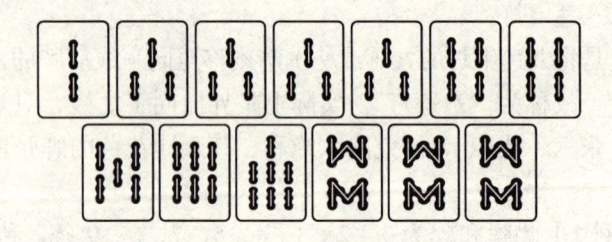

【例2】 此牌和牌为1、2、3、4、5、6、8、9条,待牌23张。待牌数与九莲宝灯相同,均是见同花色牌皆可成和。

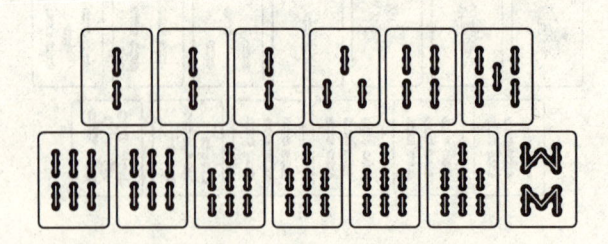

(9)听九张

这是一种为大家所熟知却又极难见到的牌型,也是我国麻将的经典牌型,称"九莲宝灯"。

【例】 此牌和牌为1、2、3、4、5、6、7、8、9条,待牌23张。

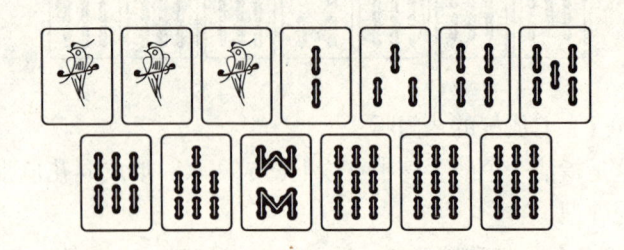

第三章　两报扣技巧

这是一种允许碰而不允许吃、必须报听且自摸才能和牌的新型打法。这种打法在河北、甘肃、山西等地盛行，人们称之为"两报扣"，俗称"硬搁子"。如果手中有一对二万，别家舍出二万即可开碰，如果手中有四、五万搭子，上家舍出三万却不能吃。这种打法有效地控制故意喂牌、故意放炮等行为，因此更加对等、公平。两报扣打法的主要特点：

一是对等。即自己手中的牌除碰牌外，全部依靠自摸来完成，不依赖上家。各人凭技巧处理摸进之牌，审时度势，决定攻守，即使某家水平低，因为不允许吃牌，所以其下家也占不到什么便宜。一家牌技的缺陷，其利益由另外三家分享，而不会被下家所独占。

二是公平。这种打法只允许自摸和牌，别人点炮不能和。可以防止心术不正者设局骗人的可能性，不会出现有人故意放炮的情况。

三是隐牌。通常打法，采取吃牌法，吃牌后亮出副露。一局中若吃碰几次，手牌趋于明朗化，别家猜出大概，故潴而不舍（一直留着不舍出），结果听牌早而不和。而"两报扣"只能碰牌，副露较少，别人难于掌握你牌势的进程，无法了解你听张的好坏，所以两报扣较之推倒和是一个进步，从而使涉足于麻将游戏者享受花样新颖、竞技公平的乐趣。另外，这种打法要求将牌摸完无人和牌就算荒牌，不留最后八墩牌墙。

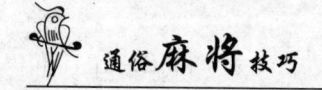

两报扣与推倒和比较，最大的特点就是不允许吃牌，不允许放炮。推倒和的打法中，既要追求速度，又要防止放炮，死盯下家，更耗费脑力。因为不需顾忌下家吃牌，不需担心自己放炮，那么注意力应放在怎样做牌，怎样最大机会的上牌，怎样听个好牌。因为不允许吃牌，手中留搭子上牌的概率就要比推倒和小，留对子碰出的概率要比推倒和大，这一点大家应注意。

以下就针对两报扣的特点，讲一些行牌要领。

1. 讲究速度

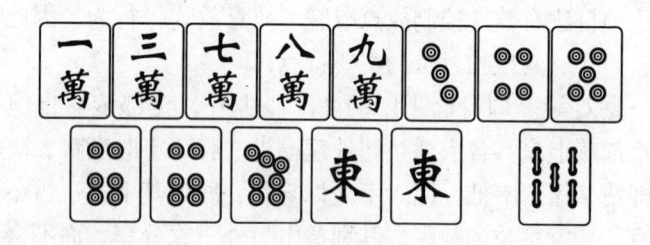

手中牌如上图，上手5条，海内出现2个一万、1个三万，上家拆了夹二万，对家曾舍一万，有二万的可能性也不大，即使下家有二万做将，牌墙中还有2张二万，因此舍去5条，以求碰东风或摸入2、5、8饼速听。如果留下5条，舍一万，期待以后靠张组成新搭子，则速度起码慢三巡。

2. 养风成对

两报扣的打法不允许吃，因此做牌除了靠自摸进张以外，只能靠碰牌，而碰牌欲碰出中张很难，碰牌最快的捷径就是能有一对风牌，特别是手牌不好的情况下，闲张较多，这时若能将一张风留几巡后上张凑对，将使听牌的进程大大缩短。想要留风凑对有两个要领，一方面是潴住生张风牌，另一方面是跟舍熟张风牌。这里面还有个小的技巧，比如我手牌如下：

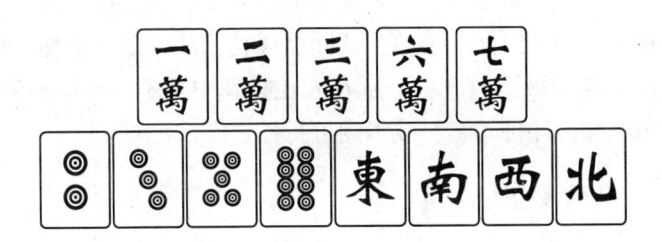

[一萬 二萬 三萬 六萬 七萬 二筒 三筒 四筒 六筒 東 南 西 北]

手中有 4 张风牌，我是庄家的上家，起手庄家舍出东风，接着对家舍出南风，接着上家舍出西风，轮到该我舍牌，海内东风、南风、西风各有 1 张，那么我应先舍出哪张呢？应该舍出西风，因为我可以肯定上家手中没有东、南风（若上家有东、南风，他自然也会跟舍熟风，不跟舍熟风，就是手无熟风），同理我可以肯定对家手中无东风，这就是说目前东风各家手中都没有，南风可能庄家手里还有 1 张，西风可能庄家和对家各有 1 张，因此我舍牌的优先次序是：西风、南风、东风、北风。

3. 潴住飞弹

对手要碰的牌即飞弹，飞弹通常是幺九风的生张。在牌局进展过程中，前五巡没出来的风张，八成有人求碰，即是飞弹。还有一种牌常常也是飞牌，即如果六万、八万被杠，而海内却不见七万、九万，那么七万、九万则很可能是飞弹。因为两报扣不允许吃，潴住飞弹就和推倒和中的压制下家处于同等重要的地位。手中潴的这张风如果是飞弹，可压制对方听牌的速度；如果不是飞弹，则在今后的上牌中凑对的可能性很大。

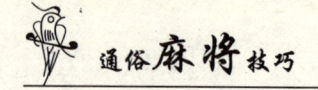

初学者通常认为潴风毫无作用，因为自己手牌多留了一张废牌，从而造成做牌时容易丢张，实际上这是认识片面造成的。通过研究发现，当两报扣在某个地区流行之初，只有极少数人运用潴风技术；随着时间的推移，认同潴风技术的人随之增加；待一年以后，除了极少数老者，所有人在行牌中都不同程度地潴风。实践出真知，印证了潴风技术的可行性。

4. 潴风要狠

潴风一定要狠，特别是在自己手牌离听牌较远的时候。普通选手在行牌时都潴风，但通常是畏首畏尾，总想面面俱到，潴上两巡忍不住就舍出去了，根本起不到牵制的作用。潴风的程度是很难把握的，而且潴风要付出适当的代价，但这种代价是值得的。潴得太狠，自己往往不听；潴得太松，对手及早报听，及早和牌，自己根本没有机会。但有一点可以肯定，起手配牌好的时候潴松一些，起手配牌不好的时候潴紧一些。

手牌如上图。行牌到第 4 巡，东、南、西风都是生张，上手 9 张，应舍九万，因为九万没用，即使成对，碰出的概率较东、西、南风低。第 7 巡海内已出现南风，这时对家舍出 9 条，碰 9 条，跟舍出南风。第 9 巡上手东风，此时看海内有 2 个五万，以后进张五万的可能性不大，而四家都未听牌，因此舍出六万。第 10 巡上手二万，此时四万是熟张，西风仍是生张，因为二万对、8 条对、东风对比较容易碰出，留四万用处不大，为了潴住西风就要做出一定的牺牲，于是舍去出四万。第 14 巡碰出二万，舍出西风，报听对倒，还是头家报听。此时，8 条在对家手中占有一对，只能求和东风，离荒牌还有七巡牌，牌墙中有 2 张和牌已经算较高的概率了。即便不和，荒牌对自己也无损失，对庄家却是潜在的危险，因为连续荒牌庄家是要包赔的。

潴风若是不狠，往往是给对手帮忙。

例如，牌局第 5 巡对手手牌如下：

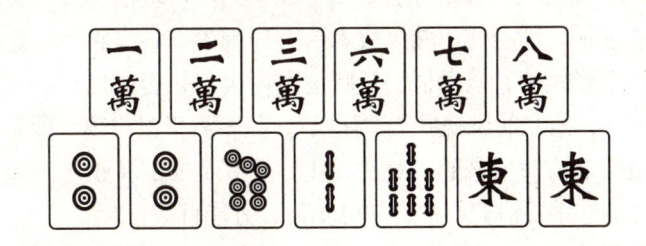

一萬 二萬 三萬 六萬 七萬 八萬 ② ② ③ ‖ ‖‖ 東 東

目前对手的手牌还差一副搭子，期待能摸进有效牌张与 7 饼、2 条或 7 条靠张，形成一个两面搭子。我手中有 1 张东风，若立即（即第 5 巡）舍出，他碰东风后必须从 7 饼、2 条、7 条间选择一张牌舍出，这样他原本是三张牌贴张组搭，变成了两张牌贴张组搭，组搭的机会减小了。我若是潴到第 8 巡舍出东风，对手已经靠张组成了 7、8 饼的搭子，只等碰牌报听，对手碰东风报听 6、9 饼。若能潴到我报听时（第 13 巡）舍出东风，对手早已自摸 6、9 饼报听 2 饼、东风两对倒，和牌希望渺茫。对手听牌如下图：

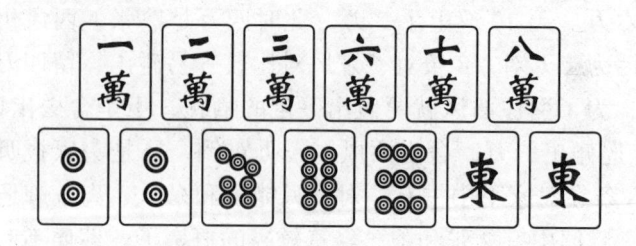

[一萬] [二萬] [三萬] [六萬] [七萬] [八萬]
[一筒] [一筒] [三筒] [四筒] [五筒] [六筒] [東] [東]

从以上三种情况分析，生张风牌迟舍最好，早舍较好，中间时候舍出最不利。

5. 潴风的反学

潴风理论在两报扣打法中几乎成了无可辩驳的真理。常玩两报扣的选手，都会使用潴风战术。一局牌中，各家在开牌之初都会潴住生张风牌，以后根据行牌情况再决定是否舍风，一旦某家牌势不好，他潴的风就成了"死风"，只要海里没出现，他是不会在你报听之前舍出来的。对此，我们要有足够的认识。因此，对付潴风的选手要讲究科学，知己知彼，方能百战百胜。

起手之初，对手不可能将每个生张风牌都潴住，谁也不打第一张风是不可能的，通常大家的行牌方式为——前三巡跟着熟风舍出风牌，三巡后剩下的生张风牌就成了潴住的对象，留在手中直到听牌时舍出。因此当你起手有两对以上的风牌时，初期不舍生风，这样对手找不到熟风，就会盲目舍出风牌，碰牌的概率就增加了。

[一萬] [二萬] [三萬] [六萬] [九萬] [五筒] [三条] [三条]
[東] [東] [西] [西] [中] [白]

本局你是庄家，起手配牌如上图。如果最先舍去红中，下家手中有东风、北风、红中，下家必跟着舍红中，若对家再舍出北风，那么第2巡下家必跟着舍北风，这样的情况必然导致东风将在很长一段时间内被下家潴住，要碰他手中的东风就几乎没有可能了。如果最初庄家舍九万，下家就会从东风、北风、红中3张风牌中挑选1张舍去，舍东风的概率是1/3，即使舍出的不是东风，而是北风，那么对家自然会跟着舍出北风，到第2巡时下家仍然面临选择，是舍出东风还是红中，这时舍出东风的概率是1/2，你在三巡以内碰出东风的可能性就很大了。

6. 潴风的决策

潴风战术在两报扣的打法中十分有效，但并不意味着何时何处都应该使用潴风战术。总的来说，牌面差时必须使用潴风战术，牌面好时可以视局势而定。

【例1】手牌如下图，第7巡摸进5饼。

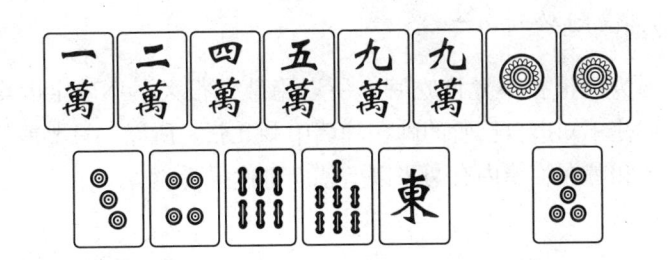

此时自己处于劣势，而东风又是海内不见的生张，这种情况下宜潴风。于是舍出二万，一方面因为手中还有四、五万的搭子，舍二万不丢张；另一方面舍二万，可以根据各家是否跟熟来分析三万的占有情况，以便在随后的行牌中作出相应的决策。比如各家均跟舍二万，则说明各家均不占三万，那么四、五万的搭子很好。

【例2】手牌如下图，第5巡摸进5饼。

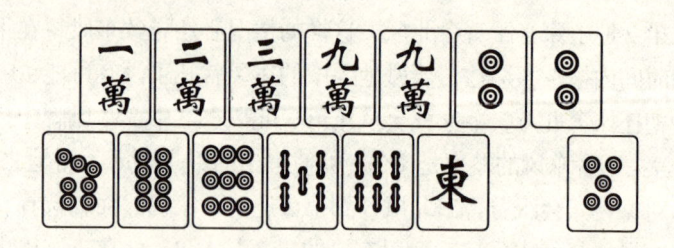

一万 二万 三万 九万 九万 ◎ ◎
六饼 六饼 六饼 東 三饼

此时自己处于优势，东风是海内不见的生张，这种情况下不宜潴风。于是舍出东风，对家碰出东风。因为每个人手中只有13张牌，碰牌后便要吐牌，碰牌后往往闲张留不住，便会在以后的几巡中陆续舍出，或许就是我所期待的九万、2饼。也许还会因为东风的碰出，而引出一连串的碰，也能起到箍紧各家手牌的作用。反之，若是潴住东风，牌局陷入僵持之势，对手三家碰不出欲碰的牌，自然也不肯轻易舍出生张。

7. 当断必断

因为两报扣不允许吃牌，所以隐蔽性很大，不确定因素增加，往往不知道自己听的牌在牌墙中剩几张。所以，只要能确定自己的和牌在牌墙内有两张以上就应迅速报听。

二万 三万 四万 七万 八万 九万 三饼 四饼 東 東 東 八饼

手牌如上图，此时牌已打到第6巡，4饼被对家碰出，2饼被下家碰出，1饼海内出现1个，应迅速报听求和1、4饼，因为1饼无人碰，各家手上又无2饼，说明牌墙中有3个1饼，并且可能还有1个4饼。若不报听舍2饼，再摸进诸如六万（或其他牌）报听两头甩将，需舍3饼，3饼很可能被碰，反而促进了对手的听牌进度，何况听六、九万的口子未必就很好。

是否听牌，还要看自己的牌在今后的上牌中能否很容易改听成好口子。如果牌面适合改听好口子，可以选择不报听；如果牌面很难在以后的上牌中改听成好口子，可以选择立即报听。

8. 见风使舵

两报扣打法中，上家、下家、对家同样是自摸和牌，你失去的分却经常是不同的，因为有的人是庄家，有的人有暗杠，有的人多压了筹码。比如说这一局中，庄家是上家，庄家有一暗杠，如果庄家和牌，你就失去4分，而对家、下家和牌你只失1分。偏偏庄家在第6巡就已报听，庄家报听太早，势在必和，这局荒牌无望，而你手中还潴着两张海内没出过的生风，于是迅速舍出西风、红中，对家和下家纷纷碰听，此时这局必有人和牌，但庄家和牌的概率仅是1/3，最后下家和牌，你仅失1分。

相反，如果下家报听，另外两家都未听，你手中的牌依然没有起色，就应保持镇定，继续潴风，争取荒牌。总之不能让庄家报听，即使三家报听，咄咄逼人，也要在庄家摸牌时尽量碰牌，减少庄家抓牌的机会。

9. 一线生机

在对手随时都可能和牌的危急时刻，要尽快听牌，争取一线机会，而不要顾忌听牌口子的好坏。

例如，牌到 13 巡以后，我手牌如下：

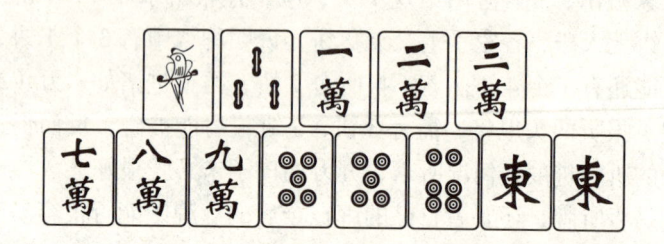

牌战进入最激烈阶段，此刻其他三家都已报听，气势汹汹。我碰出东风报听夹 2 条，2 条已被对家碰成一明刻，但形势紧急，须孤注一掷，有听必听。机会虽小，但或许能死中求活，总比将机会拱手送人要好。

10. 坚持就是胜利

两报扣比较容易荒牌，如果再加上人为因素，就更容易荒牌。比方说，这局牌起手很差，无和牌希望，这种情况要从牌局最初就下定决心做荒牌。首先是不要打生风，不要碰牌，努力杠牌；其次是紧跟熟张打，专挑熟张中的尖张、中张往出打。别人若舍出七万，我也跟舍七万，这样另一家留有边七万搭子的就会拆。有人会说：七万没了，别人拆边七万不是对我方不利吗？这样理解是因为他认识上有片面性。边七万的搭子拆了会导致他在今后的上牌中留一个更好的搭子，但是会影响他的速度，而且他的速度减缓了，他会同时制约其他对手的速度，因为对手之间是相互牵制的。高手对局中我们常会看到一家报听，几乎在同时另外几家都能纷纷报听，这就是连锁反应。比如东家报听舍出红中，南家碰红中报听舍出发财，西家碰发财报听舍出白板，北家碰白板报听。所以我们尽量跟熟张中的 2、8、3、7 往出打，各家纷纷拆搭子，各家潴的风（或飞弹）根本就没机会往出打，各家的听牌速度都减缓了。等到一家报听时，尽量在他摸牌时碰牌，待到两家报听时，尽量多摸牌多杠牌，坚持到荒牌就是胜利。

11. 鱼死网破

麻将的重要特征就是牵制，两报扣的打法不允许吃牌，这就增加了牵制的效力，一碰入听的牌型（如下图），只要碰牌舍不出来就很难入听，即使摸牌上听往往是对倒。

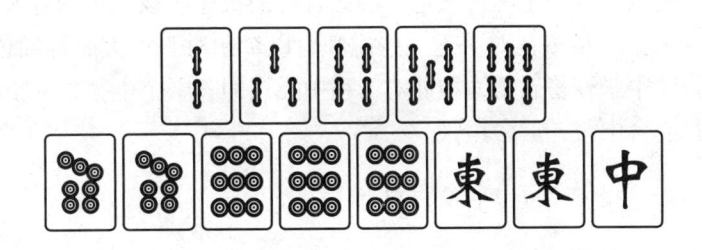

所以在自己牌不好时，应该尽量少想想和牌，而多想想牵制，宁可减少自己和牌的概率，也要拼个鱼死网破（即大家都别和牌）。

例如，我手牌如下：

此时牌墙剩下8垛，只有甲家听牌，而甲听牌已经很多巡了，唉声叹气，估计是绝和了。这时我可以报听单钓红中或报听三、六万两头甩将。红中是生张，我若舍出，肯定有人求碰（因为牌局到后期还有两家未听牌，通常其中一家需要的就是潴住的

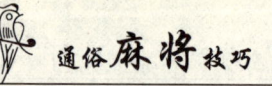

这张风牌，也由此推断出牌墙中至少还剩 1 张红中），后盘阶段一旦有人碰牌肯定能报听，或许最后还是别人和牌。因此，我舍出熟张六万，报听单钓红中。最终牌墙还剩 1 个红中，两巡后甲家摸走红中，舍出后乙家欲碰，乙一看碰牌后自己只有一次摸牌机会，于是放弃碰牌，结果这局荒庄。

12. 生张中先舍中张、后舍边张

两报扣打法不允许收炮，因此舍牌的次序应该以是否有人求碰为依据，尽量让对手迟一些碰牌，以牵制对手。大家都知道，边张较中张容易碰出，因此对于手中无用的若干个生张，舍出次序是先舍中张，后舍边张。

13. 提前设计听牌的口子

两报扣行牌最关键的一步就是自摸和牌，因此，听一个宽泛的口子很重要。有些情况下，要提前设计听牌的口子，以保证自己一旦上听便能占据优势地位。

例如，各家均未听牌，我手牌如下图：

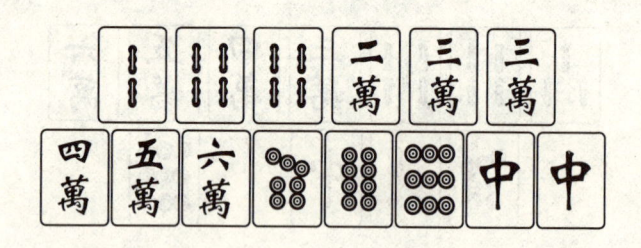

此时面临选择舍 2 条或三万。为了设计听一、四、七万的三口叫，及早舍出三万，以增加小条子成顺的可能性，为听牌做好准备。反之，若是舍出 2 条，则手牌最后很可能发展成 4 条、红中两对倒的听口。

14. 劣口不听　改听好口

有时，手牌虽能上听，但口子却很劣，若是听牌，和牌的机会很小。此时，可以放弃听牌，通过以后的进张再行报听。

例如，手牌如下图：

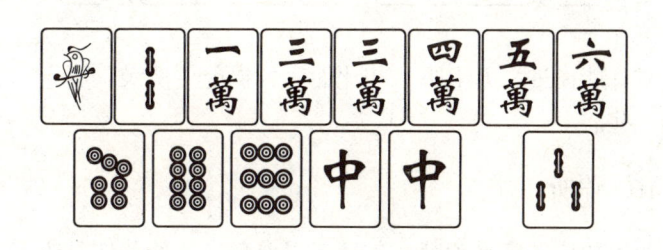

[牌图：红中 二条 一万 三万 三万 四万 五万 六万 六饼 六饼 五饼 中 中 二条]

若是报听，海里有2张二万、1张红中，只能求和三万、红中对倒。因此决定不听，舍出一万，两巡后碰出三万，舍出9饼报听。如图：

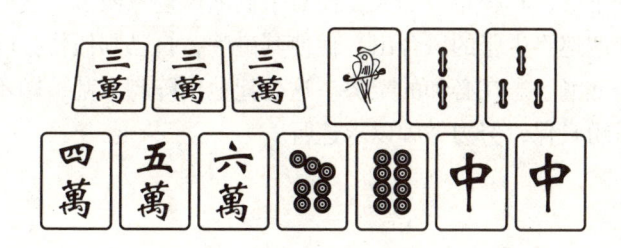

[牌图：三万 三万 三万 红中 二条 二条 四万 五万 六万 六饼 六饼 中 中]

已经达到听牌条件的牌型，通过碰牌改听成其他的口子，俗称"洗澡"。

15. 提前"洗澡"　改听好口

手牌与上例相同，既然相中了6、9饼的口子，便直接舍出9饼，将手牌留成下图的牌姿：

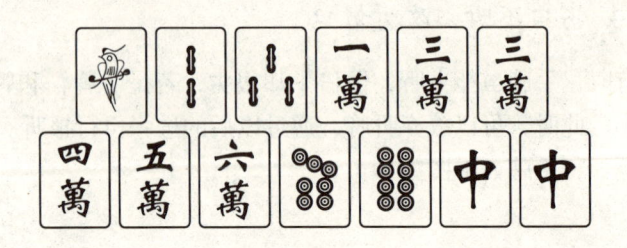

[牌图：一筒 二筒 四筒 一萬 三萬 三萬 / 四萬 五萬 六萬 五筒 六筒 中 中]

或许能摸进二万上听，相比而言，提前"洗澡"更主动、更高明一些。

16. 诈听

两报扣比较容易荒牌，连荒三局要赔庄。倘若你是庄家，且已经连荒两局，其余各家必定希望你再荒一局，得以让你赔庄，他们吃到"荒粮"，这种情况下，如果他们的牌不是特别好，他们势必潴风，挑熟张舍牌，抑制住局势，只待荒牌。如果这一局你的牌不好，和牌希望不大，而对手们潴风迹象明显，这时你可以在前四巡将生张的风舍出，促使其碰牌，自己则假作报听，做出气势汹汹、志在必和的架势。这会让他们阵脚大乱，顾不得潴风，纷纷自保，努力做牌以求速听。

第四章 码牌原理

码牌是指在洗牌之后，将2张牌上下摞成1墩，用17墩牌连接成牌墙摆在自己门前的过程。码牌技术主要是长期码牌经验的积累，它与个人的记忆力和反应速度有关。有人认为码牌属于作弊行为，其实这种说法有些牵强附会。无论你是否刻意码牌，你或多或少地总能看到自己将某些牌码入到牌墙中的某某位置，那么这又算不算作弊了呢？即使在洗牌前将所有的牌扣过来，让牌的正面朝下，再动手洗牌，也总会有少数牌翻滚而显露出正面；或在扣倒牌面时记下牌的内容，洗牌时眼睛跟踪，码牌时将其取回码在牌墙中；或在洗牌时用手指有意无意地触识到牌的正面，从而知道所码的是什么牌。总之，无论选择什么方式去码牌，都不可能封闭全部信息，不可能做到纯粹意义上的公平。我们不可能蒙上每位选手的眼睛去码牌，也不可能请裁判来为我们码好牌墙，只能自己动手，丰衣足食。既然无法禁止每个选手在码牌过程中获取信息，何不允许选手们公平竞争，将码牌作为一项技术去一比高低呢？

两报扣打法对码牌技术提出了较高的要求，而推倒和中码牌技术则显得功效有限。因为推倒和关键在于猜对手的牌面以避免自己放炮，两报扣的关键在于能否自摸到自己的和牌；另外，推倒和中吃、碰太多，对牌墙中将要摸到的牌的预测、控制、计算难度太大，使码牌技术的发挥受到太多不可预见因素的干扰。本章就以两报扣为例，讲解码牌的原理及其在实战中的运用。

一、码牌的技术层次

1. 原始阶段

这通常是指初学麻将的新手，码牌时手忙脚乱，随便将牌码成牌墙了事，自己对刚才码好的牌墙中具体码了些什么牌一无所知，码成的牌也毫无规律。但如果是一个新手和三个高手打麻将，因三家高手挑选中间张往自家的牌墙中码放，而新手码牌速度要慢一些，高手通常能领先于新手将牌墙先行码好，这样剩下的牌多是一些不好的张子，所以新手码成的牌墙中往往以幺、九、风牌居多。

2. 初级阶段

大多数打麻将的人都在这个水平层次上，在码牌中挑出数张有共同特点的牌（如三、六、九万）码在一处，记在脑中，以便在行牌中为决策提供一些信息。但由于记忆力的限制，记忆下来的牌的数量不多，牌码放的位置也不是很精确。

3. 中级阶段

将较多数量的牌按一定形式码好，并带有较强的规律性，因此便于记忆，在实战中威力大增。

4. 高级阶段

码牌时信手拈来，不刻意地去追求规律，但码好的牌却按位置都记在脑中；或者在码牌过程中注意观察对手码牌的情况，能大致记住对手码牌的主要特征。两种方法中后者比较容易做到，而且让对手有苦难言。达到这个水平后，就能在行牌中不同凡响，有如神机妙算一般。但是，达到这个阶段需要选手有较强的记忆力。

从以上四个阶段看，最高阶段与原始阶段的码牌形式非常近似，码好的牌墙中麻将牌的摆放是随机的，是毫无规律的，都不会遭到对手的非议。

二、码牌技巧

本节着重讲一下中级阶段的码牌技巧。经过洗牌之后，牌的分布是杂乱无章的，码牌技巧就是从中挑拣出若干能组成某种形式的牌按次序摆好，记住位置或者记住大概位置，以备后用。

1. 同张跳

			西风		西风	一万		一万
			红中		红中	东风		东风

码牌方法如上图所示，就是将同样的两张牌隔一墩码在同一层。这样码的效果是摸第一张留下，下一巡再摸一张就可与上一巡摸进的牌凑成一对。例如，手中的牌原本可以报听2、5条两头甩将，却未报听，接着摸到自家牌墙处，若是摸进一万、东风、西风、红中四张牌中的任意一张牌，即可舍出2条报听，下一巡则自摸和牌。由此看，只要是钓将的牌型，若能摸到自己的牌墙处，改听后就是必和牌，这当然比较理想。倘若摸到自家牌墙时还未听牌，也可利用这种码牌技巧轻松摸到一对将。

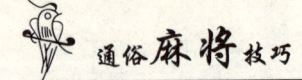

"同张跳"的码牌手段为什么非要码幺、九、风呢？因为倘若对手摸到幺、九、风时，可能会不假思索地舍出去，下一巡再摸进下一张同样的幺、九、风时追悔莫及。倘若码成一对五万，对手摸到第一张五万时通常会选择留下，下一巡再摸进另一张五万同样凑成一对，岂不是你在给对手帮忙？码牌技术的目标不但是为我所用，还要为敌所弃，这样才能使自己的做牌优势显露出来。

"同张跳"最大的优点就是易学易用，是初学者入门的首选技巧，是其他码牌技巧的基本功。但也有较大的缺点：一是有的对手舍牌时习惯于将摸进的废牌在手中留一巡再舍出，这样"同张跳"常会让对手轻易摸成一对将，让对手捡了便宜；二是即使单钓将摸到自己的牌墙上，摸张报听单钓，下一巡即自摸和牌，行为过于明显，一次尚可，多次使用这招必会遭来非议。因此，可以将"同张跳"稍做改进，码成以下形式：

			西风	一万			一万
红中			红中	东风			东风

原理还是一样，但是变一巡为两巡，可以克制习惯于将摸进的废牌在手中留一巡再舍出的对手，而且报听单钓隔巡自摸和牌，就不那么显眼了。

例如，牌墙码成如下图：

			西风		西风	一万		一万
			红中		红中	东风		东风

本局牌已摸到下家牌墙的尾部，也就是说还有一巡就能摸到自己的牌墙。目前手牌如下图：

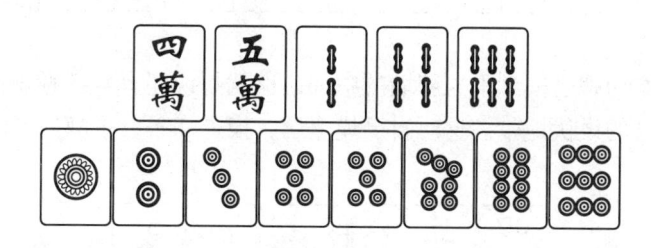

突然上家舍出 5 饼，是摸牌还是碰牌呢？若是碰出 5 饼，手牌就缺少将，由于快要摸到自己的牌墙，"同张跳"的牌墙不愁摸不到将。因此碰出 5 饼，依次舍出 6 条、4 条、2 条，同时摸进一对一万，听牌三、六万如下图。

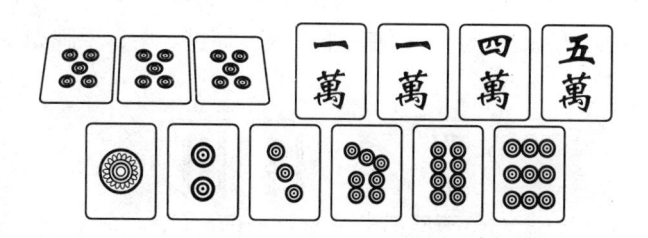

2. 一路通

如果说幺、九、风适于码"同张跳"，那么中心张就适合码"一路通"，就是将一对中心张并列码在一层，或是上层或是下层，只要你摸这一层的牌，摸进的都是中心张子，就好比上了高速公路，很快就奔到和牌的终点。

例如，牌墙码成如下图：

				3饼	3饼	六万	六万	5条	5条

本局牌已摸到下家牌墙的中部，也就是说还有 4~5 巡就能摸到自己的设伏地带。这时自己摸上层，摸进 4 条，手牌如下图：

四万 五万 四条 白 三饼 三饼 三饼 三饼 东 东 四条

因为 5 条、六万早在码牌阶段预先在牌墙中设伏，为了留下 5 条、六万的口子，舍去 7 饼。下一巡又摸进红中，手牌如下图：

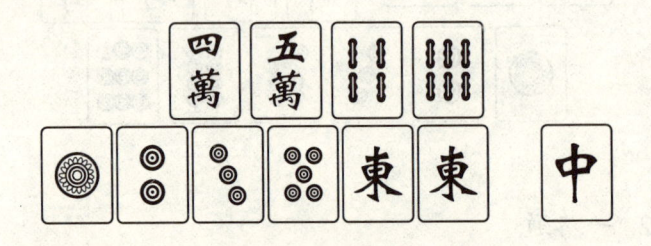

四万 五万 四条 四条 白 三饼 四饼 东 东 中

红中是张生风，一旦舍出，倘若上家或下家有人碰红中，我将摸牌墙的下层牌，为了保持自己所摸牌墙的上层地位不变，舍去 5 饼。眼看离自己的牌墙越来越近，突然上家碰牌，自己摸下层牌，为了能挽回形势，舍出红中，恰好下家碰红中，下一巡自摸 5 条听牌，再下一巡自摸六万和牌。这一局中，红中的作用不可低估，潴住这张飞弹往往可以操纵局势，随心所欲。在第三章中着重讲了潴住生张风牌（即飞弹）的重要性，而在码牌技术中，飞弹又起到了控制牌墙摸牌次序的作用，飞弹成为一个调节按钮。因此运用好码牌技巧，就必须学会发现飞弹、潴住飞弹，并且能在关键的时刻释放飞弹，从而增加自己对牌墙的控制力，保证自己能摸到码好的牌。

为什么"一路通"要把中心张都码成一对一对的？因为两个5条码在同一层，只要摸牌时牌层（上层牌或下层牌）对路，我肯定能摸进一张5条（另外一张5条由对家摸走）。

3. 一帆风顺

就是将一副顺子或刻子按摸牌的次序码好，摸牌时用三巡就形成一副顺子或刻子。

例如，牌墙码成如下图：

				3条		2条		1条	
				七万		八万		九万	

此时手牌如下图：

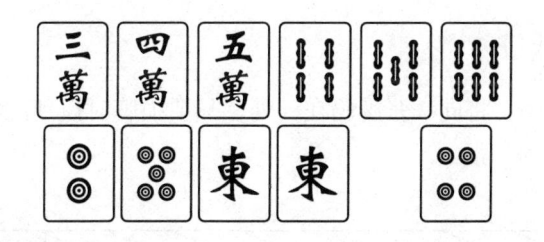

三萬 四萬 五萬 ⦿⦿⦿ ⦿⦿⦿ ⦿⦿⦿
⦿⦿ ⦿⦿⦿ 東 東 ⦿⦿

摸进4饼后准备报听，求和3、6饼，但这时已接近摸到自己的牌墙，牌墙内暗藏机关，因此决定不报听，暂将2饼打出。接着摸进1条，舍出4饼；下一巡上手2条，舍5饼报听；再下

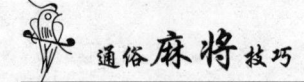

一巡自摸3条和牌。

"一帆风顺"要求必须遵照一、二、三或九、八、七的方法码牌，那为什么不能三、二、一或七、八、九这样码吗？如图：

				1条	2条	3条
				九万	八万	七万

还是为了能够为我所用，并且为敌所弃。因为如果对手先摸进3条，必然留下，再摸2条、1条同样能做成一副牌，就起不到限制对手的效果了。而如果将1条码在前面，对手首先摸进1条，觉得1条无用，顺手舍出，待下巡摸进2条后悔晚矣；即使对手留住1条，待下巡摸进2条，他也会觉得1、2条的搭子不好，3条进张的希望不大，很可能会舍出1、2条的边搭。因此，将1条、9条码在牌墙前端，目的是当对手摸到"一帆风顺"时，会轻易将其舍出。

"一帆风顺"需要在牌墙上摸三次牌才能达到目标，而这三巡中可能有人碰牌，因此，该技巧受环境制约较大。实施时最好是对手均在已听牌的情况下，否则常会因为对手的碰牌而打乱计划。

4. 铁门关

如下图，将同一张牌码在一处，只要摸牌时摸到此处，自己必定能摸到一张。

							五万	五万
							五万	五万

比如此时自己上听嵌五万,只要能摸到此处牌墙,自己必和无疑。即使这处牌墙在配牌时直接被摸入对手手中,自己也心中有数,可以及早将嵌五万的搭子拆掉。因此,"铁门关"较"一帆风顺"更具有优势,它可算"一箭双雕",以下两种情况时它都能发挥作用:若行牌中快要摸到此处牌墙时,可以将搭子设计成这个听口;若是配牌阶段被某家摸走,也可以为行牌决策提供信息,使自己及早避开这个口子。而"一帆风顺"的牌墙若是配牌中便被各家摸走,我虽知道"甲手中有1万一张,乙手中有1张二万,丙手中有1张三万",却都是些无用的信息,并不能对行牌决策产生影响。

"铁门关"码牌的缺点是过于显眼,由于牌墙中堆积的五万太多太密集,一旦自摸五万和牌会引起对手的非议。可以变通地码成以下两种形式,效果也是相同的。

我们码牌时,有时只能在手的周围挑拣出3张五万堆砌在一起,也算是"铁门关"的变型(如下图)。在这段牌墙中摸进五万的概率为75%,概率已经相当高了。

5. 杂张乱码

实际码牌时，有时手周围散乱的牌没有明显的规律，无论如何挑拣也无法码成"同张跳""一路通""一帆风顺""铁门关"的牌墙，只能大概地挑出处在一条线上的同种花色牌码在一起。比如3、6、9条和二、五、八万等，因为不便于记忆，索性乱码成一堆，也能在行牌中发挥一定作用。如下图：

					3条	6条		9条	
					9条	3条	6条		

此时手牌如下图：

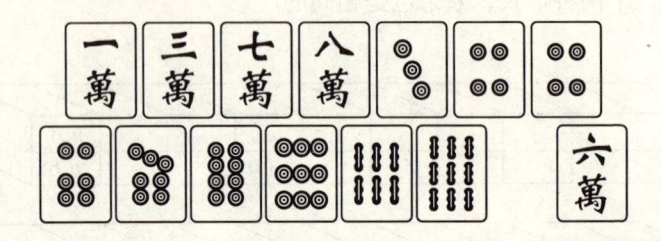

这一巡摸进六万，本应当舍出孤张6条或9条，但因为即将摸到的牌墙中有大量的3、6、9条，故舍出9饼。两巡后摸进9条舍出6条，形成如下牌型：

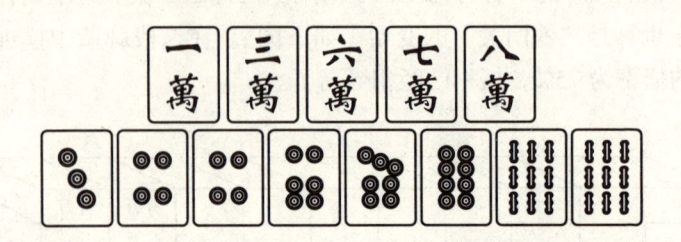

此例中由于能正确地利用"杂张乱码"技巧,使手牌迅速转化为一入听。

6. 一色通

当牌堂中散乱的牌中某一花色很多时,可以将其拢在一起,码在上层或下层,并按顺序记好口诀。如下图,口诀记为"三四八六一二七九"。

		九万	七万	二万	一万	六万	八万	四万	三万

其优点是精确且不易让对手察觉;其缺点是可利用的机会较小,且该牌墙若在配牌阶段即被各家摸走,则不能为行牌决策提供有效参考信息。

7. 高低版

当自己或对家坐庄时,将好牌码在高版(即牌墙的上层),幺、九、风等劣牌码在下层,开局后摸到自己门前的牌墙时,尽量不吃不碰,保持自己能摸到上层的好牌。码牌方式如下图:

五万	六万	4条	5饼	5饼	三万	6饼	6条	7条	四万
东风	西风	2条	9饼	红中	东风	1条	北风	西风	发财

当上家或下家坐庄时,就把好牌码到低版(即牌墙的下层),这样做是因为开局之初庄家摸上层牌,偏家摸下层牌。码牌方式如下图:

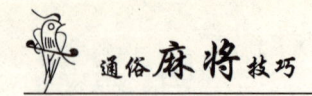

东风	西风	2条	9饼	红中	东风	1条	北风	西风	发财
五万	六万	4条	5饼	5饼	三万	6饼	6条	7条	四万

这种方法适用于两报扣的打法，而在三报的打法中无法使用，因为两报扣中不允许吃牌，碰牌又较少，摸牌的次序通常不会打乱，从而使自己和对家轻松地摸进好牌，使上家和下家摸到滥牌。它的缺点是便宜了对家，对家坐享其成地摸进我码好的中心张。

8. 码牌的具体手法（以"一帆风顺"为例）

通常要求每道牌墙17墩，码牌宜5墩为一组，具体方法是：第一步，胡乱地洗牌，洗牌结束后，有的牌露出的是背面，有的牌露出的是正面。

第二步，用眼睛从杂乱的牌中找出一副顺子，比如是1、2、3条，迅速拢到手边。

第三步，取回顺子中的3张牌，与任意2张牌相互交错开。如图：

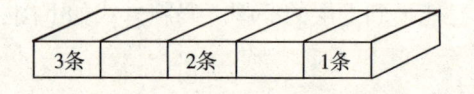

3条		2条		1条

第四步，随意取回5张扣倒的牌（留下没扣倒的牌为后一组码牌作准备），码好后将其压在前面一层牌墙的上面。如图：

3条		2条		1条

三、码牌战例

实际码牌时，牌墙共长 17 墩，这么长的牌墙中，可以根据手周围分布的牌的特征将几种码牌方法混合使用。

【例 1】牌墙如下图，在码牌时同时使用了"同张跳"和"一路通"两种技术。

						3条		3条
5饼	5饼	7饼	7饼			9条		9条

本局牌打到第 4 巡，我手牌如下：

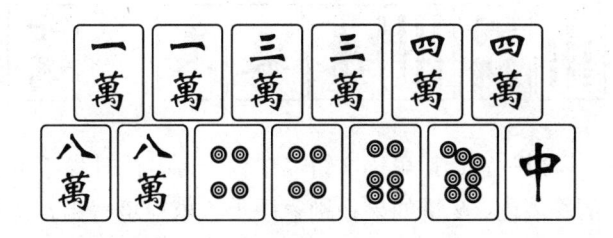

一万 一万 三万 三万 四万 四万 八万 八万 二饼 二饼 六饼 六饼 中

目前手中牌已有五对，其余 3 张牌是 6 饼、7 饼、红中，红中是生张，因为 7 饼在牌墙上已经设伏，红中又是飞弹，现已确定此局牌做七小对，因此唯一可以随便舍出的只有 6 饼。一切顺利，很快摸到自己牌墙上的 9 条，舍出 6 饼，下一巡再摸 9 条后报听，舍去红中，二巡后自摸 7 饼和牌七小对。

实战中，不可能每局我们所码的牌墙都能发挥作用，有时自己码的这段牌墙在配牌时就被各家分掉；有时自己码的这段牌墙

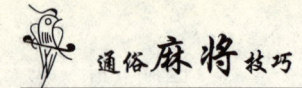

还未来得及摸,别人已经和牌了,但无论是哪种情况,码牌时储存的信息还是能够为我们决策分析提供依据的。

【例2】牌墙如下图:

这局我码的牌墙根本用不上,因为这局我是庄家,骰子先掷出9在手,后掷出8点,9加8共计17点,起手配牌从上家第一墩牌墙摸起,我码的牌墙成了最末端。本局打到第7巡时我手牌如下:

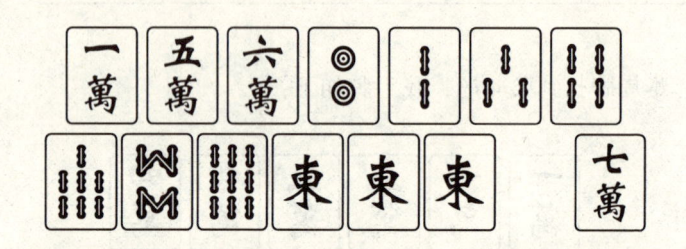

我可以报听,选择单钓2饼或单钓一万。此时我考虑3饼全在我码的牌墙内,2饼如果在别家手上,就应该舍出,海里无2饼,而我的牌墙中也无2饼,有两种可能,或者2饼在别家手中成了暗刻或对子,要么全在下家牌墙里(因为现在桌面上只剩下我和下家的牌墙),此时正好摸到下家的牌墙,于是选择报听单钓2饼。

【例3】牌墙如下图:

第四章

本局打到第10巡，下家已经报听，另外三家未报听，牌墙已经接近3条处，此时我手牌如下：

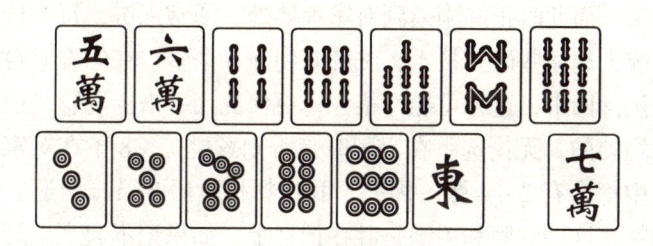

舍出东风，对家因疲倦有些发愣，下家刚摸进3条的同时，对家发现了海里的东风大喊："碰！碰东风！"下家沮丧万分，说道："嘿，我七小对钓3条耶！"大家一听，单钓3条的和牌碰飞了，都很高兴。但是只有我明白——对碰对摸，下家下一巡还是摸3条。对家碰东风后舍牌A，上家摸进3条后舍牌B，A和B均无人碰，现在该我摸牌。摸进一张牌C后，我想："现在必须舍出一张有人求碰的牌，否则下家一摸牌，必然和牌。"手中无生张风牌，只能从其他牌中进行选择。我发现海内有2张7饼、3张9饼，却无8饼，而我自己有一副7、8、9饼的顺子，估计8饼很可能有人求碰，于是拆舍出8饼。这时下家摸牌，几乎同时，上家喊"碰"，下家气得大吼："嘿，又是个3条，碰飞了！"这局最后以荒牌结束，可谓是经典之作。

【例4】这局手牌比较整齐（如下图），到第7巡就可以报听，该如何报听呢？

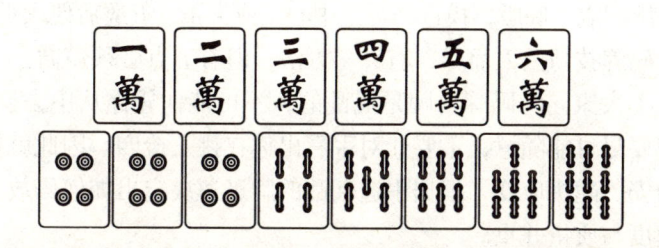

有两种考虑，要么听4、7条两头甩将，待牌6张；要么听嵌8条，待牌4张。看牌堂之中无8条，突然回忆起上局对家明杠8条，而此时正好刚摸到对家牌墙处。通常来讲，每个选手都或多或少地懂些码牌技术，洗牌时门前8条多，在码牌时自然而然地挑拣回来，这种可能性很大，更何况用手来搓洗牌是很难将牌洗均匀的，无论选手在码牌时是否刻意挑拣，8条在对家的牌墙之中都会有2～4张。因此，我选择报听嵌8条，两巡之后自摸和牌。这局的胜利关键是胜在记忆上，如果记不起来上局对家曾明杠8条，我的判断和推理都无从入手。

【例5】上家已经连续几局码高低版，我在他家的牌墙中摸进的总是幺九风，使我很被动。这一局我的手牌如下图：

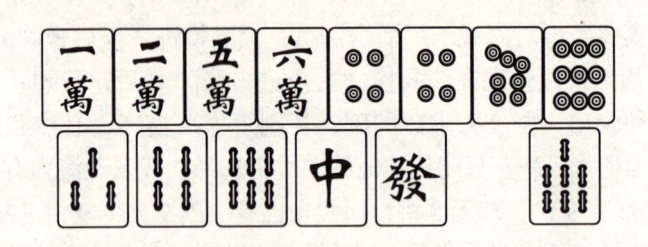

开局两巡后，我摸进7条，本应舍去红中或发财，但考虑即将摸到上家的牌墙，便留下这两张生风而拆舍7、9饼的搭子，以方便以后调节牌墙的层次。两巡后摸到上家的牌墙，果然又是幺九，我便果断舍出红中。下家碰出红中后，我摸牌的层次由原来的高版调成了底版，摸进的都是中心张或尖张，五巡后便入听。

码牌技巧因人而异，有许多方法，但有五点必须遵循：

①大家同时码牌，牌是混乱的，不可能任凭你从中去挑拣，码牌要尽可能随意，不要让对手看出你在挑三拣四。因此就要随遇而安、随机应变，根据手边杂乱的牌迅速决定出如何码放，做到速度与质量并重。

②无论你如何码牌，都是为了使自己容易和牌，所以码牌要最大限度地为己所用，为他人所弃，否则就是你为别人做嫁衣了。比如将九、八、七万码成"一帆风顺"式，若对手抓九万必然舍去，待八、七万上手时悔之晚矣，这就是为他人所弃。但倘若对手在你的牌墙中常常将"9、8、7""1、2、3"等一副顺子连续打丢张，他就会有所防备，见"9""1"就留一巡，使你的策略失效。所以尽管有的码牌技巧非常有效，也要经常变换使用其他码牌技巧，让对手找不到规律。

③码牌往往会遭到对手的指责，比如下家、对家、上家依次摸到五万，轮到你摸牌，你自摸五万和牌，也就是说你的牌墙中连续四张都是五万，对手必定愤愤不平，使你处于尴尬的境地。因此，码牌要注意度的把握，过犹不及。

④无论码牌码得有多好，在瞬息万变的牌局中，计划纵然周密，也时常功亏一篑。因此码牌只是辅助性的技术，在有选择余地的时候，能不依靠它而做牌（或和牌）则尽量不用它，否则往往是弄巧成拙。

【例6】牌墙码成如下图：

3条	3条							
3条								

手牌如下：

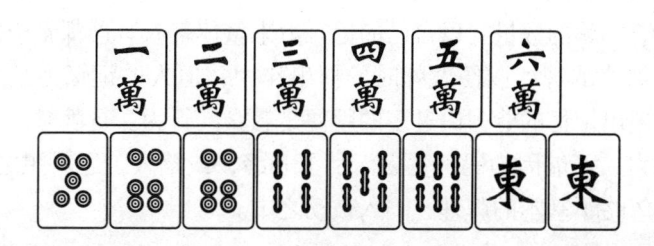

一萬 二萬 三萬 四萬 五萬 六萬 ④ ④④ ④④④ ||| |||| ||||| 東 東

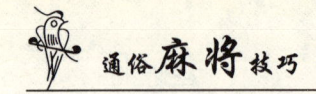

此时本可以舍出 6 饼报听 4、7 饼，但这名选手看见牌已经摸到自家牌墙的最右端，于是竟鬼使神差般地舍出了 6 条，他试图以后碰东风报听 3、6 条。其实这种打法也没有错，但是 4、7 饼既然是好口子，就不应该舍近求远。

【例 7】牌墙码成如下图：

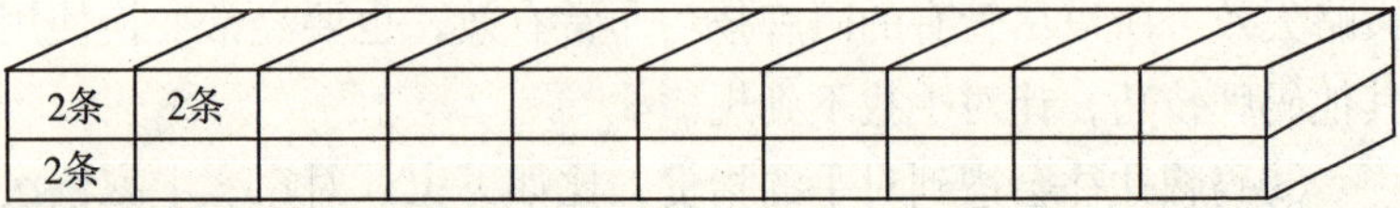

（图）

手牌如下：

（图）

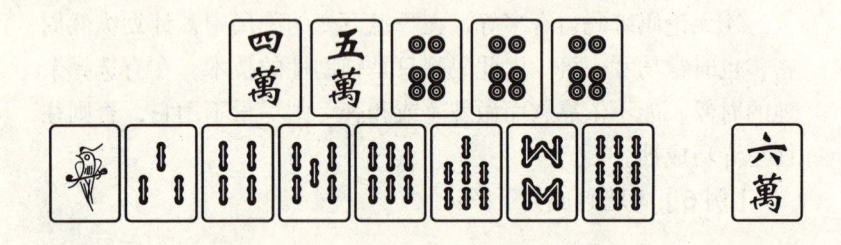

此时本可以舍出 1 条报听 3、6、9 条，但这名选手看见牌已经摸到自家牌墙的最右端，于是舍出了 6 饼报听嵌 2 条，试图摸"铁门关"中的 2 条。距离"铁门关"还有五巡的距离，或许报听 3、6、9 条还能够提前和牌，而求和"铁门关"通常是不得已时采取的手段。

⑤码牌的数量要以自己的记忆力来量体裁衣。谁都希望码很多有规律的牌，以便做牌时发挥出作用，但人的记忆力是有限的，超出记忆的能力码过多的牌便是愚蠢的行为。行牌时需要集中精力，不能因为码牌贪多而乱了心绪，或陷入苦思冥想之中，反而忽略了基本的牌理，陷入被动之中。

【例8】比如某一局码牌时手周围的好牌很多，便码成以下牌墙，如图：

3条	3条	7条	七万	8饼	3饼	六万	六万	5条	5条
	7条		七万		3饼		六万		

牌墙码好以后，在大脑中记了个很长的口诀："五条、六万、三八饼、七万、七三条"，不停地默念这个口诀。可是记忆力不佳，牌才打了两巡，口诀已经变成"五万、六条、七三万、三八饼"，最后阴差阳错、得不偿失。记牌要求"精、准、少"，"精"是指尽量去记"三""七"序数牌的位置，能在行牌时发挥最大的效能；"准"是指记清楚位置，决策时可以非常精确；"少"是指码牌切忌一口吃个大胖子，需要循序渐进，结合自己的能力码出相应数量的牌墙。

结合上面的观点，总结出两个实战技巧：

第一，扰乱对手默记的口诀。大多数人码牌采用的是口诀记忆法，这种方法背诵起来很吃力，必须在牌墙码好后，在大脑中不停地默读，故而便衍生出一个克敌码牌的技巧。大家都知道一心不能二用，在牌桌上我们常看到庄家掷出骰子后，庄家竟然算不清应该从牌墙的哪个位置去抓牌，实际上并非庄家愚笨，而是庄家此时大脑中默读着一长串口诀，无法分出脑力来计算骰子相加的点数。这时，你若说"七六十三，两把抓干"，就是在帮庄家的忙。相反，你若说"快抓呀，别抓错了"，庄家一慌，赶紧计算："七加六等于十三，从对门的牌墙抓，抓倒数第三、四墩。"等庄家配牌结束，再回想刚才的口诀，已经忘得一干二净了。所以，当庄家掷出骰子后，应只管庄家抓配牌的位置是否正确，却不告知庄家配牌的位置。

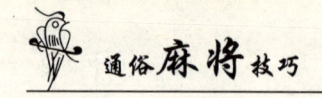

第二，摸新张，舍旧张。当手中有一两个闲牌时，即使摸进的牌 A 无用，都应该暂时留下一巡，将旧的闲牌舍出，待下一巡再摸进一张牌 B 时，若是 B 与 A 无关联，再将闲牌 A 舍出。这种摸新张、舍旧张的打法，可以破解对手的一些码牌技巧，如"同张跳""一帆风顺"等。

四、连荒两局情况下码牌的策略

打两报扣时，非常容易荒牌，连续荒牌三局将由庄家赔庄，扣庄家的分数平均分配给另外三家。

1. 自己做庄

此时，若下一局再荒，就要赔庄，其损失相当于自己被对手自摸和牌三次。为了避免这种不必要的损失，码牌时应同等地增大各家和牌的概率，也就是让各家都容易上牌、做牌。可以码成上层全是条子，下层全是万子，这样，只要摸到此处，各家都有如神助，迅速上听。即使某一家的牌面不好，也因为其余几家都已听牌，对他的压制放松，碰牌非常容易，得以迅速听牌。具体如下图：

7条	3条	东风	4条	5条	3条	7条	6条	6条	2条
三万	四万	八万	8饼	七万	五万	五万	三万	九万	六万

也可以采取"铁门关"的码牌方式来提高各家的做牌效率，如下图：

		一万		1条	1条		五万	五万
		一万	一万			1条		五万

如果配牌时就将我的牌墙摸走，分入各家手中，这时三家手中各有一副暗刻，优化了各家的牌面；如果在牌战后期摸我的牌墙，只要有其中一家求和五万或1条或一万，都能在此自摸和牌，提高了和牌的概率。

2. 对手做庄

此时，若下一局再荒，对手赔庄，锐气大减，自己也可得到赔分。为了实现让其连荒三局的目的，码牌时应同等缩小各家和牌的概率，使对手赔庄。如下图：

一万		一万		一万	1条		1条		1条
9饼		9饼		9饼	九万		九万		九万

根据配牌前掷出骰子的点数，分三种情况。

情况一：初配牌时就将我的牌墙摸走，分入各家手中，这时有三家手中各有1张1条、1张九万、1张一万和1张9饼，谁都不成对，在各家手中都成了废牌。前三巡各家舍出的都是这些废张，相当于我的码牌使牌局总体进程滞后了三巡。

情况二：将在第1巡至第10巡中摸我的牌墙。比如上家摸到1条，一看是个无用张，舍出，下一巡又摸到1条，再舍出，再下一巡又摸到1条，后悔沮丧，锐气全失，心灰意冷，自感这局失误太多，和牌无望，于是加强对其他对手的制约。其余各家也是同样的情况，一旦将一副刻子连续舍出，听牌速度都减慢了。

111

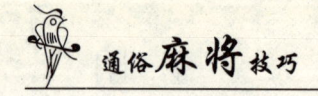

情况三：将在第 10 巡至第 21 巡中摸我的牌墙。这时通常已经有人听牌，比如某家求和一、四万，不听家急于听牌，摸一万，舍去，再摸，再舍，而听家欲自摸一、四万，却看着别家连续舍出 3 张一万而干着急，两报扣又不允许收炮，于是坐以待毙，最终荒牌。这其中与概率有关系，如果牌墙上只有 3 个一万，某一家自摸和牌一万的概率是 58%，如果像以上这种方式将 3 个一万码起来，和牌概率只有 25%了，因此荒牌的可能性增大了。

第五章　两报包技巧

这是一种允许碰而不允许吃，必须报听后才能和牌的打法。和牌时允许收炮，放炮的一方若没有报听，则称为"点黑炮"，由放炮的一方全额赔付给和牌方；放炮的一方若已经报听，则称为"平和"，由三家分摊赔付给和牌方（注：报听的同时舍出的那张牌，若有人收炮，仍算做"平和"，由三家分摊赔付给和牌方）。

一、行牌技巧

（1）无人听牌阶段，多余的好牌应先舍

两报包最大的特点是不允许吃牌，因此就不必顾虑下家吃牌，所以在舍牌时，多余的牌在舍出顺序上，就应该先舍中间张、后舍边张。

比如，手牌如下：

这手牌中，搭子已够，5条、9条、7饼都是多余的牌，舍出的先后顺序是：5条、7饼、9条。

（2）听牌的速度是至关重要的

①行牌时努力朝着最佳一入听的牌型（如下图）的方向发展，可以加快听牌的速度。

当手中牌较少时，若能形成这种牌型上听就变得较为容易，它待牌八张均可上听。而下图虽看似整齐，仅待牌六张。

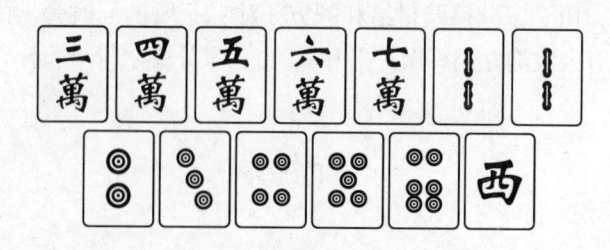

后者听牌的速度反而要比前者慢一些，因此若要追求速度，应尽力朝着前者的牌型做牌。

②牌局后期不要抱有幻想，时刻做好最坏的打算，因为对手不可能主动把机会让给你。牌至中局后期，就不要再设计第一步如何如何，第二步如何如何，第三步如何如何，越是美丽的幻想，越容易在对手听牌的一刻被击得粉碎。

例如，牌局至中后期，各家均未听牌，我手牌如下图：

此时，要么舍 7 饼，要么舍南风，要么拆舍一、二万。有的选手会这样想，先拆一、二万，以后摸进大饼子与 7 饼形成一搭，再摸进六万上听。但是现实情况是，若能及早上张三、六万就可以听牌，若三巡以内不能上张，对手一定至少有两家上听，我就只有拆舍熟张的份儿了，哪里还有第一步、第二步的机会。因此，应该舍 7 饼，就指望这一搏的机会。

（3）若手牌不适宜留有安全牌时，应当先张扬、后谨慎

例如，在无人听牌阶段，我手牌如下图：

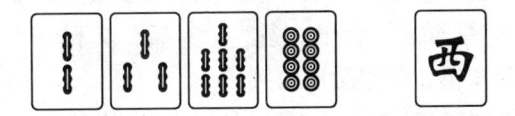

此时，有些选手为了安全起见，舍出 7 条，留下西风作为安全牌，这种打法可以说是消极防御。这种牌型原本就不宜防守，一旦某家上听，舍牌的选择余地仅有 4 张。因此，对于这种牌型，进攻就是最好的防守。

我认为行牌中期应当胆大一些，而行牌后期（或对手两家听牌的阶段）应当谨慎一些，此时应当舍出西风，一旦能上张 5 条、6 条、8 条、9 条、6 饼、7 饼、9 饼中的任意一张，牌型则大为改观。比如上张 9 饼后形成下图牌姿：

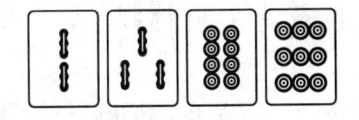

形势则立刻明朗许多，此局获胜的可能大增。

（4）一家报听后，努力保留原来准备好的安全牌，先舍出低风险牌，留着安全牌准备应付第二家上听后更加危险的局面。

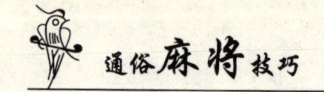

例如，目前对手中有一家报听，我手牌如下图：

【三萬 四萬 五萬 六萬 七萬 二筒 三筒 九筒 一条 西 六条 七条 八条 九条】

鉴于该听家起手就曾舍出过3条，估计他求和2条的可能性很小，因此我继续保留西风，舍出2条。一巡后，又有一家上听，而我摸进危险牌4饼，尚可舍出西风。

有些选手经常在报听时点炮让对手平和，以为自己运气不佳，其实就是因为没有遵循这个技巧。比如此例中潴住2条不敢舍出，待第二个听家报听恰好求和2条，自己报听时舍出2条便放炮。

（5）手牌少，必定闯

目前牌局中有一家报听，我手牌如下图：

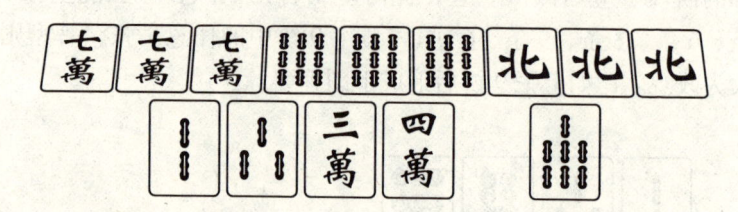

【七萬 七萬 七萬 六条 六条 六条 北 北 北 一条 一条 三萬 四萬 六条】

观察牌堂内的情况，7条是生张，而2条是熟张，虽然舍出2条不至于放炮，但是我认为仍然应该舍出7条，因为手牌仅剩4张，对手只有一家报听，应该尽力做牌，争取速听。否则，一旦对手三家上听，而自己仍然未听牌，那么4张牌可供挑选的余地太小，即便是放弃做牌，也很难保证不放炮。

（6）危险时刻需拆牌，但要尽量保持一入听的牌姿

当对手两家或三家报听时，自己的处境很危险，为了避免放炮，经常需要拆舍熟张。拆牌的技巧就是不要轻易放弃做牌，在努力保持一入听的基础上，舍出一些熟张。尽管舍牌后减少了上听的范围，但只要一有机会，仍可听牌。下面通过几个实例进行讲解。

①手牌如下图：

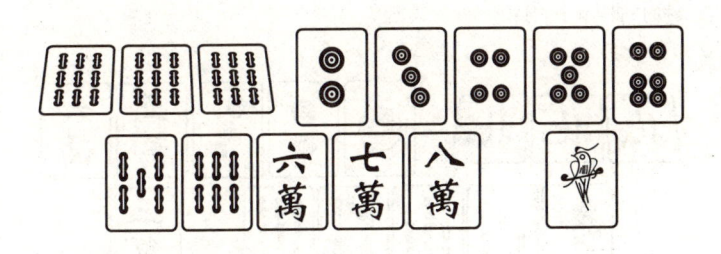

观察牌堂内的情况，1条是生张，而5条是熟张，可以舍出5条。

②手牌如下图：

观察牌堂内的情况，5饼是生张，可以舍出南风或9条。

③手牌如下图：

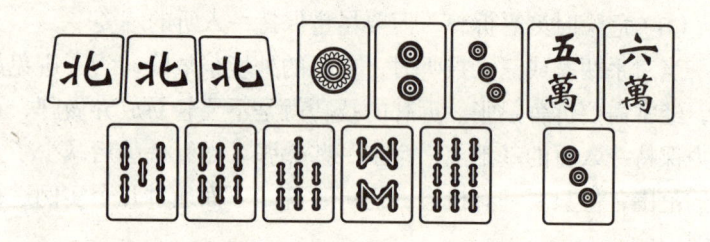

观察牌堂内的情况，3饼是生张，而1饼、2饼是熟张，可以舍出1饼或2饼。

④手牌如下图：

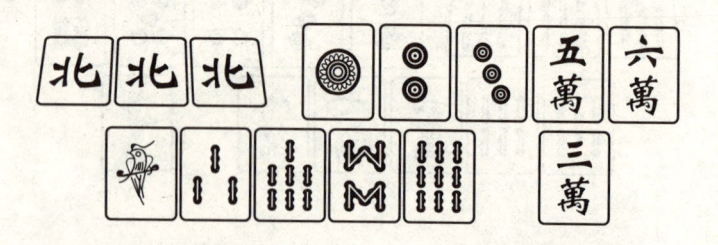

观察牌堂内的情况，三万是生张，而1条是熟张，可以舍出1条。

⑤手牌如下图：

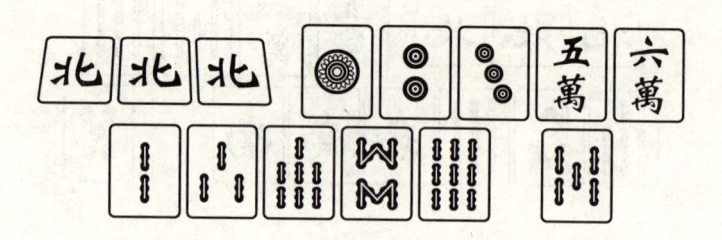

观察牌堂内的情况，5条是生张，而2条是熟张，可以舍出2条。

以上五个例子中,虽然拆舍出熟张,但手牌仍然属于一入听。

(7)"照头敲"是非常危险的一招

有些人善用"照头敲"的招法,就是看对手摸牌 A 报听,即认为该对手必定不求和牌 A,于是放心地舍出牌 A。

我认为此法不科学,以下举出摸牌 6 条上听仍然求和 6 条的实例:

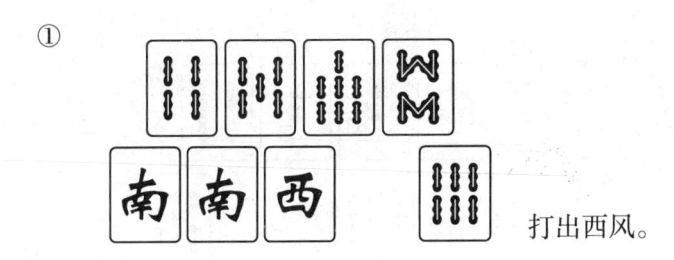

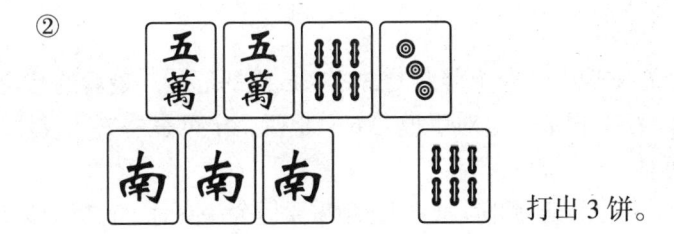

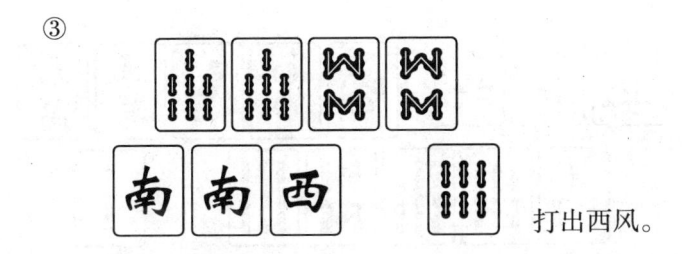

① 打出西风。

② 打出 3 饼。

③ 打出西风。

④

[六萬][七萬][八萬] [四饼][四饼] 打出3饼。

⑤

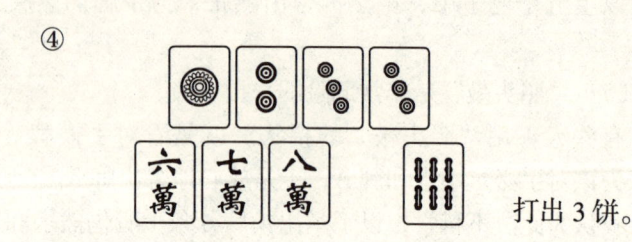

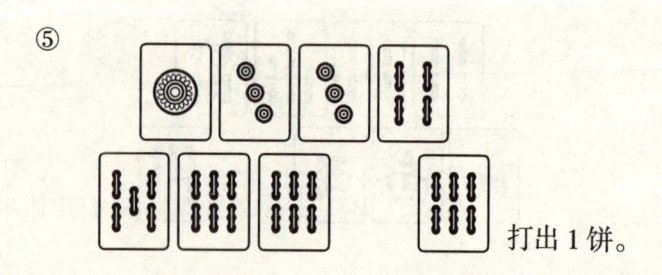

打出1饼。

在实战中"照头敲"时常招来放炮的厄运。最后的结论是:"照头敲"很危险。对手摸"五"报听,宁可舍"二"或"八",不可舍"五"。

(8) 无人听牌阶段,四连顺需要拆舍一头时,宜拆舍边张手牌如下图:

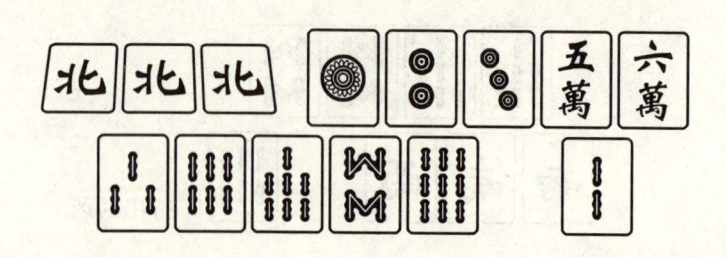

目前尚无人听牌，摸进2条，需要舍出6条或9条。首先要保证舍牌无人求碰，观察牌堂内正好是6条和9条各有1张，应该舍出9条。因为以后我报听，我若曾经舍过6条，对手可以推断出6、7、8、9条为安全牌；我若曾经舍过9条，对手只能推断出9条为安全牌，对手掌握的信息相对较少。

（9）对子多的时候，宜先舍中间贴张

例如，无人听牌阶段，手牌如下图：

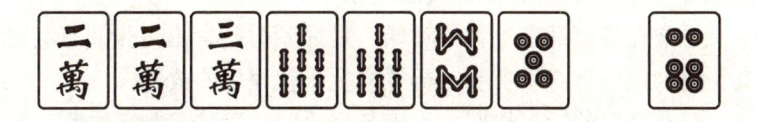

摸进6饼后，牌型大为改观，要么舍出三万，要么舍出8条，宜舍出靠中间的贴张三万。理由有两条：一是当对手听牌后，三万放炮的可能性大，而8条放炮的可能性小；二是舍出三万后促使对手拆舍出边三万或嵌三万的搭子，增加了碰牌二万上听的可能性，而舍出8条却对碰出7条无促进作用。

（10）飞弹的潴与放

牌至中局后，海牌内未出现的幺、九、风牌，通常很可能有人求碰，欲称飞弹。在前文两报扣的打法中讲过飞弹，两报包中也不允许吃牌，因此条件许可的情况下潴住飞弹也起着牵制各家的作用。但两报扣中飞弹可以死潴不放，两报包中潴飞弹却要讲究火候，否则潴到最后便是"炮"。

①前期不舍飞弹，对四巡过后的生张幺、九、风牌可以潴住。一方面前期的飞弹未必就是对手的碰张（牌局愈纵深发展，飞弹的准确性才愈高），潴住飞弹很容易凑成一对，而这类对子是很容易碰出的。另一方面，前期潴住飞弹，可以在以后牌局发展中根据形势决定是否继续潴住，使自己具有一定的主动权。

121

②中期要舍飞弹。舍的火候要掌握好,最好在自己报听时再舍出,否则就在对手听牌前的一巡舍出,这就需要选手对局势有敏锐的分析判断能力,能在危险即将来临的前一刻将飞弹抛出。舍出飞弹时手牌必须留有安全牌,因为此时舍出飞弹,对手极有可能碰听。

③后期舍飞弹一定要谨慎。牌战后期,生张幺、九、风牌极有可能有人单钓或对倒。

(11)僵持之势,反而要潴生张

通常在各家都未听牌的时候,是抓紧时间舍出生张的有利时机,因为,一旦对手上听,再想舍生张就很可能放炮。

但在某局的后盘战期,由于各家手牌均不佳且都不同程度地打丢张,因此各家在该听牌的时段都未能听牌,呈现出一种僵持之势,此时就不能轻易舍出生风了。因为此时各家均是一入听状态,自己轻易舍出生张,对手一旦碰听,很可能对手几人同时上听,自己则处于非常危险的境地,再无听牌的机会。相反,潴住生张,拖延时间,一旦自己先听,尚有很大的和牌机会。

(12)随机应变

牌至中盘,各家尚未听牌,我手牌如下图:

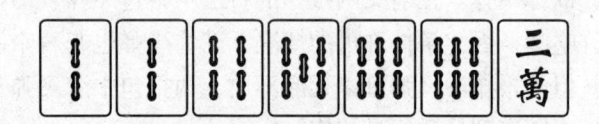

此时上家舍出5条,我刚在牌墙上摸牌,一摸是2条,心中暗喜,岂料与此同时,对家喊碰5条,并上听。轮到上家摸牌,他将2条取回,舍出发财。我再次摸牌,是五万,本可以报听嵌四万,但我估计上家舍5条,应该不要2条,而当前5条被碰出,3、6条便是最好的口子,于是舍出熟张三万。一巡后上家舍出2条,我碰听后舍出五万。

二、减少放炮的技巧

报听之前,自己放炮将失分很多。相反,若能坚持避免放炮,一方面别家放炮的可能性增大了,一旦别家放炮,自己可以隔岸观火;另一方面坚持一段时间后,抓住机会自己可以报听,与别人竞争求和。坚持不放炮或少放炮需综合运用猜牌、码牌、盯牌等技术,主要有以下几点:

(1)时刻看清局势以及自己所处的境况

如果一家听牌,若我牌面好,属于一入听(上一张有效牌即可听牌),则无所顾忌,即使放炮也在所不惜;若我牌面不好,则稍有顾忌。

如果两家听牌,若我牌面好,则适当拆牌,但努力保持一入听的牌姿,一有机会即可报听;若我牌面不好,则放弃做牌,确保不放炮。

如果三家听牌,则坚决放弃做牌,紧跟熟张行牌,千万不要火中取栗、刀尖上舔血。

(2)要对各家的舍牌有个大致的记忆

这样就可以将对手不和的牌划定出一个宽泛的范围,范围以内的牌可以放心舍出。

(3)中盘时尽管各家尚未听牌,也要判断出哪位对手将最先听牌,将可能最先报听的人列为主要防范对象。

判断对手谁先听牌的方法有:

①开局后率先舍出中张者,往往手牌较好,自然先行听牌。

②吃碰较多者,大大加快了做牌的速度,自然能够先行听牌。

③舍牌不盯熟张者,必是进攻型打法,应该是牌面很好。

④牌局中期舍牌速度快，甚至是摸到牌后即摸即打，说明手牌整齐，无需变化，已经是一人听，只等进张。牌局中期舍牌速度慢，犹豫不决，说明手牌尚处于搭子富余状态，手牌求张的方向尚不明确。

⑤看脸上的神情。急躁不安者说明很快能上听，急等进张；垂头丧气者说明手牌太滥，和牌无望。

⑥看麻将水平的高低。高手善于组牌、猜牌，往往听牌较快。

（4）不要贪碰

碰牌过多，手牌则很少，在舍牌时选择余地过小，技术无法运用，放炮概率增大。

（5）紧跟熟张或一路熟的牌张

如果已知八万是熟张，而二万和五万是生张，靠熟张一头的一路熟牌张更为安全一些，即应该先舍五万。

（6）根据手牌推敲舍牌

自己手中有3个7条，那么舍出8条是比较安全的。海里不见二、三万，那么一万是危险牌。

（7）根据海牌推敲舍牌

海里有3张7条，那么8、9条是安全的。

（8）根据码牌推敲舍牌

自己的牌墙中有3个7条，而这段牌墙尚未摸到，那么各家手中应该不占7条，因此8、9条安全，4条却很危险。

（9）根据手牌中一路牌中占有的数量来确定放炮概率的大小

若我手中某一类牌（比如2、5、8条）占的多，对手则占的少，对手很可能需要它，放炮的可能性会大一些。反之，我占的少，对手则占的多，对手很可能不缺它，放炮的可能性会小一些。

进一步分析，假设对手求和的是我手中占的较多的一类牌

A，那么他自摸和牌的可能性较小，所以我坚持不要舍出 A，他也很难自摸和牌。假设对手求和的是我手中占的较少的一类牌 B，那么他自摸和牌的可能性较大，所以即使我坚持不放炮，他也很可能自摸和牌，倒不如我大胆舍出 B，要么放炮，要么及早听牌争取和牌。

例如，手牌如图：

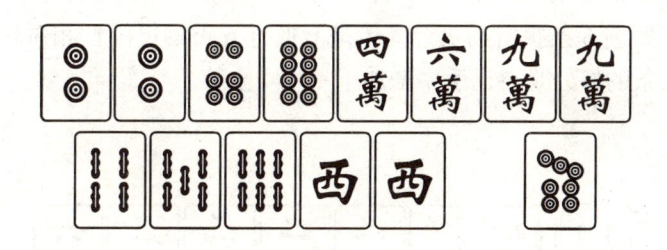

目前牌局已至中局，各家都未报听，但各家随时都有可能上听。由于海里有 2 张五万，因此决定舍出四万和六万，但是舍出的顺序很关键，因为一旦舍出一张后，对手正好在这一巡听牌，另一张就很可能成为炮牌。由于自己占有六、九万 3 张，对手很可能缺少的就是六、九万，因此六万更加危险，先舍六万为宜。

（10）适当地考虑得与失

一味地追求做牌，往往等到对手听牌时才惊慌失措。大家都明白一个道理：好牌才容易放炮，滥牌不可能放炮，一门心思琢磨着怎么和牌却时常招来放炮的厄运。因此只要接近中局，就要努力保持手牌留有 1～2 张安全牌。但是如果手中的每张牌都或多或少地有用，可以将用处较小的牌舍出，留下风张作为安全牌。虽然一定程度上降低了听牌的可能性，却更大程度地减小了放炮的可能性，这就是正确地处理好得到与失去的关系。以下通过两个实例讲解。

①

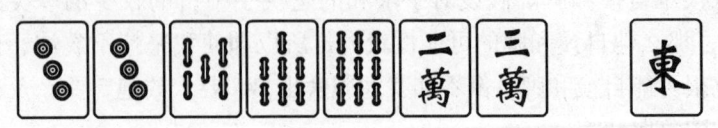

[六筒] [六筒] [三条] [四条] [四条] [二万] [三万] [東]

此时牌局已至中局，各家都未上听。观察牌堂内的情况，海内有2张6条、1张5条，此时应舍出5条。舍5条的弊端是丧失了摸进6条报听的机会，但是能摸进6条的可能性相对较小；舍五条的好处是自己手中增加了一张安全牌。

②

[三条] [四条] [五万] [二万] [二万] [三万] [五万] [六万]
[南] [南] [東]

此时牌局已至中局，各家都未上听。观察牌堂内的情况，有3张一万，可以留下东风舍出三万。理由是一万已经不多，而四万的口子与五万、六万的两面搭重合，因此三万在做牌中的作用很小，却很可能是对手需要的牌，及早舍出为宜。另外，舍出三万更加有利于碰出二万。

（11）有人听牌阶段，一路熟的生孤张应该先舍有依靠的

许多选手认为单钓、对倒的口子不好提防，即使偶然放炮也没有过多的遗憾，也不去反思放炮的原因。实际上随着经验的增加，及时总结教训，通过实战摸索其中的规律，行牌过程中充分考虑对倒、单钓的可能性，还是可以一定程度地加以提防。

比如，手牌如下：

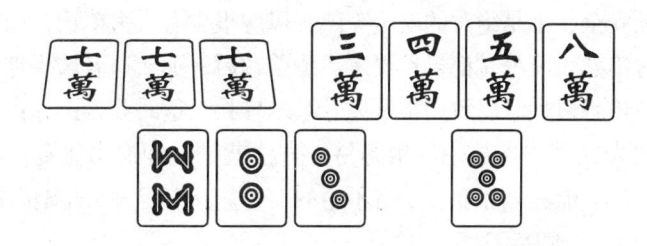

【七萬】【七萬】【七萬】　【三萬】【四萬】【五萬】【八萬】
【2筒】【3筒】【5筒】　　　　　　【8条】

这一巡摸进5饼，现在已经有两家报听，考虑从八万和8条中挑选一张牌舍出。海内八万和8条都是生张，但是五万和5条均是熟张，鉴于七万很早就已经碰出，八万无依无靠，却海内不见，通过这种反常的迹象推测很可能有人单钓或对倒，因此舍出8条。此例实际上体现了一个哲学思想："反常的事物必然有其反常的原因，存在的事物必然有其合理性。"

（12）两家报听，舍牌至少要保证一家不和

例如，甲、乙两家报听，我手牌如下：

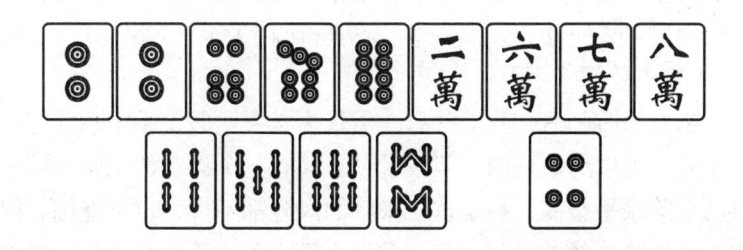

【1筒】【1筒】【3筒】【4筒】【5筒】【二萬】【六萬】【七萬】【八萬】
【6条】【7条】【8条】【3万】　　　【4筒】

目前，舍牌需要从二万、8条、4饼中挑选，而这3张牌都是生张。鉴于甲听牌前曾经舍出过二万，但乙是否和二万就无法知道，舍牌至少要保证一家不和，因此舍二万为宜。

（13）坚信风不放炮

从理论来讲，熟张风牌同样有可能有人求和，同样有放炮的可能。但是，在实战中，我们必须忽略小概率事件，视熟张风牌为第一安全牌。因为，实战中，我们必须确定出安全牌，但安全牌只是

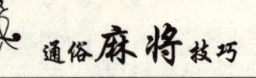

相对的安全，不是绝对的安全。熟张风牌很少有人去单钓，如果某选手舍出熟张风牌时都畏首畏尾、瞻前顾后，那么这名选手肯定是患上放炮恐惧症，以致疑神疑鬼、草木皆兵。这时我告诉你：一名选手要做到"决不放炮"很容易，方法就是立即退出比赛。牌局中，"小心能驶万年船"是行不通的，"艺高人胆大"才是高招。

（14）先闯后不闯

假设牌局中始终是一名对手听牌，在其听牌之初，我们对其和牌的猜测是一个很大的范围，既可能是这张牌，也可能是那张牌，总之，几乎是每一张牌都有可能放炮。此时的生张，看似危险，舍出去放炮的可能性却很小，毕竟对手求和的只是众多牌张中的一两张牌。因此，若自己欲和牌，在对手听牌之初，闯生张可以大胆一些。

随着时间的推移，牌堂内牌的数量增多，生张越来越少，猜测其和牌的范围逐步缩小，最终能锁定在具体的三四张牌之中，此时再舍出生张，放炮的可能性是很大的。因此，对手听牌较长时间的时候，打法宜谨慎一些，不宜再闯生张。

（15）单闯三不闯

当对手听牌后，我们常有闯生张之必要。假设手中总共有一个生张，可以勇敢一闯；假设手中总共有三个以上的生张，即使自己猜牌水平很高，料定这三张牌的风险都不大，也不能闯，因为三个风险小的牌合到一起，就是高风险了。不能总是期待偶然闯关成功，偶然多了就是必然，连闯几次自然被听家拿下。因此，单张可以闯，三张以上就不要闯了。

三、听牌技巧

高手牌战往往不给对手丝毫机会，有炮必收，一局往往以收炮早早结束，而每一张炮牌的舍出都与个人的麻将技巧有很大的关联。在设计如何听牌时，我们可以利用对手惯用的技巧反其道而行之，使其聪明反被聪明误。

麻将技巧中一路熟等理论应用较为广泛，现在可以在行牌中故意挖好陷阱，利用顺序打入海内的舍牌造成诱惑现象，预设机关，引其上钩。听牌技巧就是在听牌过程中给对手提供虚假的信息来迷惑对手，致使其判断失误，以增加自己和牌的机会。

（1）报听时以不放炮为原则

【例1】甲家舍五万上听，我手牌如下：

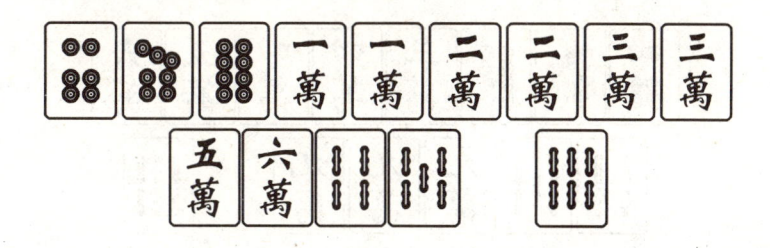

鉴于甲家不和五万，因此我舍出五万上听，求和单钓六万。往往愈是临近终局，我们对对手和牌的猜测愈加准确，在十拿九稳的情况下，在报听时为了避免放炮要适当地减少和牌的张数。否则，一味追求和牌多口子，自己听牌之时便是对手**和牌**之时，反而连一点机会都没有。

【例2】对手有两家报听，且已经听牌多时，我手牌如下：

根据海内的众多熟张推测，对手极有可能求和1、4饼，我若是报听5、8饼，必定放炮。虽说我是在听牌的时候放炮，我不至于包赔，但是将和局拱手送人实在可惜。故此，决定舍出熟张7饼，报听嵌5饼。

注：这种技巧宜在牌局后期使用，并且要求选手有较高的猜牌水平。

（2）尽量避免报听的口子与别家相同，特别是不要与上家的口子相同

【例3】上家报听多时，我手牌如下：

观察牌堂的情况，五万是熟张，而三、四万均是生张，估计上家可能求和四、七万。为了不在报听时给上家点炮，同时也不愿意与上家求和同一个口子，因此舍出九万，求和二、五万。

（3）利用一路熟的理论引诱炮牌

一路熟理论已经被麻将选手所熟知，应用颇为广泛。大家通常认为，若是5条不和，那么2条、8条即是安全牌；若是6饼不和，那么3饼、9饼即是安全牌。因此，在行牌中可利用对手的一路熟打法，求出你的和牌。

【例4】各家均未报听，我手牌如下：

[牌图：二饼 二饼 二饼 一万 三万 五万 七万 八万 九万 九万 九万 三条 四条 六条]

我舍出五万，求和二万，对手看我不和五万，便认为二万是安全牌，放心舍出后被我收炮。

【例5】各家均未报听，我手牌如下：

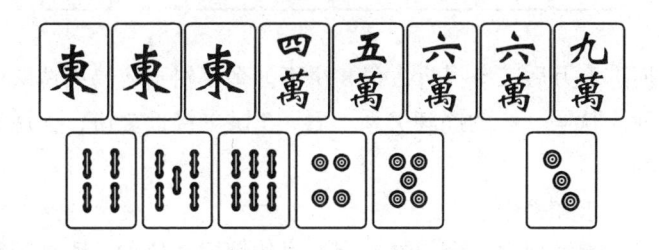

[牌图：东 东 东 四万 五万 六万 六万 九万 三条 三条 三条 二饼 二饼 三饼]

这一巡摸进3饼后，发现牌堂内三万较多，故舍出六万，以引诱同一线上的九万单钓食和。

【例6】各家均未报听，我手牌如下：

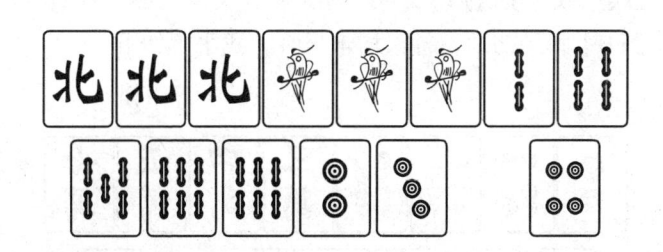

[牌图：北 北 北 一条 一条 一条 二条 二条 三条 三条 五饼 五饼 四饼]

当摸进4饼后，一般人都以舍2条而叫听3、6条。但是深入研究后发现，不如拆舍6条为佳，这样，可以引诱出同线牌3

131

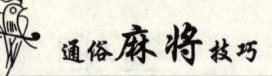

条边张食和，同时也是听两口叫。而且从待牌的数量上还稍好于3、6条的口子，2、3条外漏7张，而3、6条外漏6张，这是一举两得的战法。

【例7】各家均未报听，我手牌如下：

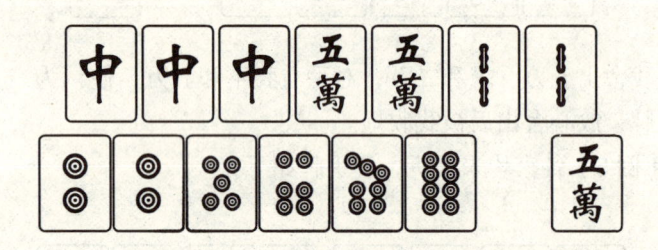

摸进五万后准备报听，舍8饼不如舍5饼更容易引诱2饼对倒食和。从同一线的筋牌关系上看，5饼更接近2饼，引诱时较为有利。

（4）求和丢张

在行牌过程中，舍牌难免有失误的情况。比如，刚把孤张五万舍出去，偏巧又摸进六万，后悔若不舍五万，组成一个五、六万的搭子多好。这就是人们俗称的打丢张，而现实情况是，这种失误在所难免。牌回头，必定留，求和自己曾经舍出的牌，利用这种失误骗取对手放炮。

【例8】牌局初期，各家均未报听，我手牌如下：

摸进 6 条后，富余一个孤张，最后决定舍出 2 饼。可是一巡后又摸进 3 饼，于是又舍出 3 条，两巡后摸进 4 饼，如图：

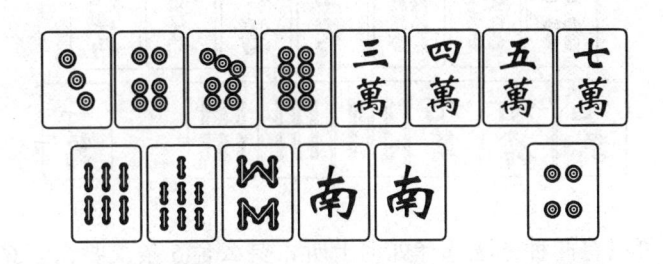

报听求和 2、5 饼。对手看我曾经舍出 2 饼，误以为 2 饼是安全牌，舍出 2 饼放炮。

（5）利用拆搭引诱炮牌

麻将选手通常善于观察对手的舍牌，来判断其和牌的范围，因此，在舍牌时布置陷阱，将两张同类数字牌依次舍出，给人以拆舍面子的错觉。然而，恰恰相反，手牌中正好需要一张能够吻合这对舍弃面子的牌。这种待牌战术在他人看来，产生了安全感，并以此舍出，企图借此以牵制施展战术的一家，结果轻而易举地被引诱舍出，成为给自己供牌的理想放炮者。

【例 9】各家均未报听，我手牌如下：

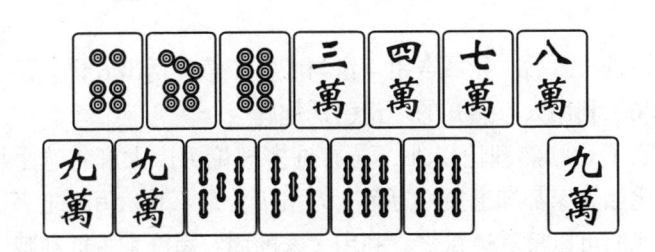

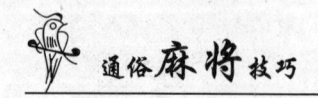

摸进九万后,我舍出 5 条,下一巡摸进二万,如下图:

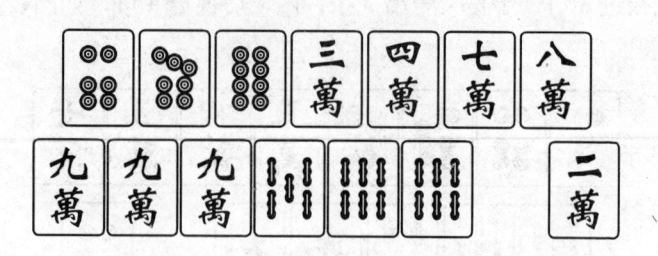

可以有两种方法选择如何上听,要么舍 5 条,要么舍 6 条。鉴于我上一巡舍出的是 5 条,那以我这一巡再舍 6 条,给对手一种错觉——我拆了 5、6 条的搭子,于是对手舍出 7 条被我收炮。

需要注意的是,拆舍 5、6 条需要连续舍出,给对手一种深刻的印象,你把 5、6 条的搭子拆了,这样不管多久以后你上听,对手都会记忆清楚——你不需要 4、7 条。

【例 10】各家均未报听,我手牌如下:

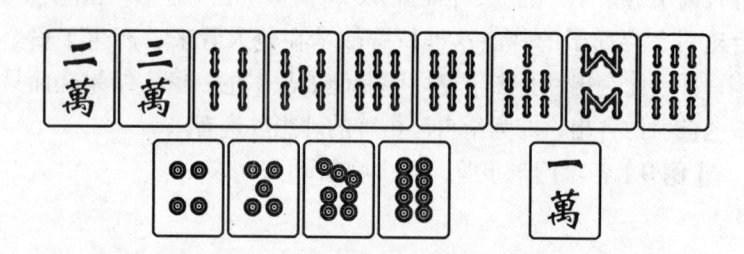

摸进一万后,先后舍出 4 饼与 5 饼,意欲诱出 6 饼。

(6) 利用大家熟知的理论引诱炮牌

除了一路熟理论以外,还有许多理论为广大麻将选手所熟知,比如大家都知道摸六万舍七万报听肯定不和六万、七万、八万,我们可以反其道行之,利用大家的固定思维来骗取和牌。

【例 11】这局我是庄家,第 5 巡时手牌如下:

第五章

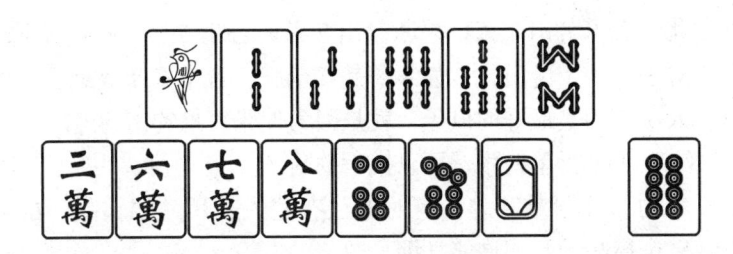

[牌面图：白板 二条 三条 四条 白 / 三萬 六萬 七萬 八萬 五筒 六筒 一筒 九筒]

准备舍出白板报听单钓三万，恰好下家的衣袖不小心将牌墙中的二万撞倒，又拾回二万码入牌墙之中，我看二万还有两巡即该我摸到，就没有报听。我是这样考虑的：做两手准备，如果两巡以内能摸到好张子，就报听两头甩将，比如上 4 条求和 1、4 条；如果两巡以内没有摸到好张子，就在第 3 巡摸进二万后舍出三万报听，使对手误以为小万子做成一副顺子或一对将。第 3 巡我摸进二万舍出三万报听，对家猜我一定是三、三、四万或一、三、三万的牌面，上张二万做成一副顺子后舍出三万，故将二万当作安全牌舍出被我食和。

其实这局牌还另有隐情，分析一下对家为什么会在我刚听牌就舍出二万呢？原来他也看见牌墙上有一个二万，他知道二万按摸牌次序应该由我来摸，但他寄希望于有人碰牌后他能摸上二万，凑成一个对子。结果最终是我摸走了二万，他凑成二万对子的希望破灭了，加之猜牌失误，导致立即放炮的结果。

（7）单钓偏张

单钓一些冷门牌，往往取得意想不到的效果。

【例12】手牌如下图：

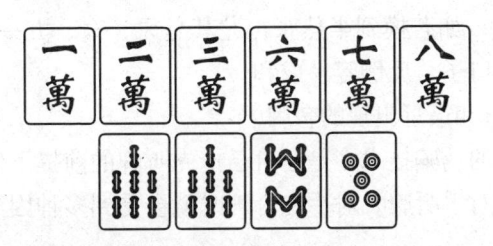

[牌面图：一萬 二萬 三萬 六萬 七萬 八萬 / 二条 三条 白 六筒]

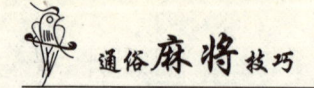

此时上家舍出7条，果断碰出7条，舍出5饼，报听单钓8条。对手见7条碰出，认为8条是安全牌，舍出8条放炮。之所以有人说单钓是最好的口子，就是因为偏张容易钓出的道理。

（8）头家听单钓张，可以摸啥钓啥

单钓往往很难和牌，有时抓住有些人善用"照头敲"的弱点，来个摸啥钓啥或许能立即见效。

【例13】各家均未听牌，我手牌如下：

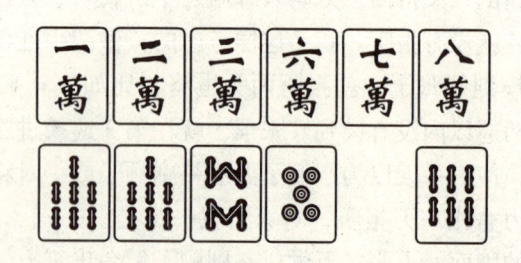

一萬 二萬 三萬 六萬 七萬 八萬
四条 四条 五万 五饼 六条

摸进6条后原本可以选择立即上听，为了迷惑对手，可以先舍出5饼，待下一巡摸进五万后舍出7条报听。对手见我摸五万报听，估计不和五万，于是舍出五万放炮。

（9）单钓半熟张

如果听张牌是单钓一张的话，有人会钓生张，抱有幻想。其实，虽然钓牌从未见面（无人舍过），以为容易钓得，完全是战术上的失误。因为一则生张很可能有人握成对子或暗刻；二则生张很少有人敢打，即使旁家这张生张闲着不靠张，也轻易不会舍出。往往即使这家最终报听，你发现他听的也是这个单钓张。因此，行张时，如若摸到半熟张，尤其是风、幺、九一类的熟牌，应改换单钓口子，反倒容易成和。

（10）求和最近出现的舍牌

前面讲的诱骗技术多是在自己抢先听牌的前提下使用的，一旦还有别的对手听牌，对手在舍牌时就会受到多种因素的综合影响，那么预先设计的陷阱就很难奏效。在已经有对手听牌的情况下，听牌的口子若能与这一巡上家的舍牌相一致最好。比如上家刚刚舍出6条，我摸进一张有效牌即报听，此时若能听到6条的口子上往往能很快胜出，即求和"现熟牌"。

（11）碰啥和啥

【例14】手牌如下图，为一入听状态。

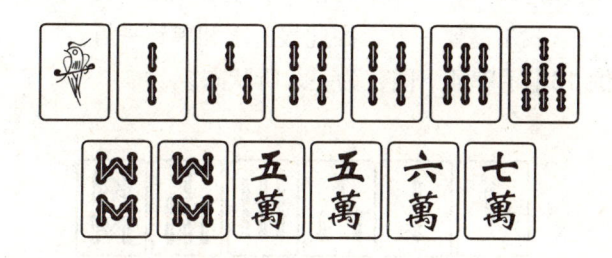

此时对家舍出五万，立即碰出并上听，形成如下牌型：

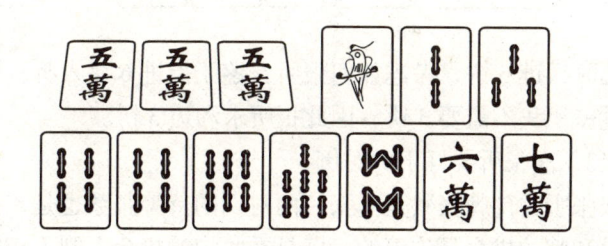

对手见我碰五万上听，放心舍出八万，正好食和。

（12）利用入听牌张骗取炮牌

大家通常见对手摸五万听牌，便认为其不会求和二万；见对手摸6饼听牌，便认为其不会求和9饼。这也是大家熟知的理论，可能在听牌时反其道行之，往往能骗取对手舍出的炮牌。

【例15】手牌如下图，为一入听状态。

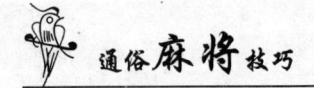

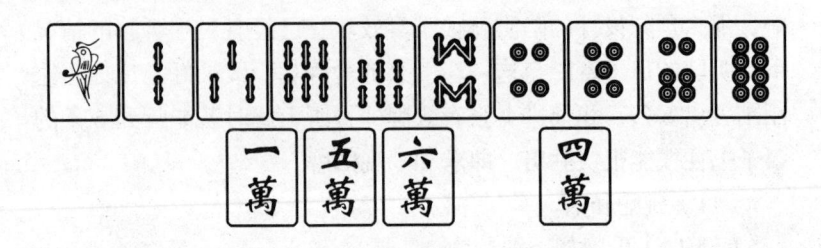

此时摸进四万，考虑如何报听？鉴于摸进四万入听，能给对手错觉——我不需要一万，因此报听求和单钓一万。

【例16】手牌如下图，为一人听状态。

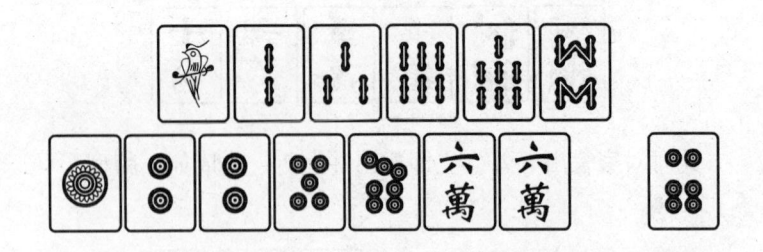

此时摸进6饼，考虑如何报听？鉴于摸进6饼入听，能给对手错觉——我不需要3饼，因此报听求和边3饼。

（13）嵌张听要好于两对倒

嵌张听的待牌张数是4张，两对倒的待牌张数也是4张，因此自摸和牌的机会是均等的，但是在收炮的机会上则不相同。我们以一、三、三万为例：首先，假设我们听三万对倒时，一、二、四、五万共外漏15张，各家手中占有其中2～3张小万子是很正常的，由于我自己占了2张三万，另外三家缺三万也是正常的，所以指望对手舍出三万未免有些太一厢情愿了。其次，假设我们听嵌二万，三万外漏2张，假设外漏的2张3万分别在对手手中，并且三万旁边均贴着二万，那么仍然有2张二万无依无靠而成为闲牌（不考虑二万做对子或刻子的情况），那么对手舍出闲张二万的可能性是很大的。因此，嵌张听要好于两对倒。进一步解释，对倒的牌型自己将某张牌占有了2张，使得这张牌的稀缺性（组牌的价值以及能否有其他牌张替代的程度）愈大，对手舍出的可能性则愈小，牌的稀缺性决定了牌舍出的可能性。以此来推理，面对一些没有任何利用价值的牌，听对倒则容易有人放炮。比如4条、6条都成明杠，那么对倒5条则容易和出。再比如东风、西风两对倒，东风、西风在对手手中没有任何利用价值，舍出的可能性很大。

（14）牌局之初听牌，不要勉强听不甚好的口子。"两报包"的打法允许收炮，因此提倡能听则听，但是若时间尚早，且听口确实有些勉强，可以视情况不听。

【例17】牌局之初，手牌如下：

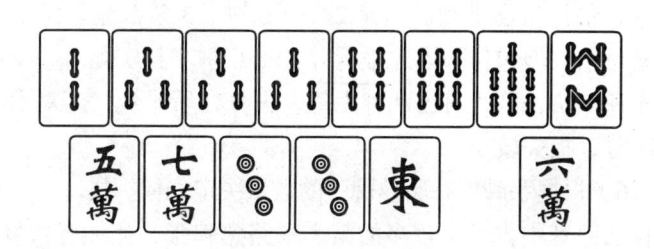

五萬 七萬 ③ ③ 東 六萬

此时可以听牌，求和3条、3饼两对倒，由于这个口子不好，因此舍出东风而未报听。两巡后摸进4饼，于是舍3饼报听，求和2、5饼，如下图：

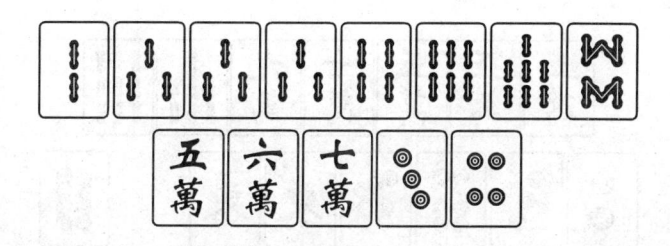

五萬 六萬 七萬 ③ ④

此时这个牌颇具迷惑性，摸4饼舍3饼上听，对手会认为你不和2饼，因此这手牌收炮很容易。

（15）牌局后期，有听必听

【例18】牌局后期，对手三家都已经听牌，我手牌如下：

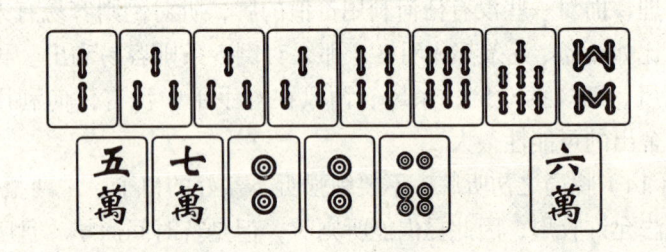

此时可以听牌求和3条、2饼两对倒，由于上家、下家都是摸2饼入听，我的和牌仅剩下1张3条，恐怕3条已经捏在某家手牌中，估计自己绝和。但是2饼、6饼、3条都是生张，若不听牌又恐怕放炮包付，因此报听并舍出6饼。其实此时我反倒盼望有人和6饼，因为自己和牌无望，失分在所难免，若对手平和仅失1分，损失较小。

（16）根据手牌中一路熟牌张的数量决定如何拆搭

自己手牌中占有了较多的某个一路熟牌张，比如有大量的1条和4条，那么以后若是求和嵌7条，将很难收炮和牌。因为这个品种自己占的太多，对手做牌急需这类牌（4条和7条），又怎么可能舍出7条呢？

【例19】各家都未听牌，我手牌如下：

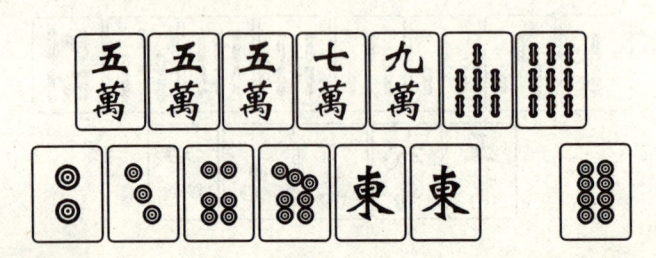

此时手牌多一副搭子，是拆舍七、九万，还是拆舍7、9条呢？由于自己有3张五万，对手做牌很可能需要五、八万，因此以后对手很难舍出八万。最后决定拆舍七、九万的搭子。

（17）闯出险张诱骗一路熟的牌张

当听口不是很好时，往往很难和出。这种牌型在听牌时若有机会使用诱骗技巧，即使冒着放炮的危险也要一试。因为听牌的口子不好，和牌机会渺茫，使用险招一搏，一旦对路便有和牌的机会。

【例20】已经有一家听牌，我手牌如下：

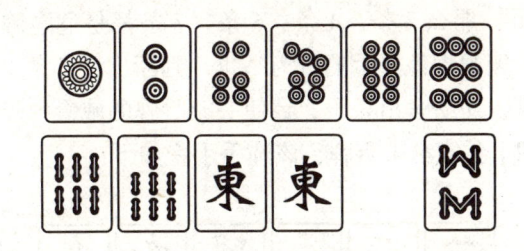

此时我决定听牌，是舍6饼还是9饼呢？9饼是熟张，舍9饼当然不会有人和牌，但是若舍出6饼，一旦对手不和6饼，很可能有人跟舍出3饼，况且6饼未必就是炮牌，一搏的胜算还是挺大的。

（18）听牌宜稳

稳对于行牌非常之重要，特别是在听牌的那一时刻，稳可以保证选手有清晰的思维，稳可以防止信息的泄露。以下为选手打牌不稳重造成信息泄露的实例。

【例21】各家都未听牌，该选手手牌如下：

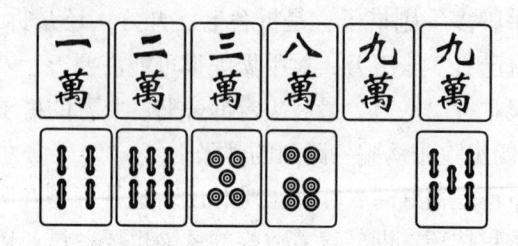

[一萬][二萬][三萬][八萬][九萬][九萬]
[三筒][四筒][五筒][五筒][七条]

这一巡，下家舍出 5 条，接着对家又舍出 5 条，该选手心急如焚，眼看嵌 5 条成了废搭，偏巧摸进 5 条，还争了个头家上听，兴奋之余将 5 条奋力一摔，大喊"听"，顺手舍出八万，看其脸上洋溢的笑容就能猜出必定是嵌 5 条上张。通常如果听家是摸 5 条上听，那么 3 条、4 条、6 条、7 条都是危险牌。但这局则不同，大家根据该选手的行为举止，判断出嵌 5 条上听，条子都是安全牌，纷纷舍出条子，致使头家听牌的威慑力降低。

【例 22】各家都未听牌，该选手手牌如下：

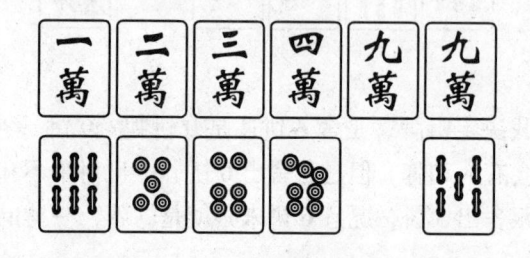

[一萬][二萬][三萬][四萬][九萬][九萬]
[三筒][三筒][四筒][五筒][七条]

这一巡，摸进 5 条上听，犹豫是舍出一万呢还是舍出四万。看海内一万、四万都是生张，该选手估计四万无人求碰，于是舍出四万上听。偏巧对家大喊"碰"，该选手很是丧气，说道："还不如打一万呢！"通常听家摸 5 条舍四万报听，那么中心条子和中心万子都是危险牌。但这局则不同，大家根据话语，判断出四万是多余张，那么二万、三万都是安全牌，致使头家听牌的威慑力降低。

（19）听牌动作要不快不慢

动作太快，缺少充分的考虑时间，往往会出现失误。动作太慢，通常要么是不甚好的口子，要么就是牌型比较复杂，听牌面临多种选择，那么和牌必定在舍牌的左右，这便是对手据以推测的依据。因此，听牌时动作最好不快不慢，以防对手猜出自己和牌的区间，同时给自己留有充足的思考时间。当然，知道了对手根据听牌动作猜测的方法，我们偶尔可以反其道行之。比如明明报听三、六、九万，却思虑多时，装出勉强报听的样子。再比如明明报听3、6条，却恋恋不舍地舍出4饼，使对手猜测我求和小饼子。

（20）听牌时要谨慎抉择

通常大家在听牌时动作都很快，一方面是选手认为自己打了很多年麻将，不会看走眼；另一方面是害怕犹豫的时间长了，让对手看出破绽，猜出牌面。其实，只要自己不养成某一听牌习惯，那么听牌时动作慢一些，对手仍然对你的牌面无法掌握，疑心对手猜牌纯粹是思虑过度。相反，听牌太快，常会造成失误，即使是麻将老手也不例外。

【例23】某选手手牌如下：

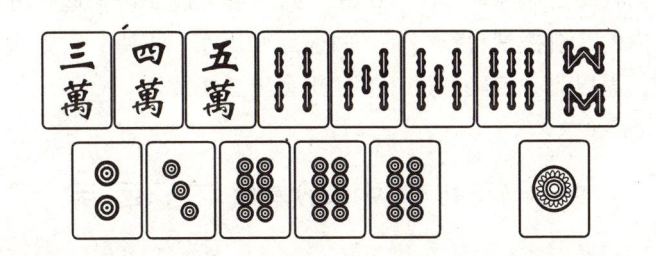

摸进1饼后即可报听，该选手看到舍出5条，可以诱骗一路熟的8条，于是迅速报听单钓8条。其实仔细分析，若舍出4条，可以报听嵌7条，一样能起到一路熟的诱骗效果。而嵌张听

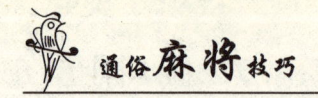

牌要好于单钓，以致最终错失和牌良机。

（21）求和上一局的和牌

通常对手有这样的心理误区，就是甲君上一局和的是牌 A，这一局应该不会再求和牌 A，因此可以抓住这种心理来和牌。比如，上一局我报听五、八万，最终收炮和牌，这一局我可以选择报听四、七万或五、八万时，我决定报听五、八万。对家猜想，上一局他和的是五、八万，这一局应该不会再和五、八万，于是舍出五万放炮。

（22）牌堂设饵，引鱼上钩

当你是头家上听的那一时刻，对手会仔细观察你门前的海牌，从而划定出你和牌的范围。因此，可以在听牌前预计出自己将来的听张，及早将海牌中的和牌拨到自家门前，使对手将来造成误判。

【例24】各家均未听牌，我手牌如下：

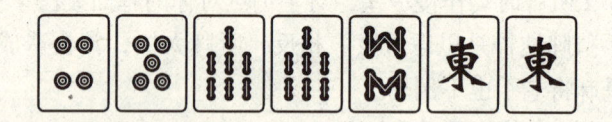

估计自己将来求和 3、6 饼，见下家舍过 3 饼，遂在舍牌时将海内的 3 饼拨到自家门前。两巡后碰出东风上听，对家观察海牌后，误以为我曾经舍过 3 饼，跟舍出 3 饼放炮。

四、两报包中码牌技巧的运用

两报包与两报扣的码牌原理是相同的，但技巧的运用还是有很大的区别。两报扣侧重考虑的是如何才能自摸和牌；两报包侧重考虑的却是尽快听牌和避免放炮，其次才是自摸和牌的问题。

两报包中考虑的因素更多一些，时间的紧迫性更强一些，而且放炮造成的损失很大。所以，两报包中码牌的目的不像两报扣那么单纯——促进做牌或自摸和牌，而是为了更好地判断对手和牌的范围。正是由于码牌的目的不同，使得码牌技术的应用也有较大区别。两报包的码牌最好是挑拣"三"或"七"集中码放，因为尖张的做牌效率最高，根据对手手牌有无某个尖张来推测其牌面的准确性也较高。

【例1】自家牌墙码成下图所示，起手配牌摸上家牌墙，自家牌墙成了最末端。

				7条	7条				
					7条				

牌局至第 8 巡，对手有两家报听，由于 7 条在我家的牌墙里有 3 张，我推测两个听家手中不占 7 条，那么 8 条或 9 条应该是安全牌，而 4 条则是高度危险牌。

【例2】自家牌墙码成下图所示，起手配牌摸上家牌墙，自家牌墙成了最末端。

				6条	6条				
						6条			

牌局至第 8 巡，对手有两家报听，由于 6 条在我家的牌墙里有 3 张，我推测两个听家手中不占 6 条，那么 7 条或 8 条应该是安全牌，而 3 条或 9 条则是高度危险牌。

【例3】自家牌墙码成下图所示，起手配牌各家分配拿走自家牌墙。

								红中
								红中

在配牌时观察到两张红中被对家搬走，现在对家最先报听，牌堂内不见红中，说明对家很可能求和红中。一贯视风牌为安全牌的我，摸进红中后不敢舍出，牌局结束后，发现对家果然求和红中、8条两对倒。

【例4】自家牌墙码成下图所示，起手配牌摸上家牌墙，自家牌墙成了最末端。

				3饼	3饼			
					3饼			

这局牌我是庄家，起手天听，手牌如下：

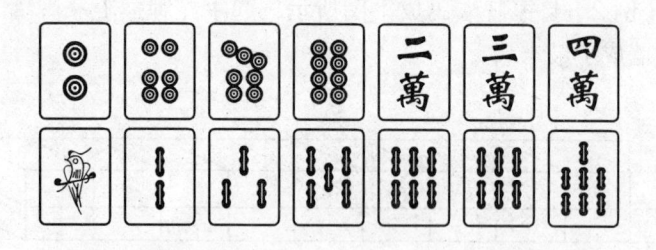

我可以选择单钓2饼报听，也可以选择不听，期待在以后的进张中报听两头甩将，比如摸进1条报听1、4条，或摸进二万报听二、五万。由于自家牌墙中码了3张3饼，而自家牌墙在最末端，由此断定各家手牌中留不住2饼，决定立即报听单钓2饼。两巡后有人放炮，发现其余各家手牌中均有无用的2饼孤张。

【例5】自家牌墙码成下图所示，起手配牌摸上家牌墙，自家牌墙成了最末端。

				4饼					
				4饼					

这局牌已至第7巡，尚无人听牌，我手牌如下：

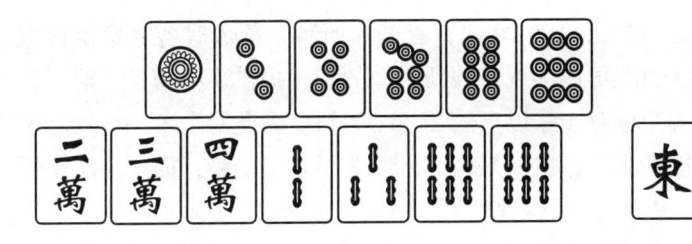

二万 三万 四万 一条 二条 四条 六条 东

此时需要考虑留下东风作为安全牌，但其余的牌似乎都有用。由于4饼在牌墙的最末端有2张，海内还有1张，摸进4饼的可能性微乎其微，因此舍出5饼。

【例6】自家牌墙码成下图所示：

	7条	7条		4条					
				4条					

这局牌已至第10巡，尚无人听牌，我手牌如下：

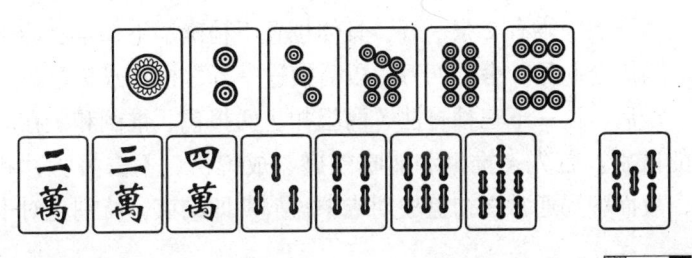

二万 三万 四万 一条 二条 四条 六条 八条

147

此时要作出选择,是报听 3、6 条还是报听 4、7 条?由于牌墙已经接近我门前,而我的牌墙中码了多张 4、7 条,因此选择报听 4、7 条。

【例 7】自家牌墙码成下图所示,起手配牌摸走自家牌墙。

	2饼	5饼		8饼	2饼		8饼		
					5饼			5饼	

这局牌已至第 10 巡,有两家听牌,配牌时各家拿走自家的牌墙,由此可以为现在判断对手的和牌提供一些信息。对手各家的手牌中都有 1 张以上的 2、5、8 饼,因此对手求和 2、5、8 饼的可能性不大,也就是说 2、5、8 饼是安全牌,而 1、4、7 饼和 3、6、9 饼则是危险牌。

【例 8】自家牌墙码成下图所示:

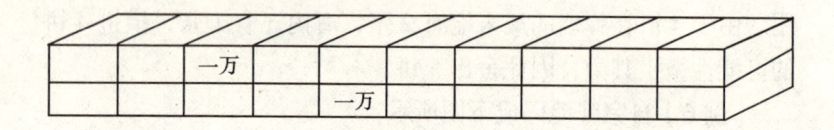

		一万							
			一万						

牌至中盘,已经摸到自家牌墙最右端,手牌如下:

一萬 三萬 四萬 ||| 𝕎

因牌墙中码有 2 张一万,具体位置不精确,不知自己能否摸到。为周全起见,舍出四万,以后摸进一万,报听嵌 7 条。

最后,谈一下三种打法(两报扣、两报包、推倒和)在战术上的区别。首先,推倒和能吃能碰、成牌快、不需报听、和牌快,故而牌局通常在初盘战期或中盘战期即结束,特别是对手是否听牌都无法知晓，因此防不胜防，战术上应当侧重于攻势，"早听三分和"的说法对于推倒和更为贴切。其次，两报扣的技术特点侧重于码牌，码牌要精确；而两报包、推倒和侧重于盯牌、算牌。

五、两报包头家听牌时推测其听张法则

两报包打法不允许吃牌，却允许收炮，由于不用顾忌下家吃牌，所以每个选手都会尽早地舍出于己无用的中心张，尽可能地在手中留有安全牌。相反，若某选手没有留安全牌，则必有与牌面相关联的内在原因，这就给听牌的研究提供了平台。

各家在中盘阶段，大体上先后进入听牌。头家报听之后，我们常有闯生张的必要，为了提高闯牌的安全系数，我们应密切注意最先报听者在叫听那一时刻摸入的牌和舍出的牌，来推测他的听张。本人总结出以下推论：

【推论1】摸进好牌A，舍出风牌报听，和牌与A无关联。例：摸入3条，舍出东风报听，和牌不是1、2条。

【推论2】摸进（或碰进）风牌，舍出好牌A报听，和牌与A无关联。例：碰进东风，舍出7饼报听，和牌不是8、9饼。若好牌A在海内已经有1张以上，则准确率更高。

【推论3】摸进好牌A，舍出好牌A的关联牌B报听，和牌与A、B均无关联。例：摸进6条，舍出7条报听，和牌不是6、7、8、9条。

【推论4】摸进好牌A，舍出与好牌A无关联的好牌B报听，和牌与A、B高度关联。例：摸进6条，舍出8饼报听，和牌是4、5、6、7、8条或6、7、9饼。

【推论5】碰牌A后，舍出与A无关联的好牌B报听，若海

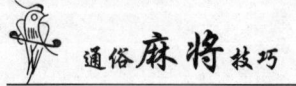

内原本已经有 B，和牌与 B 无关联；若 B 是海内从未出现过的生张，和牌与 B 相关联。例：碰进 6 条，舍出 7 饼报听，海内原本已经有 1 张 7 饼，和牌不是 8、9 饼。

【推论 6】摸入牌 A，舍出牌 B 报听，和牌有可能就是 A，几乎没有可能是 B。所以旁家最好不要舍出牌 A，舍牌 A 俗称"照头敲"。

以上推论中，"好牌"是指数字牌 2~8 中的生张或较生张；"关联牌"是指好牌的邻张或隔张，比如 4 条的关联牌是 2、3、5、6 条。

该理论不适用于手牌原本已经听牌却未报听，上张后重新报听（即"洗澡"）的情况。

该理论不适用于同花色的下列情况：摸 4 舍 7、摸 7 舍 4、摸 6 舍 3、摸 3 舍 6、摸 5 舍 2、摸 2 舍 5、摸 8 舍 5、摸 6 舍 9、摸 9 舍 6、摸 4 舍 1、摸 1 舍 4。

该推论是基于牌局进入中盘阶段，各家都会想到一旦对手赶在我之前听牌怎么办。因此在一入听的牌姿时，大家会留 1 张安全牌在手（安全牌通常是指幺、九、风或者是牌堂内各家均舍弃的熟张），若手中留的不是安全牌，则必定是与牌面关联很大的有用张。分情况来看：

第一种情况，手中留的是安全牌（幺、九、风或各家都舍的熟张 X），以免别家听牌后放炮，结果自己抢先一步，成为头家听牌，自然在报听时舍出牌 X。

第二种情况，明知别人快听牌了，但手中无法留安全牌，否则会影响做牌，最终自己抢先一步，成为头家听牌，自然在报听时舍出与自己做牌有很大关联的牌 Y。

从第二种情况看，如果从听家的对手的视角出发，牌 Y 是个生张或较生张，就很有研究的必要了。因为做牌者宁可冒别人一旦先听牌自己将放炮的风险，也不早早将牌 Y 舍出，牌 Y 则与做牌息息相关。也就是说，牌 Y 往往与欲和的牌有密切的关联。

以下列举 20 种一入听的牌型，根据上述推论进行解说。

①

摸 4 饼，舍东风报听，根据【推论 1】，推断他不和 2、3 饼。

结果：推测正确。

②

摸东风，舍 3 饼报听，3 饼是海内的熟张，根据【推论 2】，推断他不和 1、2 饼。

结果：推测正确。

③

摸进 6 饼，舍三万报听，根据【推论 4】，推断他和一、二、四、五万或 4、5、6、7、8 饼。

结果：推测正确。

④

[牌：① ① ③ ④ 二萬 三萬 東 四萬]

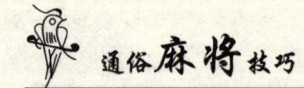

摸进四万，舍东风报听，根据【推论1】，推断他不和二、三万。

结果：推测正确。

⑤

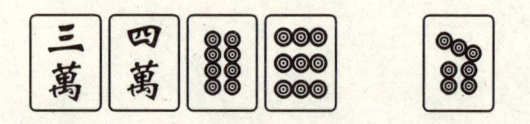

[牌：三萬 四萬 ⑥ ⑨ ⑦]

摸进7饼，舍出四万报听，根据【推论4】，推断他和5、6、7、8、9饼或二、三、五、六万。

结果：推测正确。

⑥

[牌：｜ ｜ 三萬 三萬 四萬 ④ ④ ｜]

碰进2条，舍出三万报听，三万是海内未出现过的生张，根据【推论5】，推断他和一、二、四、五万。

结果：推测正确。

⑦

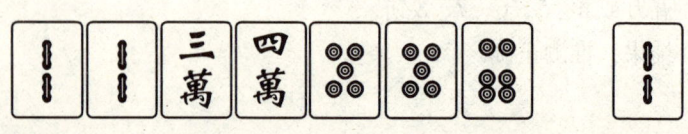

[牌：｜ ｜ 三萬 四萬 ④ ④ ④ ｜]

碰进2条，舍出6饼报听，6饼是海内的熟张，根据【推论5】，推断他不和7、8饼。

结果：推测正确。

⑧

摸进7饼，舍出三万报听，根据【推论4】，推断他和一、二、四、五万或5、6、8、9饼。

结果：推测正确。

⑨

摸进三万，舍出北风报听，根据【推论1】，推断他不和一、二万。

结果：推测正确。

⑩

摸进4饼，舍出东风报听，根据【推论1】，推断他不和2、3饼。

结果：推测正确。

⑪

[条][条][四萬][四萬][五萬][六萬][六萬]　[条]

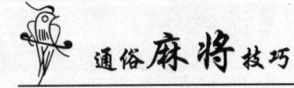

摸进3条，舍出六万报听，根据【推论4】，推断他和四、五、七、八万或1、2、4、5条。

结果：推测正确。

⑫

[条][条][四萬][四萬][五萬][五萬][西]　[三萬]

摸进三万，舍出西风报听，根据【推论1】，推断他不和一、二万。

结果：推测正确。

⑬

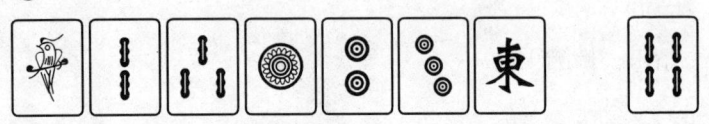

[一条][条][条][饼][饼][饼][東]　[条]

摸进4条，舍出东风报听，根据【推论1】，推断他不和2、3条。

结果：推测正确。

⑭

[条][条][四萬][六萬]　[条]

摸进4条，舍出5条报听，根据【推论3】，推断他不和2、3、4条。

结果：推测正确。

⑮

摸进6条，舍出东风报听，根据【推论1】，推断他不和7、8条。

结果：推测错误。

⑯

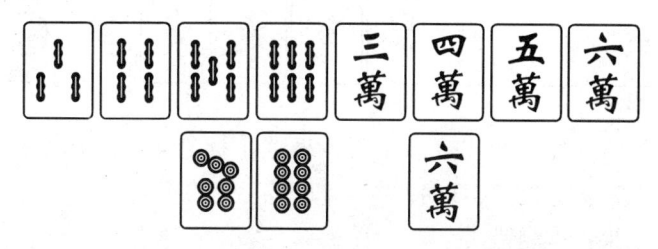

摸进六万，舍出3条报听，根据【推论4】，推断他和四、五、六、七、八万或1、2、4、5条。

结果：推测错误。

⑰

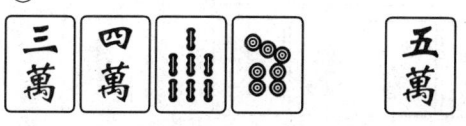

摸进五万，舍出7饼报听，根据【推论4】，推断他和三、四、五、六、七万或5、6、8、9饼。

结果：推测错误。

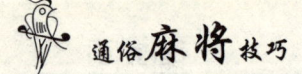

⑱

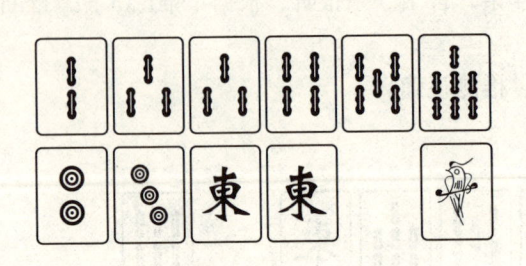

摸进1条,舍出7条报听,根据【推论4】,推断他和1、2、3、5、6、8、9条。

结果:推测错误。

⑲

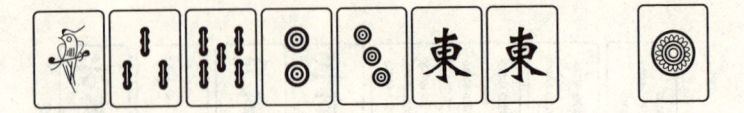

摸进1饼,舍出5条报听,根据【推论4】,推断他和3、4、6、7条或1、2、3饼。

结果:推测错误。

⑳

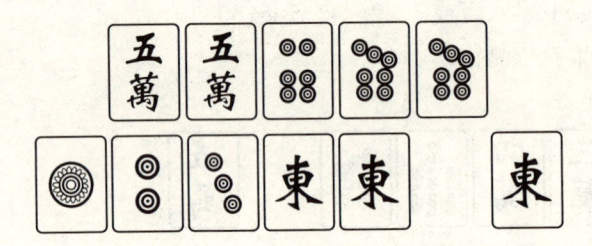

摸进东风,舍出7饼报听,根据【推论2】,推断他不和8、9饼。

结果:推测错误。

以上①~⑭的手牌，推论作出的推测都是正确的；而⑮~⑳的手牌，用以上推论则推断出错误的结果。但大家注意，①~⑧是主流打法，而且也是最常见的一入听牌姿，而其他则是一些偏门牌型，特别是⑮、⑰两个牌型，在各家都未报听的环境下，手牌能留成那样简直有些匪夷所思（注：手剩4张牌最常见的一入听牌型是两个搭子，或者是一个对子加两个孤张）。

最后，对于【推论5】再作些解释。通常一碰即听的牌型中，有以下几种：

【牌型1】

【牌型2】

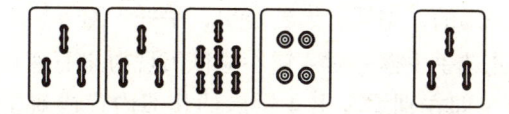

【牌型3】

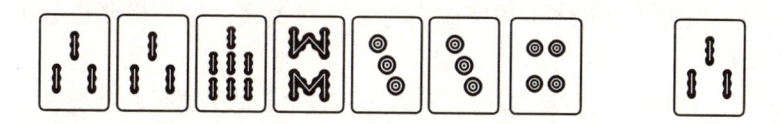

【牌型4】

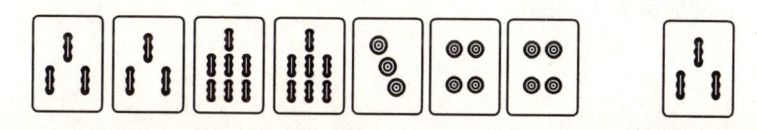

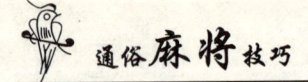

【牌型5】

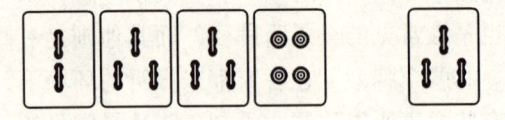

这五种手牌都是一入听的牌姿,我们都是碰进3条,都是舍出4饼报听。分情况而看:

【假设1】假设除【牌型4】的情况中4饼是曾经有人舍过的牌,根据【推论5】,和牌应当与4饼无关联,这种推测是正确的。

【假设2】假设除【牌型4】的情况中4饼是从未有人舍过的牌,根据【推论5】,和牌应当与4饼有关联,这种推测是错误的。

【假设3】假设【牌型4】的情况中4饼是曾经有人舍过的牌,但是这种假设几乎不可能出现。因为4饼是中间张,牌局前期阶段是不会有人舍出的,中期有人若舍出,手握一对4饼的选手必定会碰出,因此选手手握一对4饼不应该出现海里有4饼的情况,除非是巧合(即在别家舍出4饼后的几巡内摸成对子)。可以说这种假设基本上不成立。

【假设4】假设【牌型4】的情况中4饼是从未有人舍过的牌,根据【推论5】和牌应当与4饼有关联,这种推测也是正确的。

五种牌型的四种假设,只有【假设3】是很罕见的情况,另外三种假设只有【假设2】是错误的。但以上众多推论中,小概率事件难免会发生,何况宁可信其有、不可信其无,因此【推论5】也是基本正确的。

六、激进型打法

麻将的行牌风格可以分为两类：保守型和激进型。通常，年长的牌友打法比较保守，完全依照牌理行牌，口口声声"小心能驶万年船"，做牌时过于谨慎；而我则推崇激进型打法，激进型打法就是敢于逆向思维，基于牌理却又超越牌理。牌理固然重要，但是两报包一个重要的特征是"放炮"，放炮既可能是自己给对手点炮，也有可能是对手给自己点炮，因此，在行牌时要充分将"放炮"的因素考虑进来，充分体现"有得必有失"的思路。

基于这种理念行牌，一方面使打牌不拘于俗套，做牌更加有新意；一方面由于打法怪异，常常能出奇制胜。下面就以几个实例展示激进型打法的行牌理念。

【例1】起手配牌如下：

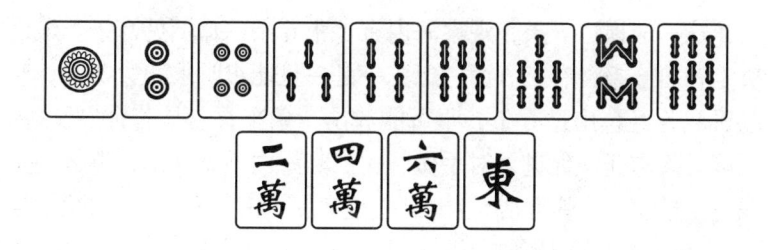

我的牌墙中码了3个3饼，此时牌墙已经分配到各家手中，也就是说对手手中均有3饼，由此判断，我摸进3饼的可能性很小。而由于对手手牌有3饼，所以1饼、2饼、4饼均有一定的危险，于是我在牌局之初就舍出1饼、2饼、4饼。

【例2】各家尚未听牌，我手牌如下：

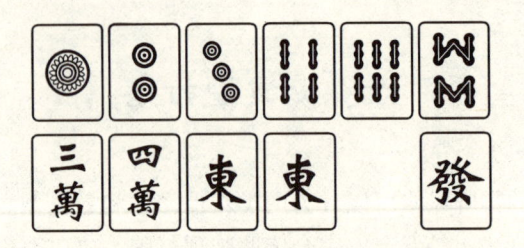

[牌组图：一筒 二筒 三筒 三条 四条 六万 三万 四万 东 东 发]

由于牌局进入中盘阶段，随时都可能有人报听，为了安全起见，需要保留安全牌。正好这一巡摸进发财，观察海内已经有 2 个 5 条，摸进 5 条的可能性较小，于是舍出 4 条。

【例 3】各家尚未听牌，我手牌如下：

[牌组图：一筒 二筒 三筒 三万 四万 六万 三条 东 东 发 三条]

这一巡摸进 6 条，观察海内有 1 张 6 条，却不见 9 条。最终决定舍出 6 条，有三方面考虑：一是一旦能报听求和边 7 条，对手看我曾经舍出过 6 条，很可能放出 7 条来；二是若舍出 9 条，可能有人求碰，促进了对手做牌；三是海内不见 9 条，那么一旦我能摸进 9 条，牌型则大为改观。这就是"有失必有得"的道理。

【例 4】起手配牌如下：

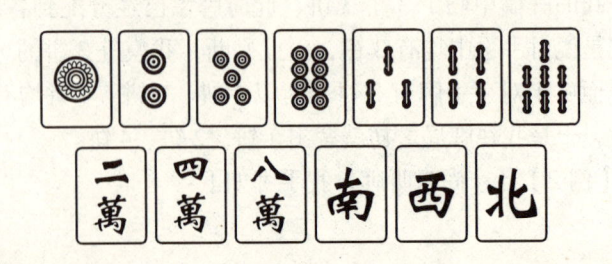

[牌组图：一筒 二筒 三筒 六筒 一条 二条 三条 二万 四万 八万 南 西 北]

这手牌很滥，和牌相当困难，此时激进型打法就主张多留生风，孤张挑选两张留下组搭，其余孤张及早舍出。这样做需要三至四巡，手牌就可以转化成以下形式：

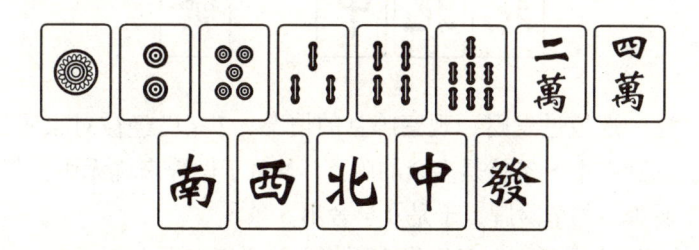

一筒 二筒 四筒 一索 二索 三索 二万 四万 南 西 北 中 发

再经过三巡，手牌可以转化成以下形式：

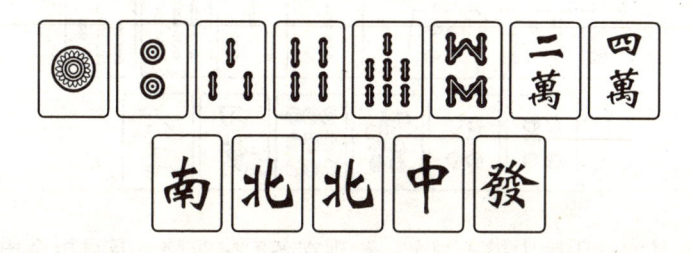

一筒 二筒 一索 二索 三索 五万 二万 四万 南 北 北 中 发

这样的手牌搭子已经够了，在对手听牌之前再摸进的任何孤张都不留，待到对手听牌，手中尚有足够的风牌舍出。最终，若做牌顺利就能够听牌，若进张困难就拆北风对。这种打法既不放弃和牌的机会，也能保证做到不给对手放炮，这就是"欲胜必先知败"的道理。

【例5】手牌中只留有效牌和安全牌，多余的牌应当及早舍出。各家尚未听牌，我手牌如下：

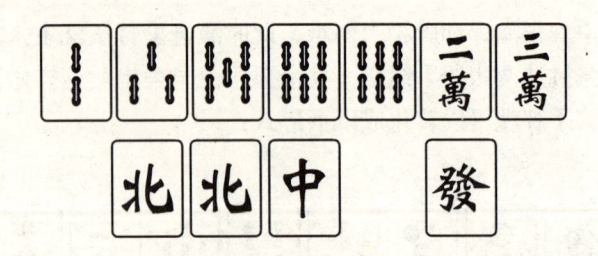

通俗麻将技巧

[一条 一条 一条 四条 五条 二萬 三萬]

[北 北 中 發]

这一巡摸进发财，观察牌堂的情况，7条已经被对家明杠，那么这副牌中5条就是多余的牌。5条对于做牌来说无用，却是对手听牌后的危险牌，于是及早舍出5条。

【例6】第5巡时各家尚未听牌，我手牌如下：

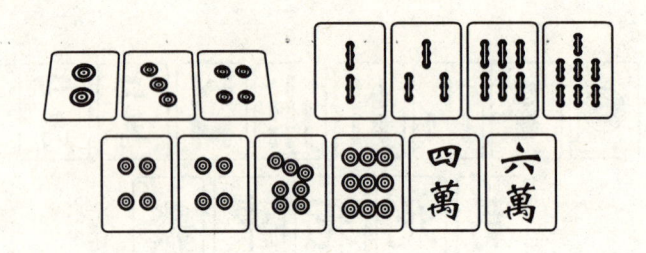

[二饼 二饼 四饼 二条 三条 四条 五条]
[四饼 四饼 五饼 六饼 四萬 六萬]

其实这手牌中搭子富余，趁现在各家未听牌，及早拆舍出一搭，将手牌迅速转化为：

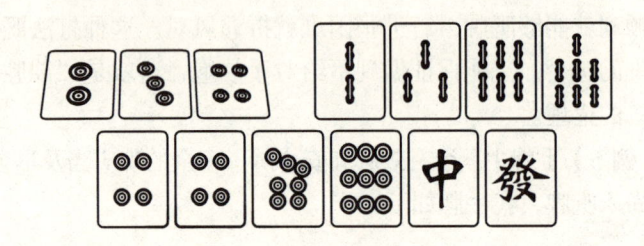

[二饼 二饼 四饼 二条 三条 四条 五条]
[四饼 四饼 五饼 六饼 中 發]

再看这副牌，顿时觉得和牌的希望依然很大，而放炮的可能性却大大降低了。当你手牌中的面子已经达到或超过五组时，多余的面子必须早拆早舍，因为这类绝好的中张容易放炮。需要注意的是，拆多余的搭子时尽量拆舍中张搭子，留下幺、九组成的搭子，为以后防范危险提供条件。比方说上面这手牌，几巡以后对手三家都已经听牌，而预留的两张风牌都已经舍出，万般无奈的情况下，尚可以舍出安全牌9饼。

【例7】对家摸3条舍出东风最先报听，此时我手牌如下：

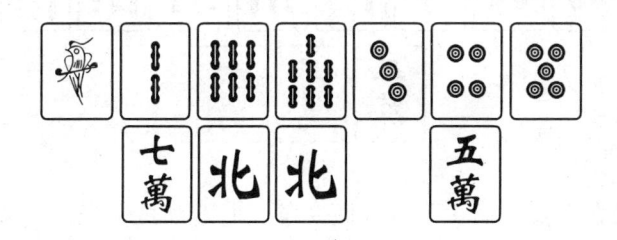

由于1条、2条、五万、七万都是生张，根据"两报包头家听牌时推测其听张法则"之【推论1】即"摸进好牌A，舍出风牌报听，和牌与A无关联"，我推测对家不和1条、2条，于是放心舍出1条、2条，最终安全上听。

而按照常理来推断，对家摸3条报听，1、2条应是危险牌，这就是"两报包头家听牌时推测其听张法则"的可贵之处。

【例8】对家最先报听，摸5条舍出4条报听，此时我手牌如下：

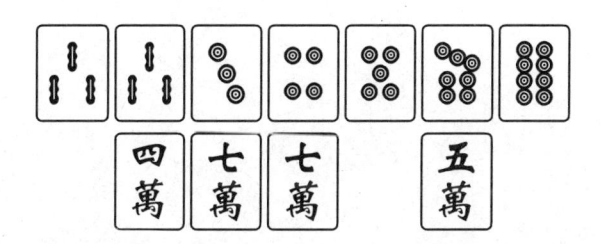

163

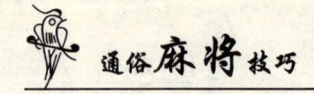

由于目前无熟张可跟，根据【推论3】即"摸进好牌A，舍出好牌A的关联牌B报听，和牌与A、B均无关联"，我推测对家不和2条、3条，于是放心拆舍一对3条，最终安全上听。

【例9】对手有两家报听，我手牌如下：

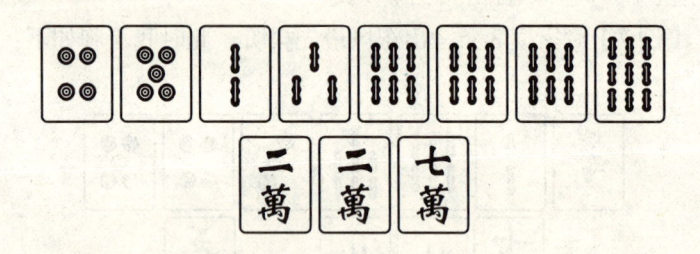

现在需要舍出1张牌，而9条、七万都是生张，我考虑6、9条占的太多，对手很可能需要它，因此舍出七万。

第六章　三报包技巧

本章将推倒和与三报包放在一起讲解。三报包是允许吃、碰，报听之后通过收炮或自摸两种方式和牌。推倒和与三报包的规则相同，只是不需要报听便可以直接和牌。三报包在河南、陕西等省非常流行，它的计分方法是各种牌型和牌后得分是一样的。比如说无论谁收炮和牌将赢得 3 分，若放炮者手牌已经报听，则三家各失去 1 分；若放炮者手牌未听，则 3 分由放炮者一家承担。无论谁自摸和牌将赢得 6 分，另外三家各失去 2 分。

一、各阶段的战略

麻将的实战过程分为初盘、中盘、后盘三个阶段，各个阶段战略战术各有不同。

初盘阶段：配牌结束后，摸牌第 1 巡到第 5 巡。
中盘阶段：摸牌第 6 巡到第 10 巡。
后盘阶段：摸牌第 11 巡到荒牌。

1. 初盘战略

（1）留用去废

一般来讲，每盘麻将起手配牌后，总会有些废牌。如下图：

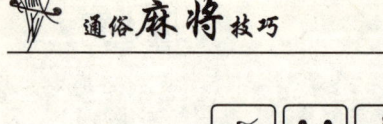

[一萬] [三萬] [四萬] [五萬] [六萬] [八萬] [六餅] [九餅]　　[東]

废牌又是相对而言的，因为以后的上牌是不确定的。单个东风是废牌，如果第2巡再摸进1张东风，凑成一对，东风就不再是废牌了。第1巡应先舍去1条，尔后舍去东风。因为4条也是孤张，即使上来2条、3条也能与4条构成搭子，而东风一旦成对，会比1条容易碰出，即使不成对，留在手中今后也不易点炮。同理，还应舍去9饼，因为6饼也是孤张。

需要进一步解释的是，"留用去废"很好理解，实际操作却不那么简单，因为"用"和"废"是相对而言的，"用"和"废"的标准不好掌握，还需要经验和技巧。一般来说，可以按照利用价值的大小对牌的有效性进行排序。

①五连张，如图：

[二萬] [三萬] [四萬] [五萬] [六萬]

②皮夹克带刀，如图：

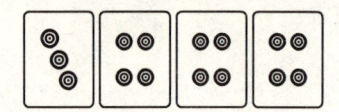

[三餅] [四餅] [四餅] [四餅]

③3张牌的复合面子，如图：

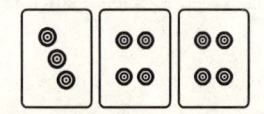

[三餅] [四餅] [四餅]

④两面搭，如图：

⑤半皮夹克带刀，如图：

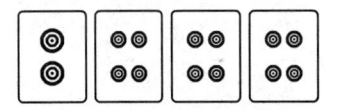

⑥羊上树（即两面搭的一面已经被人碰成明刻），如4、5条的两面搭子，但是3条被人碰成明刻。

⑦嵌搭，如图：

⑧边搭，如图：

⑨对子，如图：

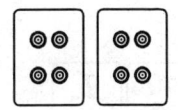

⑩偷张，如图：

[二萬] [三萬] [四萬] [五萬]

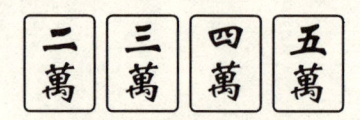

[三萬] [四萬] [四萬] [五萬]

⑪单张中的尖张，如三万或七万。

⑫单张中的中张，如四万或五万或六万，其联络价值与尖张相等，放炮的可能性却比尖张大。

⑬单张中的次边张，如二万或八万，其联络价值比尖张和中张小。

⑭单张中的边张，如一万或九万。

⑮单张风牌，如东风。

⑯功效重复的边张，如手中有孤张1条和4条，1条的功效几乎为零，其价值比单张东风还要低。

（2）开盘之初，谨慎顺碰

顺碰将使自己少摸一张牌，同时也使自己手牌的变数降低，手牌数量越少，技术就没有得以展现的舞台。因此，在初盘战期，应当谨慎地选择是否顺碰。起手的牌如果很乱，离听牌还很远，应尽量不要顺碰。相反，起手的牌如果很好，该碰则碰，以求速战速决。

如下图，上家舍出东风，就不应碰，如果以后某家又舍出东风，再碰不迟。

如下图，上家打出东风，则应碰。碰牌后使手牌由二入听进展为一入听状态。

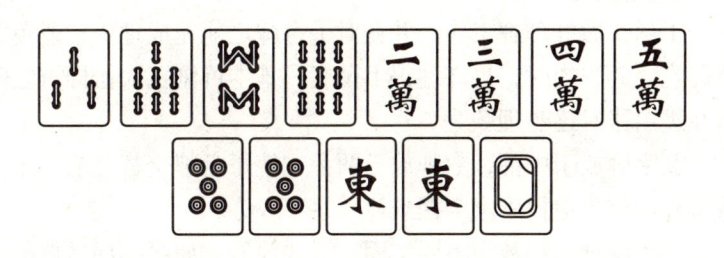

（3）注意观察对手

在13张牌刚刚竖起时，通过观察对手，可以收集到有用的信息。唉声叹气、愁眉不展者多是牌面不好，而牌面好的人则是摆来摆去、整理半天，甚至喜形于色，这些信息为以后的决策提供依据。

（4）回避上家

起手牌常有许多闲张，在不断地摸进有效牌以后，势必对闲张或多余的搭子或留或舍，留哪张舍哪张呢，这就需要看准上家如何出牌，避其锋芒，以决定自己做牌的取向。例如，上家早早就舍8饼，估计不要大饼子牌，你若留下大饼子的搭子，如7、8饼和5、7饼，以后吃牌将比较容易。

（5）认真理牌

打麻将要做到眼观六路、耳听八方，注意力不能仅停留在自己的牌面上，要多用心去观察对手的表情、行牌情况，对各家舍入海内的牌要有个大致的记忆。因此，要尽量给自己的大脑腾出足够的空间。把13张牌理顺，清晰明了，才能让大脑花少部分精力去观察自己的牌面，花大部分精力研究外部的信息，而且在研究手牌时能节省许多时间。如果手牌不加归整、混乱摆放，在短时间内决策将很容易失误。另外，牌局中需要选手观察思考的

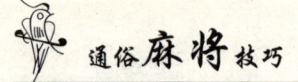

内容有很多,混乱摆放会让自己疲劳不堪,无法将牌局中深层次的信息加以转化分析。

理牌的注意事项:

①尽快做好理牌工作,并在对手舍牌之前完成理牌,避免漏碰漏吃。起牌初时,也许理得不彻底,基本可浏览大概即可。随后在进出张时逐步理顺。

②字牌放于中部,数牌放于两旁,使每盘牌交替变换,不养成单一习惯,免得别家掌握规律,察穿牌势。

③手牌种类和数字不要按固定形式放置。如第一局摆放的形式为:从左向右为条、饼、万,按由小到大顺序排列;第二局摆放的形式变为:从左向右为饼、万、条,按由大到小顺序排列。

④为减少头脑与眼睛疲劳,尽量采取序数牌按顺序排列来理牌。

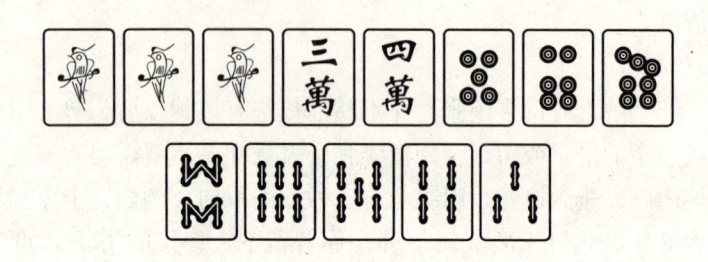

手牌如上图,属于一入听的牌姿,但由于理牌不整齐,上家舍出2条时,该选手一时疏忽大意,未能看出吃2条,只认为这副牌应该吃7条或二、五万,错失吃牌良机。最终这副牌连听牌的机会都没有,实为可惜!

⑤倘若准备拆搭或拆对,应在舍牌之前,事先将两张牌东西分开,避免舍去头张,别人便知你下巡将舍什么牌。

例如,手牌如下图:

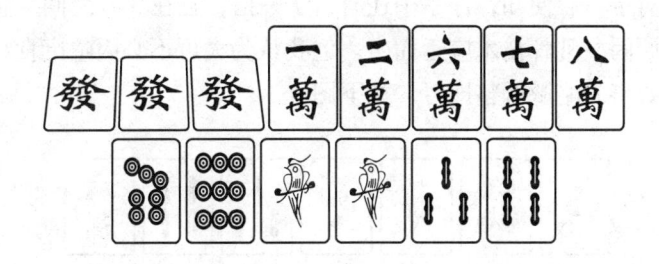

此时手牌多余一搭,稍作犹豫后拆舍出二万,下家根据手牌的空隙,猜出下巡将舍出一万。

⑥理牌时要对可能吃进的牌事先调整摆放位置,以免暴露信息。

例如:手牌如下图:

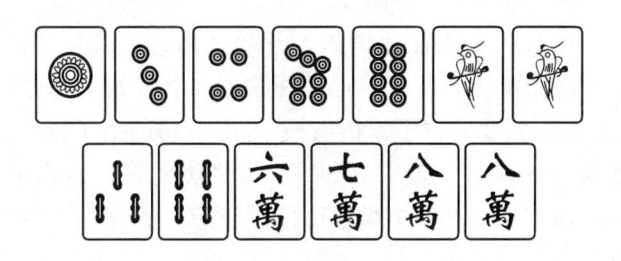

吃进上家舍出的9饼,舍出1饼,在对手眼里会瞬间形成这样的视觉效果。

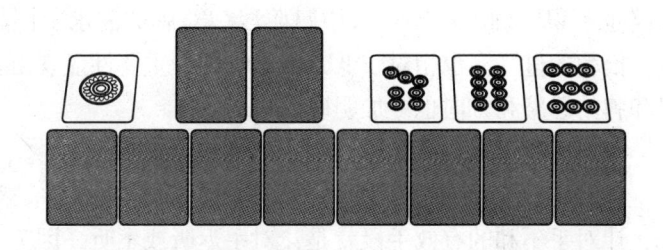

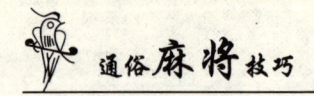

对手一看便知，你手中还有饼子一搭，且在 3~6 之间。正是这个原因，乱牌技术应运而生。但我认为大可不必因噎废食，其实只要事先略微调整即可，如下图：

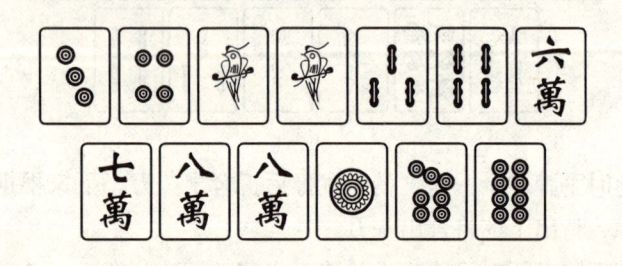

二饼 三饼 一条 一条 四条 四条 六万

七万 八万 八万 五饼 六饼 六饼

（6）上熟下不熟

某张牌上家虽然打过了，但不要以为下家也不要。上家打过的生张牌，倘若你也同样打一张，下家很可能是要吃的，这是因为牌的组织有限性。例如，开局之初，对家打一张 9 饼，上家也打一张 9 饼，而你自己手里也有一张 9 饼的孤张，这张 9 饼大致是下家要的，下家恰有一个 7、8 饼的搭子等着。原因是，那两家的牌必定没有 8 饼、7 饼之类的牌，而你也没有，从此例来讲，那 8 饼、7 饼很可能在下家，因此在初盘战期不宜追熟。

2. 中盘战略

开局初期，对牌的需求范围很宽，摸牌时进张率也高，和牌思路也不很明确；牌局进入中盘阶段，对牌的需求范围越来越窄，摸牌的进张率也相对较低，因此吃牌的重要性显现出来，此时和牌的思路和方向也更加明确。

（1）压制下家

一局中只会有一人获胜，你成为胜家的先决条件是对手不和，让对手不和的有效手段就是让对手迟听或不听，因为一旦对手上听就较难控制局势了。为了达到这个目的，选手四人会不谋而合地相互制约，受你控制最直接的就是下家，下家听牌的快慢与上家的行牌方式息息相关。每人手中一共13张牌，只需一副将、一副搭子、三副顺子或刻子就构成听牌。吃一口牌就完成一副顺子，你让下家吃，相当于为下家听牌做出1/3的贡献，其效力可谓不小。因此，中盘阶段上家必须以下家曾经舍出的牌为依据，尽己所能地压制下家。

首先，要熟记下家曾舍过的牌，随着自己上手牌的变化尽量跟随下家舍牌，这是确保下家不吃牌的最可靠方法。比如，下家舍出7饼，我们就可以跟着舍出7、8、9饼中的任意一张，都是比较稳妥的。

其次，要学会猜牌，一局牌你不可能每张都跟着下家打，因此就要猜牌，得以决定牌的取舍。猜牌不可能是十拿九稳，但只要是有科学根据的猜牌，就可以增加胜算。

另外，要察言观色。①某家对其上家的舍牌考虑许久，却没有吃碰，后来并未见他拆与此舍牌相近的搭子，说明他这种花色的牌必然比较多。②字牌叫碰，随后又说错了，必有另一对字牌。③其他如二万喊碰而说"错子"的情况，说明求碰一万或三万。④如果某家摸入牌，表现懊恼和惋惜而换张舍出，说明很可能是需要回头张。⑤听牌后接连舍出两张8条而遗憾万分的，很可能是听其他的单钓张。⑥有些人按奈不住，连说"打啥来啥"，很可能还要吃自己曾经舍出的牌。比如下家拆舍边7饼的搭子，上一巡刚把8饼舍出，结果这一巡又摸进7饼，气得直喊"倒霉，打啥来啥"。这时我猜出下家8饼打错了，下家留的是夹8饼的口子，那么在以后的出牌时我尽量不要舍出5、8饼。⑦某家第7巡舍出八万，第8巡摸进七万后生气地舍出，说明他缺搭子，第9巡他摸进8饼后报听，可以推测他是靠张组搭听牌，求和6、9饼或嵌7饼。

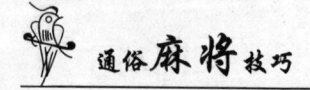

（2）迷惑上家

只要稍懂得麻将常识的选手，在行牌时都会努力盯住下家，使出浑身解数不让下家吃牌。因此，我们想吃上家的舍牌通常很困难，而且对手水平越高，吃牌变得越加困难。这就要求我们运用一定的技巧，以达到吃入上家舍牌的目的。这里介绍三种方法：

①在舍牌次序上，应先舍与搭子接近的中张闲牌。

例如，手牌如下图：

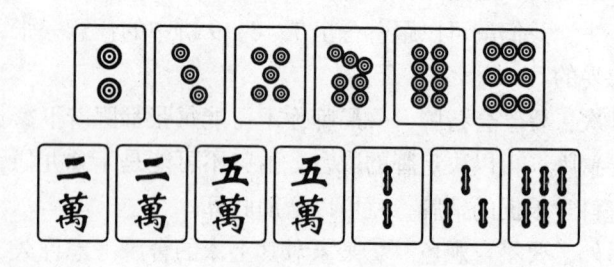

手中有闲张5饼、6条，这时应当先舍出5饼，给上家以错觉，认为5饼无用，那么4饼他应该不会吃。

②在做牌的过程中，对于牌的取舍，不要追求面面俱到。适当地放弃部分上牌的机会，反而会增加吃牌的机会。例如，手牌如下图：

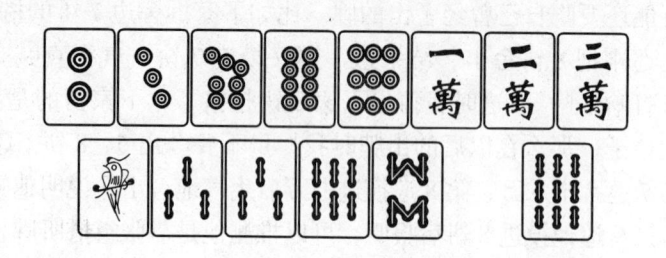

手中有6、8条，此时上手9条，观察海内4条已经有3个，那么即使以后能够上手5条，4条最多还剩1张，就这局来说，5、6条两面搭与8、9条边搭在实际功效上是近似相等的。这种情况下，为了迷惑上家，可以舍出6条，上家看我不要6条，推测7条是无用的牌，舍出7条正好供我吃听。当然假若上家手牌并无7条，而我后来又陆续摸进5条、4条，应该以平常心看待，麻将就是这样有得有失，关键要看战术是否科学、正确。

③声东击西。如果你要吃饼子、条子，当上家舍出四万时，你佯装出欲吃四万的样子，上家会疑心你要吃二、三、五、六万，于是留住万子不敢舍出，挑选饼子、条子舍出，通过这种声东击西的计策可达到吃牌的目的。

（3）切忌贪吃

吃碰太多，手上的牌则越少，对手很容易猜出你的牌面。例如，手牌如下图：

二萬 三萬 四萬 五萬 🐦 ‖ 西

此时上家舍出六万，是选择吃还是不吃呢？

选择吃六万，舍出西风。一方面以后若摸上生张时，因为手中仅剩4张牌，选择的余地很小，对于无用的牌只能摸啥打啥，很容易放炮；另一方面，如果下一巡上家再舍出2条，这种境况下只能勉强吃听，无论舍出二万还是三万，手中仅剩1张牌，对手会很容易猜出你单钓的是小万子。

选择不吃六万，继续摸牌。如果摸上生张，可以舍出安全牌西风；如果摸上西风、2条、二万、五万可以报听；如果摸上一、三、四、六万将使牌型大为改观；如果能吃上夹2条，可以

175

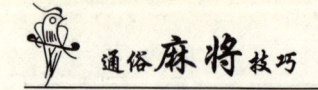

报听二、五万。总之,牌型的变数加大,舍牌范围变宽,放炮可能性减小。最终无论怎样上牌报听,对手将很难猜测出你的和牌。

(4) 未雨绸缪

俗话说:人无远虑,必有近忧。中盘战期一般还无人听牌,但此时已经需要适当地为后盘战期做准备工作,防止将来放炮。

例如,手牌如下:

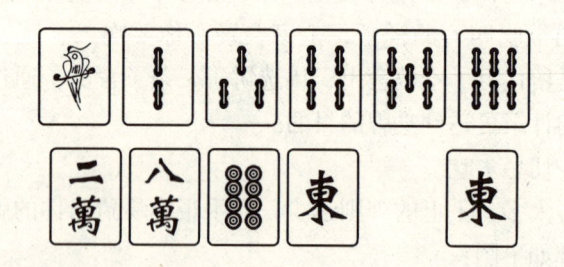

此时海内有 1 张八万和 1 张 8 饼,八万为上家舍出,8 饼为对家舍出,而对家手牌估计较好,吃牌也顺利,预计对家很快入听,对家是短期提防的对象。因此舍出八万,留下 8 饼。后期对家首先听牌,尚可以舍 8 饼,给自己留有余地。

3. 后盘战略

后盘是决胜的关键时刻,战斗进入白热化状态,因此行牌要更加谨慎,一招不慎,满盘皆输。

(1) 兵贵神速

进入后盘阶段,如果四家都未听或已经有一家听,此时气氛紧张,速度至关重要。往往先听的一家报听了,剩下的几家无论手中的牌面好坏,就只有拆搭子跟熟张走牌,有时就无法听牌了。因此,后盘战期中,听牌的速度是主要的,听牌口子的优劣是次要的。

（2）忌打生张

如果对手各家都已听牌，而你手中的牌还未上听，心急吃不了热豆腐，越是急于和牌，反而常常放炮。因此要保持冷静，委曲求全，尽量不打生张，避免放炮。如果和牌无望，可以将手中的牌拆散，在所不惜。

（3）隔巡如生张

在后盘战期，局面瞬息万变，一个熟张牌A，在这一巡中不是炮牌，此时若增加了一家报听，牌A也许就成为炮牌，那么在下一巡中牌A只能作为一个生张看待。比如上家打张5条，并无人和出，轮到对面一家打牌的时候，虽然也是5条，下家和出了。原因是本来听嵌2条，一巡中摸进4条，就改叫2、5条了。特别是在推倒和的打法中，不要求报听，当战局进入后期，各家手牌不停地变化，行牌经过一巡，以前的安全牌就未必安全了。

（4）不露声色

对手牌进张的各种可能要及早做好思想准备，碰什么牌、吃什么牌、杠什么牌事先想清楚，不要等到上家舍出该牌以后，再琢磨是否吃碰，稍一犹豫，就暴露了信息，使对手对你牌面的掌握更进一步。听牌以后，要做好是否收炮的思想准备，否则待到对手放炮时，犹豫不决，暴露目标。

（5）听口的转换

当手牌较好时，由于推倒和不要求选手报听就可和牌，因此要注意听口的转换。听口往往需要两次以上的转换才能成为一个很理想的口子，这就需要选手及早重视，精心设计。

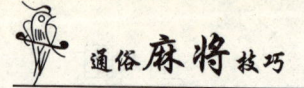

手牌如上图，已经听牌，求和嵌 2 条。此时对家舍出西风，可以碰西风，改成单钓 1 条，此时很多选手会认为钓 1 条与嵌 2 条差不多，但是钓 1 条的高明之处是从长远考虑。一巡后摸进三万，可以舍出 1 条，手牌转换成下图：

[西 西 西 二萬 二萬 二萬 三萬 三萬 四萬 五萬]

此时求和一万、四万、三万、六万，由原来的一口叫转换成四口叫。

（6）灵活换口，避免放炮

听牌后不是一劳永逸的，要时刻注意局势的发展，推敲对手的和牌范围。为了避免放炮，可以根据摸进的新张不时地变换听口。

例如，牌局后期，手牌已上听，如下图：

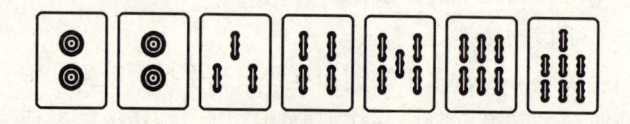

[2饼 2饼 3条 3条 3条 7条 7条]

此时摸进生张 7 条，估计很可能是对手的和牌，自然不应该顺手舍出。安全起见，舍出熟张 3 条，求和 2 饼、7 条两对倒，如下图：

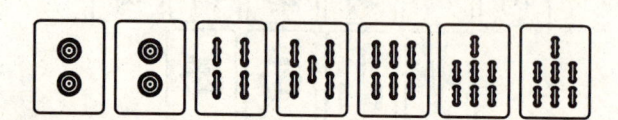

[2饼 2饼 3条 3条 7条 7条 7条]

一巡以后，又摸进生张3饼。看到5饼是现熟张，海内1饼较多，便放心舍出2饼，求和1、4饼，如下图：

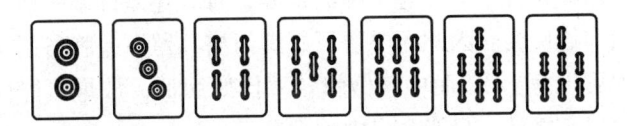

（7）牌局将荒，潴住生张

推倒和中，高手对局才会出现荒庄的情况，若是牌局临近荒庄，摸到生张则很可能恰好是对手求和的牌，此时应该果断放弃和牌，拆舍熟张，以渡过最后一两轮的摸牌难关。但是，若是离荒庄尚远，即使摸进生张也要以求和为主。因为，当海牌未达到足够的数量时，我们对对手和牌的猜测是很难准确的，所顾虑之牌未必就是对手的和牌。

在麻将竞技中，能够当机立断而坦然退出胜负圈，是极不简单的。尤其是多面听的牌姿，明知摸进高度危险牌，但惟恐扰乱了漂亮的牌面，心存侥幸地执意舍出，固执地认为"富贵险中求"，这样打是高风险、低收益，实在无可取之处。

二、如何舍孤张

每一局我们都会遇到这样的问题，众多的孤张中，留哪张，舍哪张？先舍哪张，后舍哪张？因此，这也是一个很值得研究思考的问题。

（1）根据牌面确定孤张的取舍

①好牌先打好牌。起手牌面很好，基本骨架已成，那些不必要的好牌就要先舍，赶在下家能吃进之前把牌打掉，让下家望牌兴叹。

②中牌先打差牌。起手牌面中等，骨架牌还不够，需要留孤张组搭。

③差牌先打中牌。起手牌面很滥，骨架还差许多，但又不愿放弃和牌的机会。因此还要留下好牌组搭，留下差牌备用（待对手听牌可以舍出）。而中牌做牌效率比好牌低，放炮可能性比差牌高，权宜之计，只能舍出中牌。

④滥牌必留风牌。起手牌面极滥，当然应取守势。比方说我的一手滥牌中有5个各不相同的风牌，开局后依次舍出这5张风牌，这期间又不幸摸进1张风牌如此一来，该到打非风牌的时候了。若以后牌至第7巡，此时牌好的人已经上听，我若再想逃已经来不及了。

（2）孤张的优劣

一般认为幺九为劣牌，中心张子为好牌，尤其是与搭子、顺子相近的牌为好，假如有5、6饼2张，3饼、8饼当然有较大用处，因为这种牌都有较多的机会从一搭而化为两搭。当然，这种机会能否变成现实，还要看海里及上下张进出的情况。

2、8较3、4、5、6、7为劣，应该先打。理由是很明显的：2、8可进之牌计15张（以2饼为例，则有1饼4张，2饼3张，3、4饼各4张），而3、4、5、6、7均有19张可进；2、8仅有3、7进张为好搭子，若来其他的牌即为尖张搭子，而3、4、5、6、7之进张的搭子就容易有两头搭子；同时打2、8张子，下家不容易吃进，而3、4、5、6、7各张被吃的机会较多。

4、5、6是最不应打的牌，其理由是更显而易见的，这三种牌是中心张子。这类牌最易上张，攻守俱以不打为好。

（3）2、5都要舍出时，先舍5，后舍2

初盘战期，大家都离听牌还很远，考虑以后的放炮为时尚早，而和牌的先决条件是对手不和，因此要减少对手吃碰的机会。

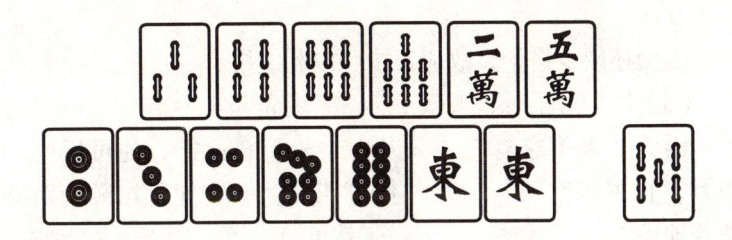

如上图，第4巡上手5条，此时，牌型搭子已够，二万、五万都要舍出，应先打五万。因为下家如果有三万、四万、六万、七万，先舍出五万，下家就不知如何吃牌，一旦用三、四万吃了五万，待到下一巡舍出二万，下家就吃不成了。

（4）缺少搭子时，孤张2、5、8应先舍5

例如，中盘阶段，手牌如下图：

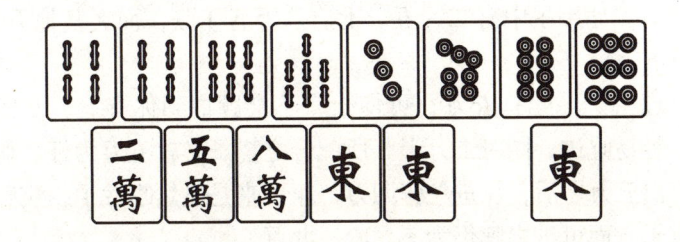

手牌还缺一副搭子，需要舍一孤张，从二万、五万、八万中选择。此时应先舍五万，理由有三：①舍出五万，上张一、二、三、四、六、七、八、九万这八张牌中的任意一张均可成搭；若舍出二万或八万，上张成搭的范围则稍窄一些。②此局二万、五万、八万迟早要舍出其中的2张（至少2张），假如说二万、五万既然都要舍出去，应先打五万。③留二万、八万，若上张成对，碰出二万或八万的可能性大于五万；若上张形成两面搭，吃上幺、九的可能性也很大。

（5）缺少搭子时，孤张1、4、7应先舍1，孤张3、6、9应

先舍9

因为还缺少搭子，故应留中张以利组搭。

（6）缺少对子时，孤张1、4、7应先舍4

因为如果下家有二、三及五、六万各一搭，他可以吃一、四万，也可以吃四、七万，你打四万，一定使下家颇为踌躇。倘若他用二、三万吃，你下一张就可打一万；用五、六万吃时，则下一张打七万，这一来当然可使下家的进张慢一步。另一理由是倘若一、七万进张成搭子时，可骗得上家的牌。例如，打四万之后，摸进一张二万，虽是边三万的尖张搭子，然而上家以为你既老早就打四万，未必有可吃三万的搭子；七万所进的搭子亦相同。反言之，如打一万，上家便不一定肯打二、三、五、六万等牌，给你吃进的机会。同理，缺少对子时，孤张3、6、9应先舍6。

（7）如果手中有二、五、七、八万各1张，而无其他万子，可打五万

理由是：先打五万，可使上家不会顾虑到你有七、八万搭子，容易吃进；同时二万上张所配合之搭子必较五万为好。假使你打出五万之后，抓进一张四万，粗想来是显然吃亏了，实际上你万子方面可进之牌仍为三、六、九万。

（8）5与1、9关联大

例如，手牌如下图：

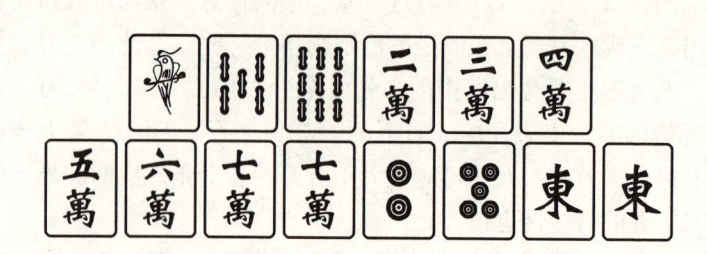

有5个孤张：1条、5条、9条、2饼、5饼。在此种情形下，可打2饼。理由是打2饼仅亏3张2饼和4张1饼，而手里有1、5、9条3张时，任何条子进张均可有用。特别是要估计到有可能上来3条或7条，上3条舍9条，上7条舍1条，形成3张二夹的牌形。而边3饼的搭子，当然不及3张二夹的搭子。

三、舍牌技巧

在麻将竞技中，舍牌十分重要。摸、吃、碰、杠属于进张，舍牌则是出张。摸入的牌是随机的，求吃、求碰、求杠的牌是对手舍出的，决定权在对手手中，只有舍牌的决定权掌握在自己手中。如果说"谋事在人，成事在天"，那么舍牌对麻将胜负的影响作用起码占到一半。舍牌之重要性在于：

第一，舍牌是对手是否吃碰的决定性因素；

第二，舍牌可决定各家战术的运用；

第三，舍牌可加快对手入听的速度；

第四，舍牌能牵制对手的牌势；

第五，舍牌可迷惑对手，使自己食和；

第六，舍牌可放炮成全对手食和；

第七，舍牌可破坏对手的战略部署；

第八，舍牌可以打乱摸牌的顺序；

第九，舍牌的抉择最终将确定自己做牌的方向。

1. 舍牌次序

配牌结束后，通常有很多闲牌，闲牌舍出的次序是：最先1~3巡舍出一两张边张，接着在3~5巡舍出风牌，而后5~9

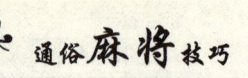

巡根据下家的出牌情况跟出一些熟张,同时注意开始留风,以免今后放炮。比如:

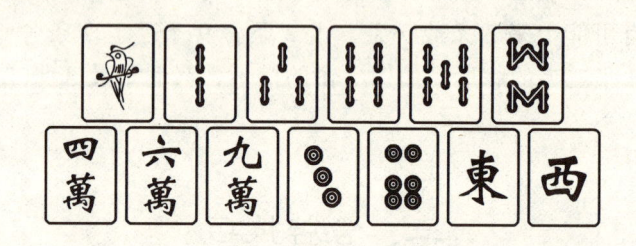

[麻将牌图:八条 一筒 一筒 九万 六筒 六筒 东 西 —— 下方标注:四萬 六萬 九萬 东 西]

这手牌,我决定最先舍出 8 条、九万,然后开始打东风、西风。接下来,观察下家的舍牌情况,通常此时已经到了第 5 巡以后,下家舍出去的牌也应该在 5 张以上,除去风牌起码还有 3 张左右的饼、万、条张子可供参考,根据下家的舍牌,结合自己的做牌情况决定舍什么牌。这之后牌局已经到了第 7 巡左右,这时需要适当地将摸进的风张留下,而将先前潴在手中下家有可能欲吃的牌考虑舍出,避免对手突然报听致使我措手不及。

2. 随波逐流

牌桌上四名选手彼此牵制,因此要看上家、盯下家,即顺着上家的舍牌保留搭子,顺着下家的舍牌拆舍搭子。

看上家,就是应看明白上家舍出什么样的花色牌。上家舍出的花色,最好是你可以迅速吃起、碰起的花色。这样,你可判断出自己应保留什么样的花色,才有迅速吃、碰牌的机会。如果你手中的花色,也是上家想留存、没有舍出来的牌,自然你就没有办法靠吃牌来迅速做牌。比如,上家舍饼子,你应当保留饼子;上家舍万子牌、饼子牌,你留条子当然就不利。

盯下家,与看上家相反,下家也正想靠你的舍牌来判断自己手中某张牌的去留。若你舍出的牌,多是下家正想吃起的,那他当然就会很快地吃成一副一副的牌摊开亮出,并且叫听。故在舍牌时,尽量不使下家能吃上自己的牌,就成了十分重要的思考内容。如下家想吃万子,你舍出饼子牌、条子牌为好。

3. 终盘舍牌

终盘阶段大家短兵相接,此时摸到一张危险牌,放炮的可能性很大,此刻应当断必断。如果自己的牌胜算很大,即使放炮也在所不惜;如果自己的牌食和无望,则拆搭子捡熟张舍出,切不可折中主义、畏首畏尾。

4. 需求舍牌

需求舍牌是为了吃到上家某一张牌,而舍去一张与其相邻的牌来迷惑上家,让上家舍出你所需要的牌,从而达到目的。

这种舍牌就是平常所说的钓牌。比如你手牌中有1、2、4、5饼的面子,需要的是3、6饼才能组成一副牌,但上家对你克扣得很严,不随便放出好牌让你吃,这时,你故意拆舍1、2饼的边搭。上家看你1、2饼开拆,很可能会放出3饼,这样正合你的胃口,用4、5饼吃起3饼,达到了吃牌的目的。

5. 技术舍牌

技术舍牌的原则是既要有利于组织好自己的牌面,又要避免点炮。

(1) 见舍5须防9与1

后盘战期听牌形势逐渐明朗化,这时,如果有人将摸入的牌插入手牌之中而舍出一张中心张子5来,那么9与1可能成为放炮的危险牌。

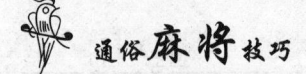

【例1】该家手中牌为：

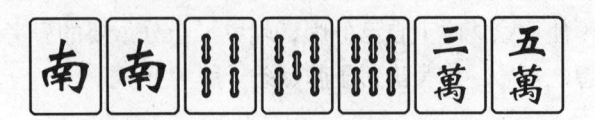

[南] [南] [二条] [三条] [三条] [三萬] [五萬]

显然听牌是夹四万，这时摸入牌张后舍出五万，有三种假设：

①摸入南风，舍出五万，改听单钓三万；
②摸入三万，舍出五万，改听南风、三万两对倒；
③摸入二万，舍出五万，改听一、四万。
相比而言，第三种假设的可能性最大。

【例2】某家手中牌为：

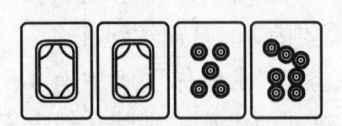

[白] [白] [三饼] [四饼]

显然听牌是夹6饼，这时摸入牌张后舍出5饼，同理改听单钓和对倒的可能性都不大，极有可能是将夹6饼转化为听6、9饼。所以说，见舍5须防9与1。

（2）拆对改搭

在牌局里，两个对子对倒听张，成和机会是较少的。

[一条] [一条] [二萬] [三萬] [四萬] [六萬] [六萬]

这副手牌听的是3条与六万对倒，后来摸进一张2条，应拆对改搭，打掉3条，由2、3条的搭子叫听1、4条，这样，成和的机会增加一倍。即使听牌夹张，也要比对倒略好一些。

（3）四连拆熟头

组牌尾声，临近听张，常常会出现摸进四连顺牌张的情况。

原来组好的顺子，如2、3、4条或4、5、6饼等，行牌时，常会摸进这些顺子两头的连顺牌张，一时使原副变成四连顺，如抓5条成2、3、4、5条，摸3饼成3、4、5、6饼。

为了保证牌的整体形态，对摸进形成四连顺子的牌，势必要舍出一张，或是摸进的牌不要，保持原副原样，或是保留新入牌张，从副里另舍出一张，无论怎样的打法，要注意追熟或追打一路熟。在2、3、4、5条的四连顺里，发现旁家舍出2条，无人成和，自己也应追打2条熟张。如果旁家虽未舍过2条或5条熟张，却舍过8条无人成和，那么，按2、5、8条系属一路熟算，尽量舍出靠8条一头的牌（5条）。

（4）先舍多，后舍少

如果手牌中搭子已够，有若干中间张的闲牌需要舍出，而此时牌局已经进入中盘后期，另外三家随时可能报听，因此，这几个中间张子的舍出次序就很有必要推敲了。比如手牌有3个闲张，分别是中间张子A、B、C，一旦在这巡把A先行舍出，突然下家摸牌报听，那么B、C都很可能放炮。所以，从A、B、C中根据放炮可能性的大小确定一个舍牌次序，放炮可能性大的牌先舍，放炮可能性小的牌后舍。放炮可能性判别标准有三个：第一个标准是根据熟张或一路熟的张子，如果大家都舍6条，6条的放炮可能性则很小，3条的放炮可能性也比较小。第二个标准是根据手牌和海里的牌推敲，如果手牌有

5条暗杠，海里有3个3条和1个4条，那么4条放炮的可能性很小。前两条标准大家都清楚，这里重点介绍第三个标准。第三个标准是根据手牌中一路牌中占有的数量来确定闲张的舍出次序。若我手中某一类牌（比如2、5、8条）占的多，对手则占的少，对手很可能需要它，放炮的可能性会大一些；反之，我占的少，对手则占的多，对手很可能不缺它，放炮的可能性会小一些。

例如，各家都未听牌，我手牌如下：

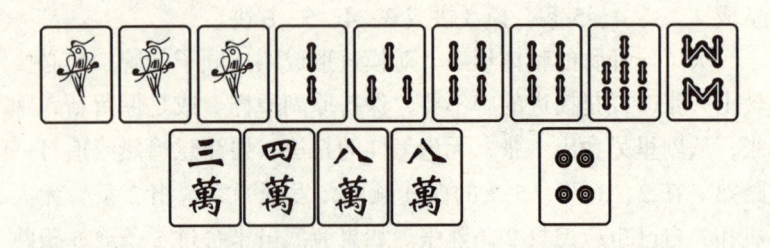

牌局已经打到第9巡，搭子已够，期待能上张6、9条或2、5万即可报听。此时上手4饼，舍牌在4条与4饼间选择。应选择舍出4条，因为我手中占有5张1、4条，那么对手做牌很可能缺少1、4条，所以应该在对手听牌前先行舍出4条。

（5）1与4的舍牌技术

【例1】牌局初期，我手牌如下：

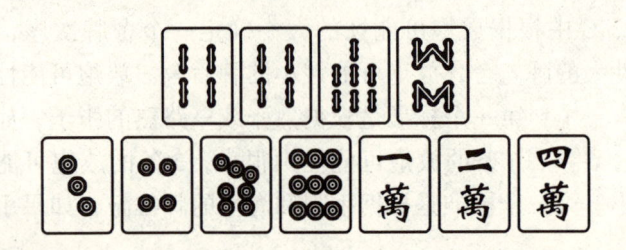

此时需要从一万或四万中挑选一张舍出。由于手牌离听牌尚远，宜舍出一万，考虑将来若能摸进五万，可以再舍二万，使嵌搭转化为两面搭。

【例2】牌局中期，各家尚未听牌，我手牌如下：

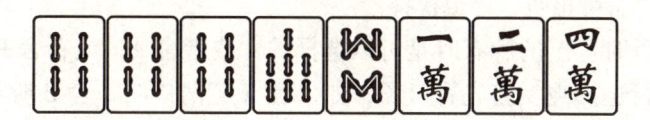

观察海内不见一万，此时需要从一万或四万中挑选一张舍出。由于手牌离听牌很近，宜舍出四万，考虑有三：①舍四万可以诱骗上家舍出三万，供我吃牌；②一万若舍出，一旦被对手碰出则促进了对手的做牌；③若能最先报听边三万，因我曾舍出过四万，很可能有人点炮。

【例3】牌局中期，各家尚未听牌，我手牌如下：

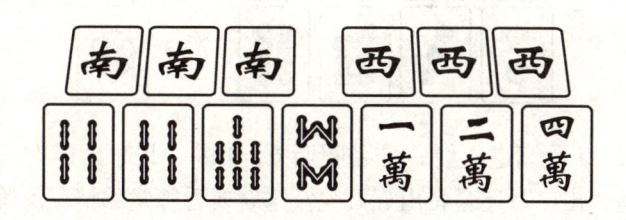

这一巡上家舍出9条，我吃进9条报听，手牌如下：

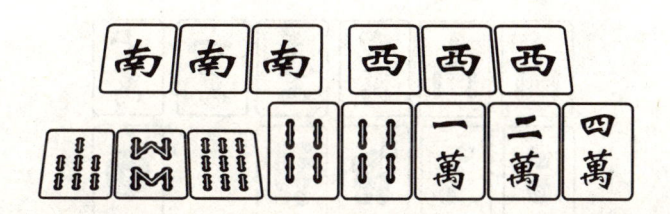

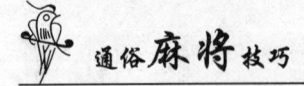

此时需要从一万或四万中挑选一张舍出。考虑若舍四万对手猜测我可能求和的范围是二万、三万、五万、六万、七万，若舍一万对手猜测我可能求和的范围是二万、三万、四万，为了给对手造成压力，宜舍出四万。

（6）舍牌报听，谨慎抉择

报听时舍出的牌有时是可以选择的，或者舍 A，或者舍 B，如何进行选择呢？首先看口子，如果舍 A 听两口叫，舍 B 听单钓，当然应舍 A；其次看舍张的生熟，A 是生张，B 是熟张，应舍 B；最后看张子的中、尖、边，A 是中张，B 是边张，应舍 B。这三条标准的前两条很容易掌握，但第三条标准则不可生搬硬套，在实践中还要视情况而定。

【例1】手牌如下图：

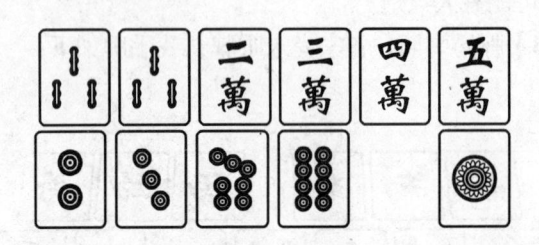

第 10 巡摸进 1 饼，准备报听 6、9 饼。此时已经有三家报听，是舍出二万还是舍出五万呢？这就要看牌堂的情况。牌堂内二、五、八万均是生张，当然应舍出二万。

【例2】手牌如下图：

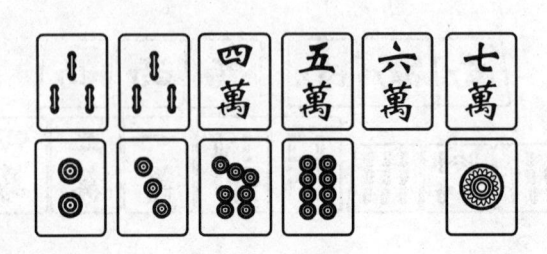

第 10 巡摸进 1 饼，准备报听 6、9 饼。此时已经有三家报听，是舍出四万还是舍出七万呢？这就要看牌堂的情况。牌堂内多是万子，牌堂内有 3 张一万、2 张三万、1 张四万、2 张五万、2 张六万、3 张八万、3 张九万，六万和八万均入牌堂，惟独不见七万。因此，舍出四万，最后牌局结束时才知道有人和牌七万对倒。

（7）输 1 不输 4

牌局中期或后期，手牌中有四连张一、二、三、四万，而又必须舍出一张时，不可贸然舍出一万。牌谱上讲"输 1 不输 4"，意思是说，牌局后期，幺、九生张反而成为最危险的牌，这点应当谨记。要充分考虑对手求和对倒或单钓生张的可能性，应视海牌的情况而做决定，并在实战中不断推敲，更加灵活地掌握"输 1 不输 4"原理。同理，亦有"输 9 不输 6"。

四、拆搭与兜搭

1. 拆搭或拆对

行牌中常会遇到这种情况，手牌的牌组超过五组，对子或搭子富余，欲拆舍却又觉得似乎每一组都有用，这时应该怎么办？

（1）对子、搭子均富余的时候，应当先拆对、后拆搭

这里先讲一下先拆对、后拆搭的理论依据，我们通过实例来解析。

手牌如下：

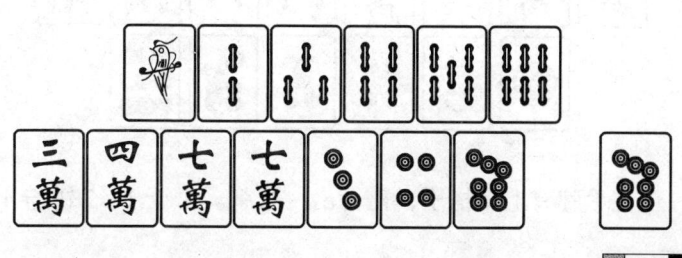

此时上手7饼，手中有两个对子和两个搭子，必须拆一个对子或一个搭子，那么是拆对子还是拆搭子呢？我们以拆7饼对或拆3、4饼搭子为例来研究。

假设拆7饼对子，留3、4饼搭子，就一组搭子（3、4饼）而言，一巡中有一次摸牌机会，还有一次吃上家舍牌的机会，也就是有两次进张机会。在一次进张机会中，进张2、5饼的概率是8/136，一巡中有两次进张机会，一巡中能进张2、5饼组成一副顺子的概率是2×(8/136)，即12%。

假设拆3、4饼搭子，留7饼对子，就一组对子（7、7饼）而言，一巡中有一次摸牌机会，还有三次碰牌的机会，也就是有四次进张机会。在一次进张机会中，进张7饼的概率是2/136，一巡中有四次进张机会，一巡中能进张7饼组成一副刻子的概率是4×(2/136)，即6%。

通过两种假设，我们明白了两面搭子的上张机会是对子的两倍，因此，先拆对、后拆搭的拆牌次序是正确的。先拆对、后拆搭的另一理由，是使下家不容易吃牌。拆对子时舍出的两张牌是一样的，下家当然"胃口"较弱，而拆搭子时须舍出两张不同的牌，下家吃牌的可能性则大了一倍。

（2）先拆有相同进张的搭子，后拆进张不同的搭子

手牌如下：

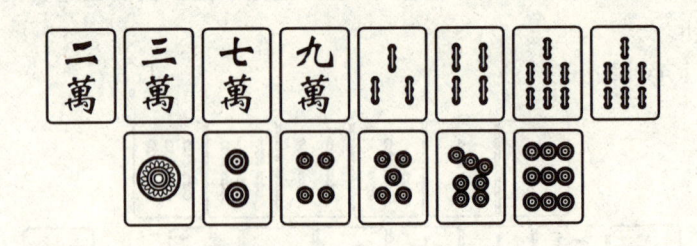

现在手牌有七个搭子，需舍出一张牌。由于1、2饼与4、5

饼的搭子有相同的进张,故拆舍1、2饼。

拆相同进张的搭子时应先舍边张。如1、2饼及4、5饼在一起,应先舍1饼。如果下一巡摸进2饼,可形成一对及一搭(2、2、4、5饼)。随着以后牌面的发展,根据需要还可以再舍出5饼,形成2、2、4饼的复合搭子。

(3)先拆边搭,后拆嵌搭

原因有二:一是嵌搭容易转化为两面搭。比如七、九万的搭子在摸进六万后,可以舍出九万形成六、七万的两面搭,而八、九万的边搭却无法转化成两面搭。二是嵌搭常占据一个尖张,从而降低了进张在对手手中的联络价值。比如七、九万的嵌搭占据了1个七万,外漏3个七万,如果对手手牌中没有七万,就很难留住八万,而八、九万的边搭却因为外漏4个六万,增加了对手需要七万的可能性。因此说嵌2嵌8,是上好的搭子。另外,由于牌局前期切舍幺九者居多,中期想留2、8也很难,故2、8的要张者就少了。

拆边搭时应先打幺九,后打2、8。若舍出幺九后,又摸进3、7,尚可留住。比如拆八、九万的边搭,先舍出九万后,下一巡又摸进七万,尚可以留下七万,形成七、八万的两面搭。

(4)拆两头搭子时,先拆4、5与5、6,再拆3、4与6、7,然后2、3及7、8

当手牌中所有搭子均为上好的两头搭子,则待牌尖张者为最劣(如4、5与5、6),待牌幺九者为最好(如2、3及7、8)。金三银七尖张的重要性众人皆知,因此欲吃尖张或欲和尖张都很难,相比而言,幺九上张就容易多了。

(5)如有附带搭子,则先拆单独的搭子

比如下图:

二萬 四萬 六萬 １条 ３条 ４条 ５条
２饼 ４饼 ６饼 ７饼 發 發 發

应拆五搭中的边搭或嵌搭。因为和牌只需要四副，此时搭子富余，如果打二万或六万，以后若吃进其他搭子时必须又拆一搭，那时候将又有一张牌完全无用。所以，不如预先拆去一个单独的搭子，这样便不至于在进牌时又增加一张废牌，并且拆搭以后若摸进风牌可以留下，比如拆舍7、9饼换成后摸进的东风，作为安全牌备用。

（6）要拆下家吃不上的搭子

在拆搭子时，应同时考虑盯下家，不给下家吃牌的机会。可以从下家所打出的牌中找到线索，而后才开始拆搭。至少要保证拆舍的两张牌中的一张是盯张之牌——十拿九稳是下家不要的。

（7）先拆待牌数小的搭子，后拆待牌数大的搭子

即使是需进二、五万的两面搭，有时也许不及边7饼的搭子，因为事实上可能出现下面的情形：五万对家一碰，而二万下家一碰，7饼则见1，同时6饼上家明杠。也就是说，二、五万仅有2张牌的希望，而边7饼倒有3张牌。在这种时候，就应拆二、五万的搭子，而留边7饼搭子。

（8）牌局进入中盘以后，应拆熟张搭子

切忌拆舍出一个搭子的2张牌都被对手碰起，此乃恶手。

（9）根据碰牌拆搭

比如当3条、8条已经被人碰成明刻时，4条、7条都不容易被各家捏住，那么5、6条的搭子则是上好的搭子。

（10）根据海牌拆搭

若海内一万、四万各见有1张，那么二、三万的搭子则是上好的搭子。若海内一万不见，而四万见3张，说明四万所剩无几，而一万很可能被人抱对，那么二、三万的搭子就应该及早拆舍。

（11）对子多需要拆舍的时候，宜留风对或连对

留下风对子容易碰出，而且在情况危急时，为了避免放炮可以拆舍。留下连对也容易碰出，而且一旦碰出其中一对，相连的另一对通常很快就能碰出来。对于中张对子，大多数选手都爱不释手，其实中张对子是华而不实的，利用率很低，往往耽误时间。

例如，无人听牌阶段，手牌如下图：

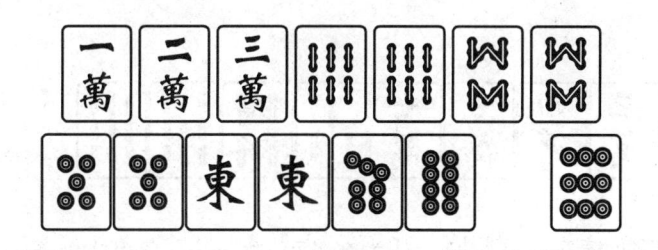

目前手牌富余一个对子，宜拆舍5饼对。

（12）两个对子均有贴张时，拆舍时不可拆对子

如上图，为了能够尽快听牌，此时必须拆搭，而决不能拆对，应该舍六万或6饼。

（13）拆3张两嵌搭子时，宜拆舍中间张。

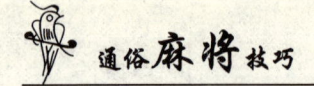

如上图，为了能够诱骗各家，此时应舍6条，以便听牌嵌3条的时候对手能放炮。若舍出2条，则不能达到诱骗5条的功效。

2. 兜搭与兜对

所谓兜搭，就是手牌尚缺少搭子，期待手中的孤张能与即将摸进的牌形成牌组。例如手中有孤张四万，来二、三、四、五、六万中之任何一张，即形成一搭。因为在配牌之初，大多数牌都是搭子不够，于是，就出现了兜搭的问题。

（1）金3银7，不可轻弃

3与7被牌谱称为"金3银7"。例如下图：

当你看到这铺牌时，认为9条可碰，8、9条可吃7条，3条和七万好像是单个牌点。可是进一步研究，你将明白打掉8条是最为有利的。不妨以3条为例，看其联络价值。

3条与1条4张形成嵌搭，与2条4张形成两面搭，与3条3张形成对子，与4条4张形成两面搭，与5条4张形成嵌搭。汇总得出一张3条可有19个待牌机会。同理，加上七万合起来为41个机会，而且还可以吃二、五、六万上听。

另外，尖张3、7与中张4、5、6比较还有两个好处。首先，3、7若能靠张2或8上听，则求和1或9，而4、5、6靠张上听，则不可能求和1或9，对手放炮的概率自然会小一些。其次留3、7待牌机会大于1、2、8、9，与4、5、6的待牌机会相同，但舍出3、7的放炮机会却小于4、5、6。因为在一路熟理论中，3、6、9和1、4、7中的3、7都是边张，假如说有人或者求和1、4条，或者求和4、7条，那么手牌留7条儿后舍出时放炮的可能性只有手牌留4条儿后舍出的一半。因此，从长远考虑，留3、7要比留4、5、6放炮的机会小。

（2）手牌差时

手牌差而取守势时，欲兜搭宜留熟张，以免以后放炮。

（3）手牌好时

手牌好而取攻势时，欲兜搭宜留生张，以免让对手得到吃碰的机会，确保自己能够头家上听。

（4）留下与手牌有牵连的孤张，可提高兜搭的效率

【例1】手牌如下：

目前手牌尚缺一搭，欲兜一搭即可入听，应当从7饼、7条中舍出1张。由于7条与手牌中的顺子（6、7、8条）有牵连，所以应当留下7条。其原因是留下7条时，若摸进5条可以上听6、9条，若摸进9条可以上听5、8条；而留下7饼时，若摸进5饼只能上听嵌6饼，若摸进9饼只能上听嵌8饼。

【例2】手牌如下：

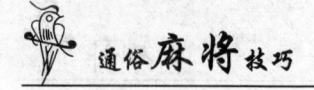

目前手牌尚缺一搭，欲兜一搭即可入听，应当从七万、7饼中舍出1张。由于七万与手牌中的顺子（三、四、五万）有牵连，所以应当留下七万。其原因是留下七万时，若摸进二万可以上听嵌六万；而留下7饼时，若摸进2饼仍无法上听。

（5）邻张不多的孤张，兜搭则很困难

比方说手中有一个孤张3条，而海内2条、4条均已经很多，那么指望3条兜搭的可能性很小，应当及早舍出3条。

（6）兜对时必须留生张

手牌缺少对子的时候，必须留下生张以利于进张成对。

（7）兜对时宜留偏张

比如二万已经被别人碰成明刻，而海内不见一万，那么手中若是有孤张一万，便是兜对的好材料。因此不要养成固执地先打幺九后打中张的习惯。

（8）贴张听的牌型，在同等上牌机会的前提下，孤张宜留成同色

例如，手牌如下：

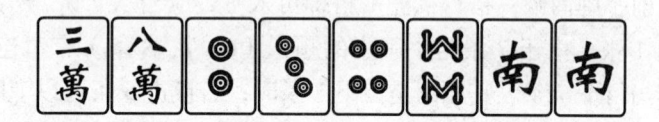

八万与8条的上牌机会相等，此时应该留下同花色的三万、八万兜搭。若摸进五万，即舍出八万报听，给对手错觉，以为是四、六、八万的3张两嵌搭子，摸5舍8，据此推测我不和万子；若摸进六万，即舍出三万报听，给对手错觉，以为是三、四、五万的3张两嵌搭子，摸6舍3，据此推测我不和万子。

3. 拆搭与兜搭的实践

拆搭是手牌搭子富余时的战术，兜搭是手牌搭子缺少时的战

术，拆搭与兜搭似乎是矛盾的。但在实战中，受到放炮因素的制约，有时拆搭和兜搭要同时进行。

例如，手牌如下：

[牌图：三万 四万 五万 七万 九万 五饼 四条 四条 南 南 一条]

此时已经有两家对手报听，3条、7饼都是生张，而七、九万是熟张，因此需要拆搭，依次舍出七万、九万。这样又缺一搭，期待7饼、3条能兜搭。三巡后手牌转化成下图：

[牌图：三万 四万 五万 五饼 五饼 一条 四条 四条 南 南]

仍然是一人听状态，却安全度过了三巡。

拆搭与兜搭都要兼顾上家和下家，留下的搭子最好是上家不要的一路牌，舍出的搭子或孤张最好是下家无法吃起的牌。但是在上家、下家二者利弊的权衡上，还是要注重对付下家。

例如，各家均未听牌，我手牌如下：

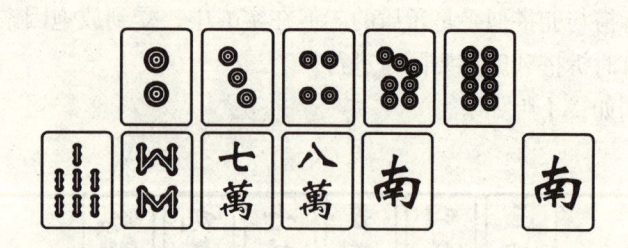

此时搭子富余，需要拆舍出一搭。上家曾经舍出过7饼，下家曾经舍出过七万，由此说明上家手中没有9饼，也不需要9饼，下家不需要七万、八万。如果因为上家不需要9饼，我就留下7、8饼的搭子，相当于是寄希望于上家今后能摸进9饼。从另外一方面看，或许上家手中现在就有9条、九万的孤张，还未来得及舍出。由此来看，以上三个搭子，吃进上家舍牌的可能性是均等的。倒不如确保下家莫吃进我的舍牌，因此舍出七、八万为宜。

还要说说拆搭的时间概念。

开局初期，幺九搭子是上好的，因为幺九在这时候大家都要打出来，而此时欲吃到尖张则很难；随着时间的推移，到了后盘战期，幺九搭子就未必好了，倘若是海内已见多张，那便所余无几，倘若仍未见面，那便是人家有对子或暗刻。因此在牌局后期，搭子愈熟愈好，尖张不尖张可不必顾及。

前面讲了拆边搭时应先打幺九，后打2、8，以防范打丢张。但是当时间即将进入后盘战期，各家随时都可能上听，此时就要先舍出危险性略大的牌，这时候，就要先舍2、8，后舍幺九了。

五、猜牌技巧

1. 根据牌路猜牌

根据舍牌及舍牌的时间、顺序，从微观上猜牌，有以下几种方法：

①通常在配牌之后，选手舍牌的次序是先舍风牌，再舍幺九，再舍中张，因此，当舍牌与这个次序相背离时，必有与牌面相关联的内因。比如某家连续舍出3个中张，而后却从手牌中抽出一张幺九舍入海中，即说明：拆搭或打"突张"。如果属拆搭，除舍出9外，下巡应接着舍出8或者7来，只见9不见8或7，说明并非拆搭，而是打"突张"。所谓"突张"，就是在复合面子的5、7、9或7、7、9或8、8、9里，将多余的"突张"9拆舍出来。所以在行牌时，应引起重视。

②欲吃不吃，必有相邻相似的多张牌。

例如，手牌如下图：

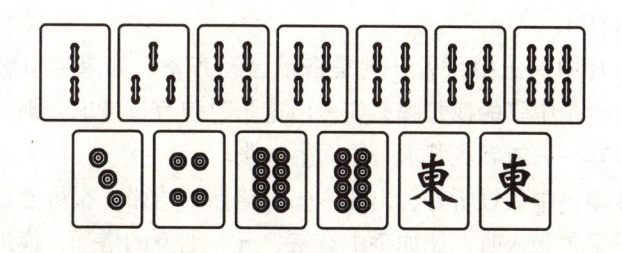

恰好上家舍出4条，如吃进则成2、3、4副露，手中还有4条对和4、5、6条的顺子。然而手牌不缺对子，吃4条也没有使牌型取得大的进展。因此，形成欲吃不吃的情况。

③如果某家拆舍1、2，需谨防他要3、6。

原因有二：一是可能他原有1、2边搭，后来摸4舍1，留2、4嵌搭，不料又摸进5舍出2，形成了4、5搭子，所以须防他待牌3、6；二是可能原牌是1、2、4，因摸进5舍出1，随后再舍出无用的2，故仍待3、6牌。

④如果某家拆舍8、9，需谨防他要4、7。

与上例相同，也有两种情况：一是原有9、8，摸6打9，成

6、8 嵌搭，如再摸 5 则舍 8 留 5、6 搭子；二是原手牌是 9、8、6，摸 5 打 9，接着舍 8，仍有 5、6 搭子待进 4、7 张子。

⑤迟出的边张熟张，则多半求其隔张、邻张，也可能是拆搭。比如某家在第 4、第 5 巡舍出中张后，第 6 巡舍出风牌，第 7 巡却从手中抽舍出 1 张一万，其手牌很可能需要二万、三万、四万。推测其手牌可能是一、三万的搭子又摸进四万，或是一、二万的搭子又摸进四万，或是一、三、五万的搭子拆舍出一万，或是一、二、二万的复合搭子拆舍出一万，或是一、三、三万的复合搭子拆舍出一万，总之，一万在其手牌中必有一定的联系，否则他会先于舍中张之前就舍出一万。

⑥如连续拆边搭或次边搭（不包括随便打的无用孤张），则是拆劣搭留好搭，也可能是三求一，如 2、4、6 拆 2，跟着又摸入 7 而打 4。

⑦凡中局出中张者，则是搭子已经齐备。如果他出牌很利落，多半是中张的孤张牌；如舍出这张时曾有过考虑，则是众多余张打其一，或者三张求一张而拆一张。

⑧摸进中张报听并舍出此中张一路熟的边张，很可能是 3 张两嵌搭子进张入听。比如手中有三、五、七万的搭子，摸进六万舍出三万报听；再比如手中有四、六、八万的搭子，摸进五万舍出八万报听。

2. 逻辑猜牌

在本书第一章讲述了猜牌的逻辑思维，因此在这里不再赘述，只简要讲几个实例，供读者举一反三。

①我手中有 3 个 6 饼，由此推理听牌者甲手中很可能无 6 饼，那么甲应该不会求和 7 饼；又已知甲不和 1 饼，最终推理出甲不和 4 饼。

②我舍出 4 饼，未见下家吃起 4 饼，由此推理出甲无 2、3

饼和5、6饼搭子；又已知甲曾经舍出过8饼，由此推理出甲无6、8饼和8、9饼搭子，最终推理出甲不吃7饼。

③甲连续舍出4、5条，说明甲在拆搭子。查看牌堂之中3、6条各有1张，推理出4、5条是好搭子。甲将好搭拆舍知甲手中留下的也是好搭子，那么甲听牌求和的必定不坏于两面搭。因此见6饼是熟张，3饼便是安全牌；见四万是熟张，七万便是安全牌，以此类推皆可。

④甲连续舍出2张六万，说明甲在拆对子，亦说明甲手中搭子、对子富余，手中肯定不缺将。此时甲摸进7饼报听，刚才已经推理出甲手中对子富余，因此甲不可能是7饼组搭或组对报听，由此推理出甲不和7、8、9饼。

例如，手牌拆对子的常见牌型如下：

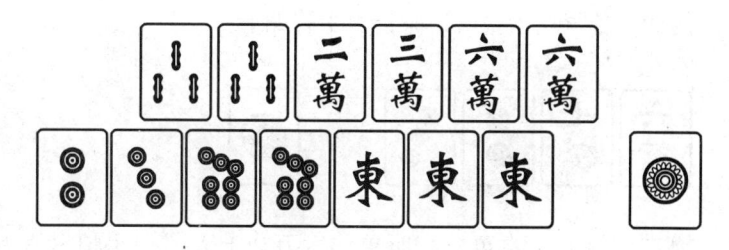

此时对子富余，必须拆舍一个对子。若拆舍六万对，以后需待牌一万、四万、3条、7饼。由此看，假设摸进7饼听牌，他不和8饼、9饼；假设摸进四万听牌，他不和二、三、四万；假设摸进3条听牌，他不和1、2、3条。

⑤甲连续舍出六万、七万，说明甲在拆搭子，亦说明甲手中搭子富余，手中肯定不缺搭子。此时甲摸进8饼报听，刚才已经推理出甲手中搭子富余，因此甲不可能是8饼组搭报听，由此推理出甲不和9饼。

例如，手牌拆搭子的常见牌型如下：

此时搭子富余，必须拆舍一副搭子。若拆舍六、七万，以后需待牌一万、四万、5饼、8饼。由此看，假设摸进8饼听牌，他不和9饼；假设摸进四万听牌，他不和二万、三万。

⑥前面曾讲到"照头敲"是非常容易放炮的，而有一种情形是最典型的"报啥和啥"，希望读者在实战中加以防范。就是在各家均未听牌的情况下，某家在连续两巡中拆舍出一搭，却同时报听，往往他求和的就是报听的牌张。

例如，各家均未报听，某选手手牌如下：

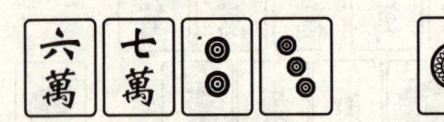

摸进1饼后，本可以报听单钓六万或七万，但恐怕舍六万报听，对手会猜到求和七万，于是暂时不听，舍出六万，下一巡摸进6条，舍出七万同时报听。通过逻辑猜牌，该选手连续拆舍一搭，并同时摸张报听，便可以估计出他求和的可能就是立起的报听张——6条，而且拆搭之后报听得愈快，这种可能性愈大。

⑦拆对后摸牌报听，不可能是摸啥钓啥。因为他拆对说明手牌不缺将，所以不可能是钓将的听口。

⑧顺杠中张，必有玄机。顺杠中张牌有两方面弊端，一方面暴露了信息，使对手可以有所应对，比如杠五万后，对手便

拆舍了嵌五万的搭子；另一方面使自己手牌的数量减少，从而降低了手牌的可变性。高手通常不愿意顺杠，但是若某局一个高手顺杠了某个中心张子，自然有些让人费解。凡是反常的现象，其中大多蕴藏着反常的内因。其顺杠的玄机通常是欲求邻张。

例如，手牌如下图：

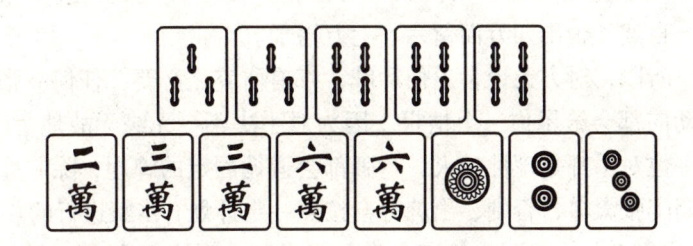

此时上家舍出 4 条，该选手顺杠的目的就是为了告诉大家，"四条绝了，三条留下没有用处"，以方便自己碰出 3 条。

再如，手牌如下图：

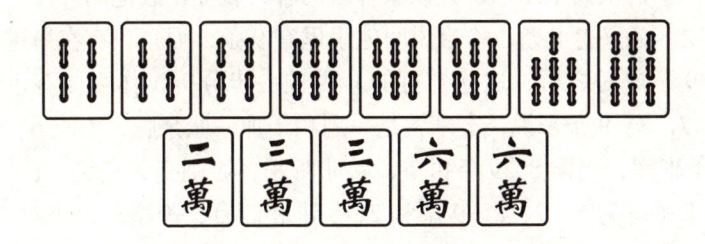

此时上家舍出 6 条，该选手顺杠的目的就是为了告诉大家，"6 条绝了，8 条留下没有用处"，以方便自己以后求和 8 条。

3. 根据舍牌的顺序猜牌

别人舍牌时，你可以猜想，他为什么先舍那一张，而后舍这

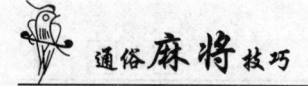

一张呢？其中也有一定的道理。

【例1】上家先舍1张二万，后舍1张四万，推测他可能是拆嵌搭，也有可能是面子过多，对子不少，故拆复合面子二、四、四万。先打二万时，是因抓进一张五万，不料，又摸进一张六万，接打四万。当然，这并非是唯一的答案。倘若他先抓进一张六万，原手牌仅是二、四万嵌搭，因考虑到尖张三万不易进张，所以舍出二万，留四、六万嵌搭，随后，他又摸进1张七万，自然又舍出四万而留六、七万搭子。

所以，对方无论舍出何种牌，都有研究之必要，任何一张牌的动向都会给予你一个情报。因为对手决不会无缘无故地舍牌，每一位对手都是理性的人，行牌都会遵循固定的牌理，除非战局初期闲张太多，否则，出牌都会按照一定计划有步骤进行的。

【例2】某家开头接连舍出几张风牌，后来又舍出一万、九万，吃进一张8条亮出6、7条成副露，舍出一张四万。接着他摸进一张有效牌，在手牌中抽出一张8条舍出。既然打8条，说明手里有8条，那么为什么还用6、7条吃上家的8条呢？

我们从头至尾来研究该家舍出的牌，就能识破他的计谋。该家吃8条又打8条，恰恰说明他手里有9条，而且只有在摸进一张9条成对之后，才这样打的。再进一步分析，作为原有手牌6、7、8、9条来说，本来就是一副顺子加一张余牌，而吃6、7、8条副露，仍留8、9条边搭，除非听张，否则毫无意义。比如，原来手牌为6、7、8、9条和2、3饼和四万，牌型仅差一对将，吃8条没有必要。

一般麻将老手，宁可听张叫嵌搭或单钓，也不听对倒，道理是听对倒和牌的机会最小，而且容易与别人各执一对。该家原听边7条，为什么又改成9条对倒而舍8条呢？进一步推测，你就会发现他手中原来的将头，有一对是容易收炮的风对子，否则他决不会做对倒。我们仔细观察牌堂，风牌基本上都见面了，唯独南风尚未露面。不言而喻，该家改对倒听一定是9条与南风。

由以上舍牌推测可知，该家原为一入听状态，手牌如下图：

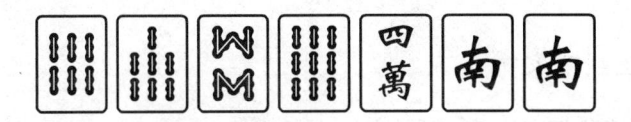

牌型为一入听状态，该家本来留下单四万是因为四万是中心牌，容易靠张组搭。不料上家舍出一张8条，用6、7条吃进后，余8、9边搭，舍出四万听边7条。但在下一巡中，自摸获得一张9条，这正是他求之不得的好牌。因为用9条与南风对倒是容易和牌的，比独听尖张7条要高明得多，故上演了一场"吃啥吐啥"的戏法。

4. 猜牌的失败战例

手牌如下图，第4巡摸进东风，舍出4饼，第5巡摸进3饼，舍出2饼报听。对手对我的牌面百思不得其解，最终他认为是饼子打丢张了，求和的是回头牌，肯定求和小饼子。于是舍牌时对我毫无顾忌，以挑衅的姿态舍出生张六万，结果放炮。

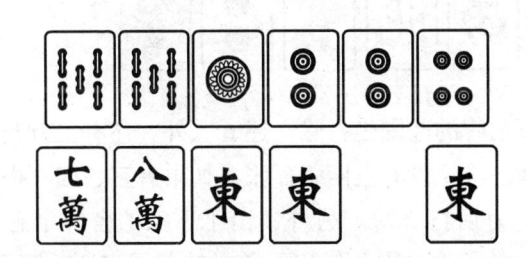

以上实例分析表明，打麻将时进行观察、记忆和思考分析，在实践中猜牌，对取得胜利会起到至关重要的作用。

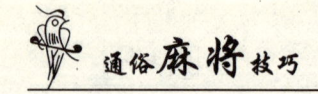

六、欺上压下

1. 压制下家

就是不让下家吃牌,采取他打什么我也打什么的办法。压制下家,其实所压制者不仅是下家,下家在你肋下,设法控制他,使他尽可能没有进张,他也就可少打危险的生张,这样便牵制到了对家和上家。因此,压制下家也就有了使其他两家延缓进张的效力。

下家打一张4条,你也打一张4条,固然是压制,可是这种机会并不多。"盯得牢",而不说"盯到底",是因为盯到底虽然可以实现,然而自己也就没有和牌的可能了,所以,如能盯得牢便应满足了。然而要盯得牢,就应掌握下面的技巧。

①记住下家所舍之牌的先后次序。记牢下家舍牌的先后次序,便可猜测其手中的牌。

【例1】下家开局后依次舍出以下6张牌:

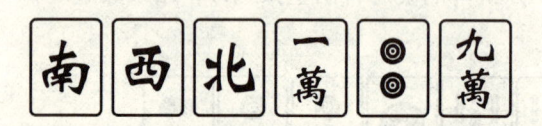

南 西 北 一萬 ② 九萬

你可盯之牌的范围是:除上述6张外,还有二万及1饼。其理由是:他的牌至少有三四张孤张,如果有三、四万搭子,他决不肯先打一万后打2饼。另外,由于下家的舍牌中有2张万子牌,却不见条子牌,因此任何万子必较条子安全,甚至打1条、9条也较打三、四、五、六、七万更危险。

②舍五舍三,一四平安。下家先舍5饼,后舍3饼,那么1、4都是安全牌。

③舍三舍七，一色平安。下家曾在牌局之初舍出了3饼、7饼，便可以断定下家不吃所有的饼子牌。

④舍九舍六，七八平安。下家连续舍出九万、六万，便可以断定下家不要大数的万子牌，进一步分析，小数的万子牌则很危险。

⑤要透过表面现象，分析其实质。

【例2】下家老早就拆八、九万的边搭，你便切忌打七万，因为这不是压制，而是送礼了。因为下家在开局之初搭子不够的情况下拆舍搭子，必然是拆废搭，手中多半有五、六万的搭子与八、九万的边搭功效重复，故而开局直接拆舍八、九万的边搭。当然，在这种情形下，你舍出四万也是不对的。

【例3】下家老早就拆五、六万的两面搭，便应谨防他要吃一、四万。因为这类拆搭子的方法是最寻常的。

⑥凡遇自己有一刻的时候，就应该先打刻边的牌，而后再打下家吃牌可能性较大的一张牌。

【例4】各家都未报听，下家没有打过饼子，而你手中仅存的7张牌如下：

这一巡摸进三万，应该怎样舍牌呢？我认为可先打7饼。理由是：自己有3张6饼，打7饼，下家可吃进的机会不多，而4饼可能是下家合意的牌。

这个例子，当然是在主要取守势的情况下出现的。牌的组合如此，自然而然应该取守势。因为，最低限度你要再贴靠上一张才听张，而别人所处的情形也大致如此，所以以守为宜。总之，在形势上应该取守势的时候，压制下家是要破釜沉舟的；在一般

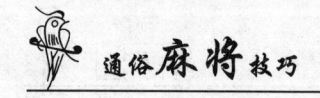

形势下,则应在可能的范围内压制下家。

⑦运用筋线牌的关系压制下家。比如下家舍五万,可以跟舍二、八万;下家舍6饼,可以跟舍3、9饼;下家舍4条,可以跟舍1、7条。

⑧分析下家的副露压制下家。比如下家已经碰出6饼,那么5饼和7饼他很可能不吃。如果下家在碰出6饼后紧接着舍出8饼,那么可以肯定:7、8、9饼下家都是不吃的。

2．欺骗上家

如果你的上家是个有经验的老手,想吃进他的舍牌会很困难。每一个麻将入局者都有盯下家的想法,在这种情况下,为求迅速进张,就要采取对抗措施,也就是运用引上家、骗上家的技巧,来让他给你提供吃牌。

压制下家是防守措施,而欺骗上家却正好相反。所谓骗上家,就是设法叫上家舍出你想吃或碰的牌。骗上家有一个先决条件,即手中有搭子急需迅速进张,倘若没有这个条件,就不必有骗上家的念头。

引牌的实施应该从中局开始,因为开局之初上家连着舍出幺、九、风牌,对你的舍牌漠不关心;到了中局,他要决定自己做牌的方向,自然会注意观察你的舍牌了。

①当牌局初期自己的牌已经够搭,只要有进张便可和出,不必再兜搭子,这种情形当然是合乎取攻势的,你就应该先舍出与搭子相近的牌。

【例5】条子的搭子多时应先打条子的孤张,这样会使人家有一个印象——你不要条子。所以,上家将熟张舍尽之后,便会先舍条子,从而落入你的圈套。

②当牌的轮廓已形成时,你应该稍为蚀搭而打。所谓蚀搭,是指一种牌的组合是由3张以上的牌所组成的,打去1张,使进

张的范围缩少。需记牢：贪恋多一个进张的机会，力求面面俱到，反而时常会把时机错过，造成听张太迟。

【例6】手牌有五、六、六万的搭子，打六万当然少去两张六万的进张，然而为骗上家起见，不妨先打六万，而留一张毫无用处的孤张。这样做可使上家打出六万旁边的牌，或许是一张七万或八万。

【例7】牌至中局，各家都未听牌，我手牌如图：

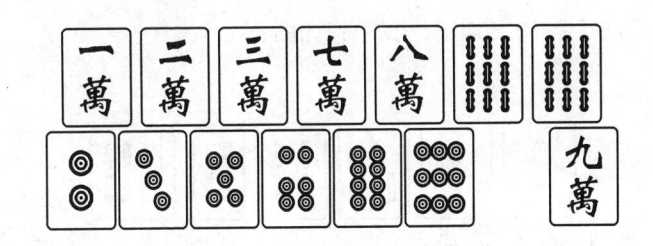

一萬 二萬 三萬 七萬 八萬 三筒 三筒 九萬
一筒 二筒 三筒 四筒 五筒 六筒

这一巡摸进九万，即先舍去5饼，下巡无论摸进什么牌，均暂留一边，接着舍去6饼。这种拆搭战术，可麻痹他人舍出4饼或7饼。

③利用大家普遍掌握的一路熟理论骗取吃牌。

【例8】牌至中局，各家都未听牌，我手牌如图：

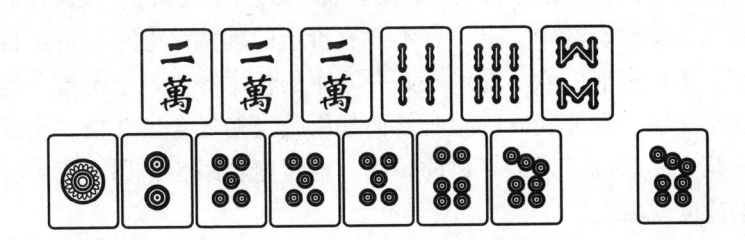

二萬 二萬 二萬 三筒 四筒 中
一筒 二筒 三筒 四筒 五筒 六筒 八筒

摸进一张7饼后，可以舍出6饼，以7饼作将头，这样做的好处是使上家误认为我既然不要6饼，应该也不要3饼，增加了

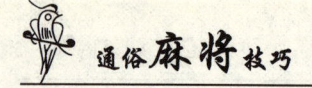

吃到 3 饼的可能性。

④欺骗上家有两种途径：一是给上家提供虚假的信息，诱骗上家舍出我所需要的牌，前面三个方法即是此理；二是不给上家提供有效信息，迫使上家盲目舍牌。若起手手牌很好，在中盘初期就形成一人听的牌姿，此时若能吃到上家的牌，则能立即听牌抢占先机。为此，就要尽量少暴露自己的牌面信息，跟着上家舍牌，使上家无法盯着你舍牌，从而盲目地舍牌使你达到吃牌的目的，这就是俗称的"逆打战法"。

【例 9】牌局第 4 巡，我手牌如图：

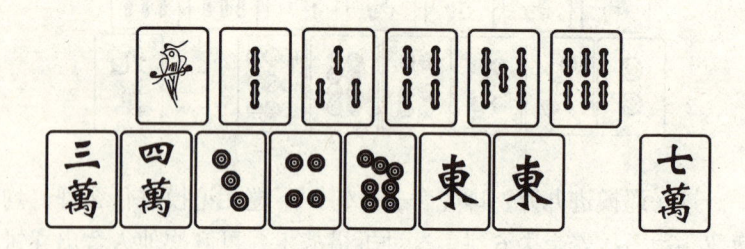

目前是一人听的牌姿，期待上家能舍出二、五万或 2、5 饼。第 5 巡上手七万，是舍出七万还是舍出 7 饼呢？看海里的情况，上家曾经舍出过六万，那么我跟着舍出七万。下一巡轮到上家舍牌，上家分析我舍牌的情况，从头至尾共舍出过西风、北风、发财、红中、七万，唯一有价值的牌就是七万，可是自己手里没有五、六、七、八、九万中的任意一张，于是盲目地舍出 2 饼，致使我吃牌报听。而如果我当初先舍出 7 饼，上家一旦有 7 饼或 8 饼或 9 饼的闲张，他肯定会跟舍，那么我听牌的速度就减慢了。

⑤凡是边张搭子已成为上好的搭子时，切忌拆舍幺九。

边张搭子通常是最劣的搭子，但在打牌的过程中，有时却会变为最上乘的搭子。比如你有边七万的搭子，后来有人把六万一碰，那么边七万便成了好搭，极容易进张。在这种情形下，倘若抓进一张六万（习惯上，一般人多打九万），你应该打六万，而且要毫不迟疑地打。理由是六万为熟张，更重要的是使上家认为，你必定不要七万。

有人也许会反对，因为留六万可使原搭子衍变为嵌七万搭子，以后如果有五万进张，则衍变成四、七万搭子了。这种看法是过于迷信自摸，而且目光短浅。上面已经举过不少的例子，骗上家，事实上也是骗其他三家，在听张的时候更为明显。这一点是随时要想到的。然而最要紧的一点是：骗上家时要寓守于攻。换一句话说，不能只顾自己的进张，而忽略了其他三家的牌。引牌的出发点就是利用上家潴张的心理而求得自己需要的关键牌，为此目的，自己要适当地牺牲一点。

所以，骗上家的实施是有限制的，应该首先确定一个原则：在不损害自己和牌机会的前提下实施骗招或引招。读者不要因读了这一节，就不论在任何情形下，都以骗上家为策略。若自己时常蚀搭，而人家迅速上张，岂非自讨苦吃？要明白，骗上家是一种含有冒险性的行为，在实施之前一定要考虑到全局（指四家）的形势，看自己的牌是否居于攻势，决定自己是否有行险招的必要。

3. 穷则思变

有时上家麻将水平很高，舍牌时对我克扣得很紧，我使出浑身解数却一连数局也吃不到牌，这时就要考虑变换方法了。

有吃必吃。俗话说：吃碰3张，对手必慌。我们首先揣摩一下上家的心理，通常上家在盯下家的过程中，下家越是吃不到牌，上家的成就感油然而生，上家越是得意，便愈加紧盯下家，形成了恶性循环。因此，首先要打破上家的成就感，有吃必吃，甚至用七、八、九万的搭子吃七万，打乱上家的计划，几巡后再

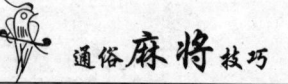

舍出多余的七万，连续吃几次牌以后，上家必然会捶胸顿足、悔恨不已，心理上产生一种失败的感觉。这时上家会怀疑自己克制下家的有效性——既然无论多么费力地克制下家，下家总能吃到牌，不如顺其自然，故此放松了克制。

留对舍搭。既然很难吃到上家的舍牌，在做牌时，就要适当地多留对子，少留搭子，以寄希望于碰牌进张。在手牌对子、搭子富余时，应拆舍边搭或嵌搭，以求碰牌上听。

七、实战例

1. 权衡利弊

实战中牌的取舍总让人或欢天喜地，或遗憾万千，因此在作出决策时权衡利弊是非常重要的。对未来走势的预测要充分全面，不能想当然。

【例1】

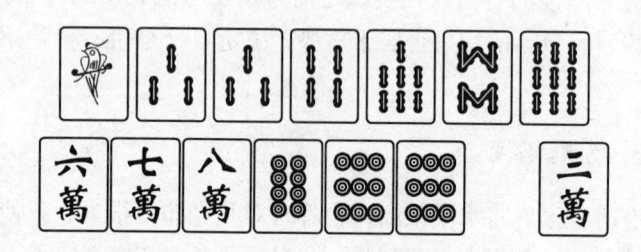

此时上手三万，应该舍出8饼，因为9饼比较容易碰出，舍8饼更加大了9饼碰出的希望，而即使上来7饼也不能听牌，如果上了2、5条即可报听。以后如果上了一、二、三、四、五万可舍出1条，则牌型大为改观。

2. 谨慎舍牌

不要随意舍出相隔的两张牌或对子旁边的一张牌，即能连成一副牌的两张牌中的一张。

【例2】

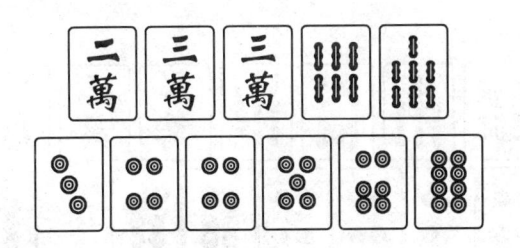

此时打哪张好呢？有的人可把8饼舍出。高明牌手认为不可，以舍二万为宜。且看舍出8饼，还得吃一、四万，又反复组将，机会稍纵即逝。舍出二万、三万为将，吃上5、8条听2、5饼，或吃上2、5、7饼后求和5、8条，岂不快哉！若先打8饼，而后上来7饼，不就慢了两圈吗？

【例3】

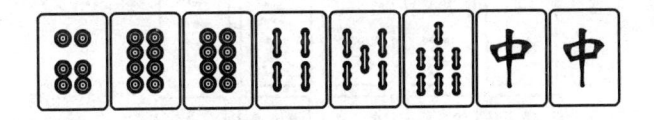

此时打哪张牌不丢张呢？当然要打7条。因为碰红中或8饼都能听牌3、6条，7条已成为不需要的闲张，同时6饼与8饼之间还有7饼可吃。如不谨慎打掉6饼，牌过一巡偏偏又摸上7饼，而后再打7条，牌已晚了一圈，悔之晚矣！

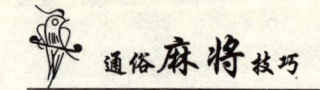

3. 多口叫听

推倒和的规则不要求报听,因此当牌面已经入听后,要时刻注意摸进的牌是否能组成更多、更好的口子,以便及时转换听口。

【例4】

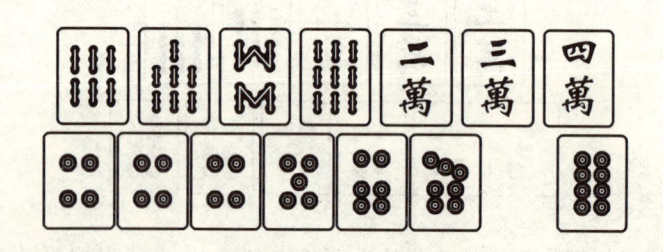

此时上手8饼,应放弃和6、9条的想法,改听五口叫,舍出9条,求和3、5、6、8、9饼。

4. 久等不和 改换听张

【例5】

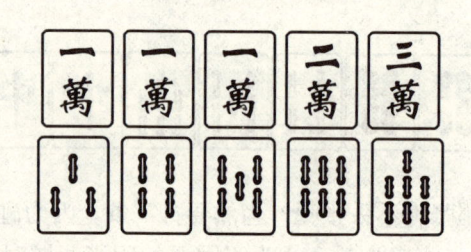

虽然这铺牌听牌2、5、8条三面听张,可是几巡下来,仍无和出机会。其中必有原因,或是2、5、8条在别家手中成了暗刻,或是2、5、8条大多码在墙尾,如继续按兵不动,必将落空。

这时应尽快变化，改换听牌，常常能很快和出。如摸上3条，打掉7条，听牌3条带一、四万两面听。需要注意的是，改换听张是在不给对手放炮的前提下进行的，不能因为自己要改换听牌而舍出别人的和牌，那样就得不偿失了。

5. 战略牵制　切忌乱吃

牵制是贯穿麻将行牌的主线。自己的手牌如果再进一两张便可听张，吃牌固然很好，但为了牵制敌方，即使上家舍出尖张牌，也以不吃为佳。相反，把这个边搭舍出去，反而可以起到牵制作用。

【例6】

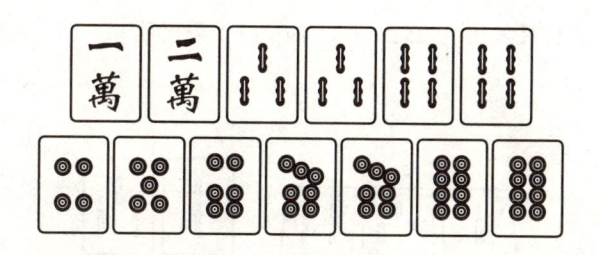

手牌如上图，从三家的舍牌看，都不要一、二万，当上家舍出三万时最好不吃，如能摸进2、3、4、5条或3、4、6、7、8、9饼，就应拆舍一、二万，以此来牵制三家的牌。一旦三家之中，有人舍出7、8饼，也不能让他人吃牌，必须碰出，阻碍吃牌者的进展，同时对三家牌的牵制能起威慑作用，使自己能先人一步踏之听张。在麻将牌的战局中，不懂得战略牵制的人，竞技时自然是常败将军。

6. 偷张吃牌　暗设陷阱

所谓偷张，是指一个顺子的朋组加一多余靠张的4张牌结构,展开成为两个搭子,上一张再求一张。例如三、四、五、六万,吃上二万再求四、七万。选手们通常善于用海牌和副露来判断听家的和牌,因此,用偷张吃牌,吃小万子最后还求和小万子,是出其不意的一招。

【例7】我的手牌如下图:

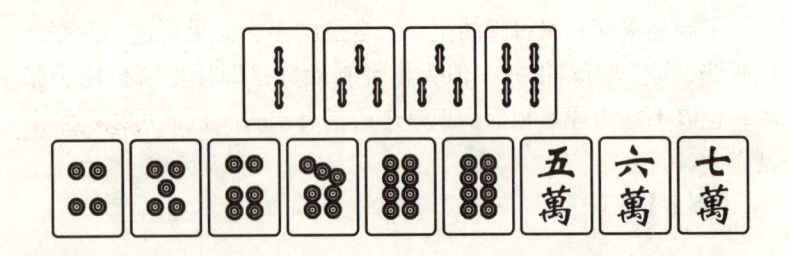

此时上家舍出一张2条,我吃上2条报听求和1、4条,如下图:

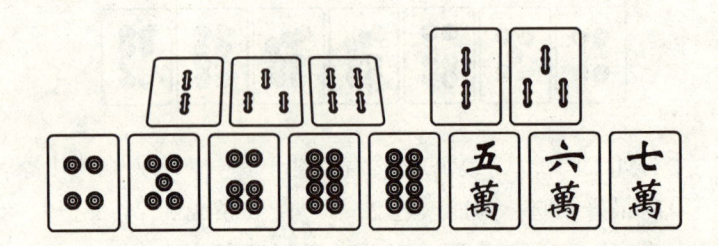

对手看我的手牌有副露2、3、4条,估计再不会需要小条子,放心舍出1条,被我食和。

7. 孤张过六　退出胜负

在麻将牌的实战中,常有起手牌杂乱的情况,不是字牌太多,就是孤张太多,这种情况,败局已定。

当手牌的13张牌里,有字牌、老头牌以及其他毫无联络的孤张牌在 6 张以上时，要达到听张阶段，需要一个较长的做牌过程，受时间的限制，和牌希望渺茫。所以，牌谱上明确指出，初期配牌有 6 张以上的孤立牌时，最好从战局一开始就作好思想准备，退出胜负圈，做到克扣生张、拆舍熟张、绝不放炮，使自己少失分数。

八、麻将问题解答

问题

① 大家都知道，自摸得分将是收炮的两倍。对于多口叫听的牌型，见炮就收好呢，还是放弃收炮等待自摸好呢？

② 战绩很差时，调换座位能否扭转颓势？

③ 两个骰子掷出的点数有规律可言吗？

④ 手牌如图，舍哪张牌最有利于快速入听呢？

⑤ 报听的时刻放炮值得吗？

⑥ 加注对行牌有影响吗？

⑦ 连续荒牌赔庄后是继续坐庄呢，还是主动卸庄呢？

⑧ "多口叫听"一定就比"两口叫听"好吗？

⑨ 起手牌面好肯定能最先报听吗？

⑩ 学会用手指触摸牌面（即读牌）能使牌技更胜一筹吗？

⑪ 手牌如图，舍哪张牌最有利于快速入听呢？

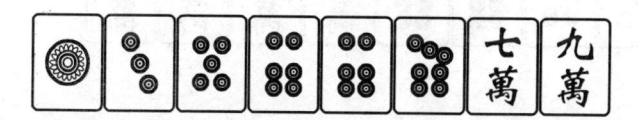

⑫ 手牌如图，上家舍出1饼，碰牌是否有利呢？

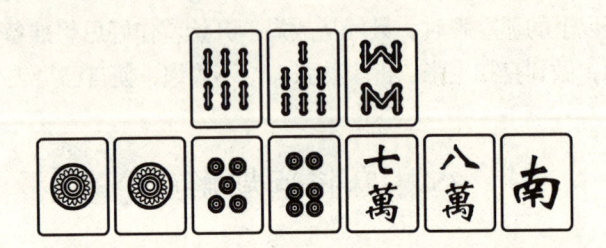

⑬ 不小心当了相公（手牌不等于13张），该怎么办？
⑭ 做牌七小对的难度大吗？
⑮ 起手一副滥牌，应该怎么办？
⑯ 每局配牌都是滥牌怎么办？
⑰ 手牌如图，舍哪张牌最有利于快速入听呢？

⑱ 手牌如图，舍哪张牌最有利于快速入听呢？

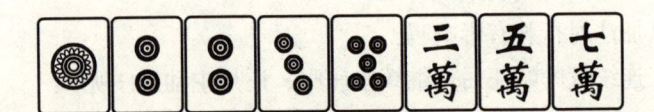

⑲ 手牌如图，舍哪张牌最有利于快速入听呢？

⑳ 手牌如图，怎样听牌最有利于求和呢？

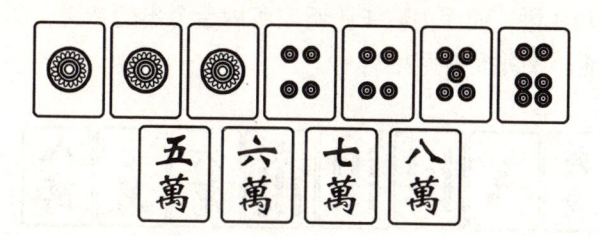

㉑ 手牌如图，舍哪张牌最有利于快速入听呢？

㉒ 手牌如图，舍哪张牌最有利呢？

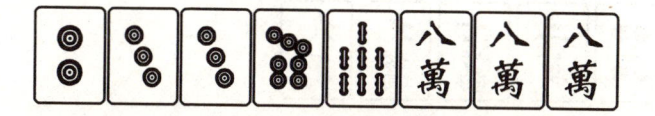

㉓ 手牌如图，舍哪张牌最有利于快速入听呢？

㉔ 手牌如图，怎样听牌最有利于求和呢？

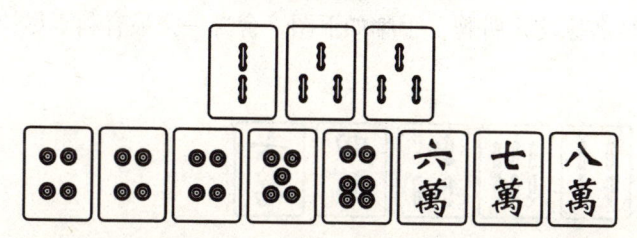

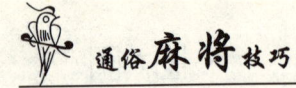

㉕ 手牌如下图，准备听牌。目前已经有一家听牌，这家很可能求和3饼，而海内有1张听家听牌后舍出的2饼，那么是舍2饼还是舍3饼报听呢？

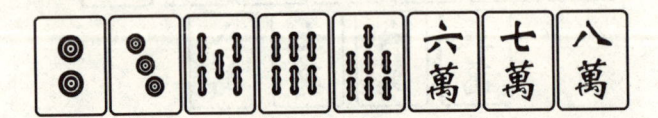

㉖ 对手已经听牌，我手牌如下图，舍哪张牌更安全呢？

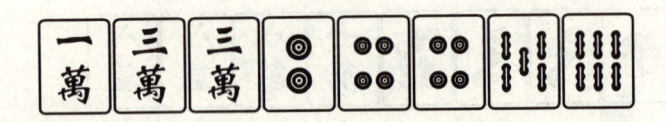

㉗ 手牌如图，舍哪张牌最有利于快速入听呢？

㉘ 各家均未听牌，我手牌如下图，上家舍出3条，是否碰听呢？

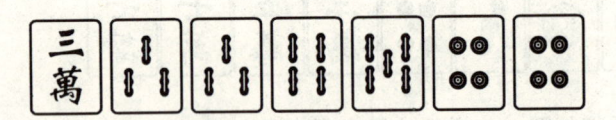

㉙ 各家均未听牌，手牌如下图，舍哪一张最有利于尽快听牌呢？

第六章

解答

① 当多口叫听的牌型报听以后，见到有人放炮，哪怕这时仅你一家报听，也应该立即收炮（除非你是六口叫以上的牌型）。首先，不收炮的行为，将使自己永远不能收炮，这时你听的口子再多，也是笼中之虎，没有杀伤力了。其次，通过对实战进行统计，三口叫牌型仅自己一家听牌阶段若放弃收炮，最后自摸和牌的局数与未能和牌的局数大致相等。但是大家要注意的是，未收炮和牌的一局中因最后别人和牌导致自己反而失分，这就意味着放弃收炮是不划算的。再次，弃炮不收以后如果结局是对手和牌将使自己心理上受到很大打击，气势上一落千丈，情绪需要约二十分钟才能调节到正常状态，二十分钟内的四、五局牌都不能发挥出正常水平。最后，直接收炮和牌将使庄家又移动一步，使自己离坐庄更进一步，而坐庄的优势大家应该都知道。

② 日常搓麻游戏中允许以摸东南西北风的方式来调换选手的座位。当你战绩很差时，调换座位是不会带来好运气的。运气好坏是概率事件发生之后在人脑中形成意识的体现，运气是精神产物，因此，世界上根本就没有运气这类物质，也自然不会因为某种外因而产生运气。但调换座位对战绩还是会产生一定影响的。比如你的下家很喜欢胡吃乱碰，那么你的位置很不利，你常常因为下家碰牌而失去一次摸牌的机会；相反，如果能坐到他的下家，常会因为他的叫碰而增加一次摸牌的机会。再比如，你的上家行牌很喜欢盯下家，那么你的位置很不利，你常常几局中一张牌也没吃上；相反，如果能坐到一个新手的下家，吃牌则变得非常轻松。所以，换位不能带来好运气，却能改变你在牌局中所处的地位。

③ 两个骰子掷出的点数为 2~12 之间，点数是有一定规律的。第一步，我们先研究一个骰子掷出点数的情况。一个骰子掷出的点数为 1~6 之间，每个点数出现的概率是均等的。那么两个骰子掷出的点数可以看做将一个骰子掷出两次，是两次掷出的点

数相加之和。第二步，我们研究两个骰子的点数之和。两次 1~6 点的排列组合见下表：

点数	1	2	3	4	5	6
1	2	3	4	5	6	7
2	3	4	5	6	7	8
3	4	5	6	7	8	9
4	5	6	7	8	9	10
5	6	7	8	9	10	11
6	7	8	9	10	11	12

我们发现一共能排列出 36 个组合，组合的结果是最大为 12，最小为 2。但出现 7 的可能性最大，概率是 6/36（即 1/6）；出现 2 和 12 的可能性最小，概率都是 1/36。而出现奇数和偶数的概率是相等的，都是 1/2。

④一般打法是舍五万或八万，我们分别进行分析。

舍五万，上张 3、4、5、8 饼或六、七、八、九万听牌，待牌 23 张。

舍八万，上张 3、4、5、8 饼或三、四、五、六、七、九万听牌，待牌 35 张。

应该舍出八万。

⑤报听的同时放炮，将失 1 分，这是值得的。首先，我们无法百分之百地确定对手肯定就和这张舍牌，而且实践证明，我们判断对手所听之牌的准确率不会超过 30%。也就是说，我们听牌时犹豫不决、不敢舍出的那张牌往往是庸人自扰，根本就不是对手求和的牌，纯粹是自己疑神疑鬼的产物。其次，如果这张舍牌不是炮牌，舍出之后我就有了与对手同样的竞争优势。如果这张舍牌是炮牌，舍出去，我失 1 分；如果因为这张牌是炮牌，我不敢舍而放弃报听，一旦最终对手自摸和牌，我将失 2 分。

⑥ 北方麻将中，北方人通常喜欢用加注的方法提高比赛结果的可变性。比如说：某局牌甲加注 2 分，乙、丙、丁都未加注，那么甲若平和，甲得 9 分，乙、丙、丁各失 3 分；若乙平和，乙得 5 分，甲失 3 分，丙、丁各失 1 分。

加注会对行牌产生不利的影响。前面讲过对手的等级控制理论，如果我加注，其他三名选手必然会将我设定为加强控制等级，甚至形成同盟对我压制；相反，我不加注，其他三名选手通常会将我设定为放松控制等级，两种等级享受的政策截然不同。另外，加注后选手面对较大的利益得失，心理压力增大，人们常常会利欲熏心、铤而走险，无法保持理智的状态，自然很难作出科学决策。

⑦ 很多地方规则是：连续荒牌（2~3 局）后，庄家必须赔庄，偏家可以吃到荒粮。赔庄后，庄家可以选择继续坐庄，但此时若再荒牌一局，庄家就要再赔庄一次，也可以选择主动卸庄（即将坐庄的权利直接移交给下家）。我认为庄家赔庄后应该选择主动卸庄。

因为如果选择继续坐庄，下一局继续荒牌的可能性很大，而且赔庄的损失是很大的，赔庄的损失相当于对手连续和牌三局付出的分数。各家在吃了荒粮之后，通常会得寸进尺，一旦牌面不具有明显优势，就会彼此心照不宣地遏制局势的进展，使得荒牌的可能性大增。

⑧ 哪种听牌牌型更好，不是看几口叫听，而是要看待牌张数的多少以及和牌分值的大小。

【例 1】

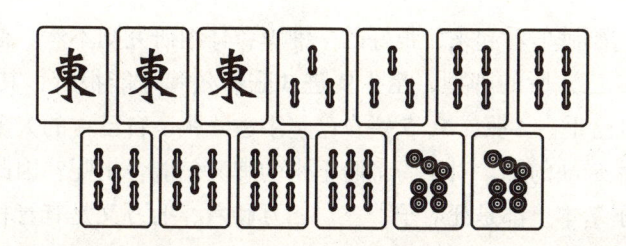

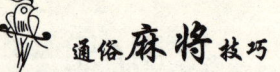

此牌型为四口叫听,和牌为 3、6 条与 7 饼兼 "七小对" 单钓东风,待牌数 7 张。

【例 2】

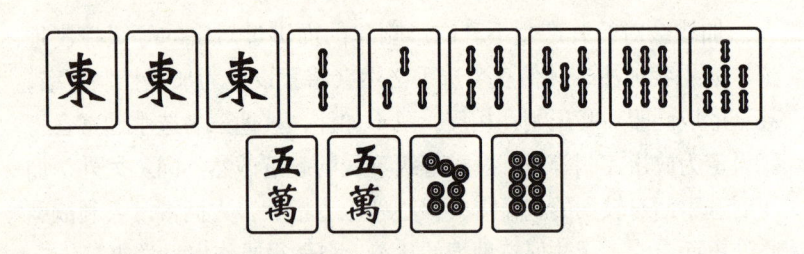

此听牌为两口叫听,和牌为 6、9 饼,待牌数 8 张。

【例 1】的牌型虽然是四口叫听,待牌数却比两口叫听的【例 2】少 1 张,和牌的概率自然也稍微小一些。

⑨ 起手牌面好,能否尽快入听,首先要看牌面是几入听,其次还要看所需的进张是否容易得到。

例如,起手配牌如下图:

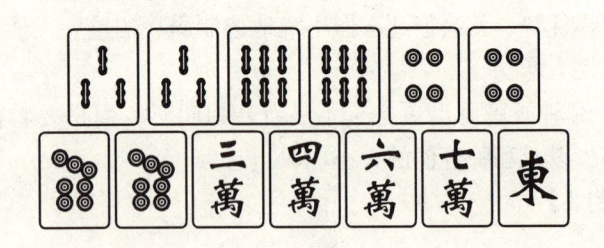

这副牌乍看起来,很好的一铺牌,仔细研究则不然。首先这手牌是三入听的牌型,至少要进 3 张有效牌才能报听;其次 3、6 条自己手占 4 张,4、7 饼自己也手占 4 张,自己占的太多,则是别家最缺的牌,对手盼都盼不来的牌又怎能舍出呢?因此这四个对子基本上都是死对子,三、四万和六、七万又是有着相同进

张的搭子，进张范围缩小。所以，这副牌很难入听，且常因为牌面太艳丽，在后期反而容易放炮。

⑩要了解摸进的张子是什么牌，可以用眼睛看，也可以用食指触摸牌面（即读牌），具体手法如下图所示。

用大拇指触识牌

据我了解，常玩麻将的人有90%都会读牌，用读牌的方式摸进牌张已经司空见惯。我个人认为，读牌不但不能使牌技更胜一筹，而且还有许多负面作用：首先是容易暴露目标。手牌已经报听嵌五万，用食指触摸牌面读出牌的内容——四万，感觉有点像五万，惟恐读错，仔细一看，不是和牌，打入海内，这个细微的动作会让对手察觉你在和四万，泄露天机。你若和万子牌，当搓到的进张是万子牌时搓速肯定会慢一些，有时甚至搓两三下；当搓到的进张是条饼时搓速肯定会快一些，经常搓一半就已经舍到海里了，这个细节会让精明的对手知道你在和哪个花色。我曾经报听和8饼，摸进7饼时手指只搓了一半，以为是8饼和牌，就摔开进张准备和牌，摔开一看牌面却是7饼，从脸上羞愧的表情大家都确信我和的是8饼，从而泄露了和牌信息。其次是可能读牌失误。用食指读牌虽然简单，偶尔也会失误。如6条和9条、二万和三万、七万和九万、1饼和发财、红中和幺鸡都很相像，特别是有的麻将牌刻制得不是很规范，更容易出现读牌失误的情况。即使你很少在读牌中失误，但只要有一次失误，也是

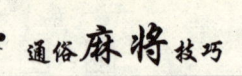

无谓的牺牲。还有，搓牌的动作不标准时，会让坐在对面的选手看清楚你摸进的是什么牌。

⑪ 舍出6饼将最有利于快速听牌。我们通过计算待牌张数来进行对比：

第一，舍6饼。上张1、2、3饼或七、八、九万即可报听，待牌张数20张。

第二，舍1饼。上张3、4、6饼或八万即可报听，待牌张数13张。

第三，舍7饼。上张2、4饼或八万即可报听，待牌张数12张。

第四，舍七万。上张2、6饼或九万即可报听，待牌张数9张。

第五，舍九万。上张2、6饼或七万即可报听，待牌张数9张。

从结果看，第一种打法最有利。

⑫ 通过以下比较，碰1饼将有利于快速入听。

先看不碰1饼，选择摸牌。上张4、7饼或六、九万即可报听，待牌张数16张。摸任意一张牌能报听的概率是16/136，即摸8.5次牌能摸中1次，也就是说再过8.5巡就能报听。

再看碰出1饼，舍出南风。浪费了1次摸牌的机会，但是以后若上张4、5、6、7饼或六、七、八、九万即可报听，待牌张数28张。摸任意一张牌能报听的概率是32/136，即摸4.3次牌能摸中1次，加上吃牌浪费的1次摸牌机会，也就是说再过5.3巡就能报听。

经过概率分析，碰出1饼，将提前3.2巡（大约3巡）报听。但是，碰出1饼后听牌的牌型是单钓将或标准两面听，而不碰1饼听牌的牌型必定是标准两面听。我认为，在三报包打法中，听牌的速度是首位的，听牌的好坏则是次要的。往往手中有一副很好的牌，在对手纷纷报听后，只能拆舍熟张，最终连报听的机会都丧失了。

⑬ 实际上当相公对得分的影响很小，充其量是在一局中失去了和牌的资格，人非圣贤，孰能无过，何况当相公也有有利的一面——相公不放炮嘛！当相公最大的危害是对心理的影响，有的人当了相公后，情绪一落千丈，技术无法正常发挥。因此，当了相公后，一定要注意调节情绪，切忌自责。

另外，如果是配牌阶段当了大相公，仍然要跳牌，手牌越多，越好牵制各家、控制住局面。一旦潴住生张最终荒牌，反而是给其他三家当头一棒，打击了对手的嚣张气焰。

⑭ 七小对很难做牌成功。首先考虑到七小对是一种要求门清的牌型，即不允许吃和碰，全凭自摸做牌，与其他牌型相比较，实际上是增加了做牌的难度。

其次，我们假设目前手牌已经有五对，剩余3个孤张，如图：

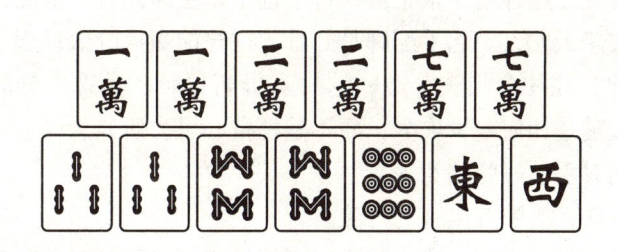

待牌9饼、东风、西风，某一巡摸进1张牌能报听的概率是12/136，约等于1/11。也就是说，通常要再等11巡方可听牌，11巡之内恐怕早有对手和牌了。由此，解释了实战中为什么七小对大多在牌局后期才能上听。

⑮ 通常大家起手一副滥牌，都会愁眉苦脸，其实，任何事情

都有好的一面和坏的一面，滥牌也有优势，滥牌最起码不会给对手点炮。做滥牌，关键是要有一个良好的心态，我总结为"置之死地而后生"，就是要抱定弃和的信念去做牌，并在适当的时机去求和。基本打法是：留风张（别人报听后风牌不会放炮，这就是在最初就做最坏的打算），舍孤张应当先舍熟边张、熟中张，留生中张（这样可以防止对手吃碰牌，减缓各家听牌的速度），为了跟舍熟中张可以拆嵌搭或边搭。若运气差，到第7、8巡牌面还是没进展，这时某家报听，可以彻底放弃做牌。若运气好，到第7、8巡牌面略有进展，大约是搭子够了的三入听牌型，这时某家报听，可以适当做牌，反正孤张风牌预留了2~3张，先跟舍熟张或风牌。三四巡之后牌型更进展一步，大约是一入听的牌型，往往贪念就在这一刻产生，为放炮埋下伏笔，这时就要注意了。如果风牌和熟张已经舍完了，可以舍一些危险很小的牌；如果手中可以舍的牌都是危险性较高的牌，就应该拆风牌对子，择机而动。有机会则做牌、听牌，没机会则放弃做牌，切忌冒险。

⑯ 连续许多局之中，起手配牌均是滥牌怎么办？

首先，这种情况很正常，每个选手都会遇到这种情况，没有必要去怨天尤人。起手配牌是好牌，往往能赢得分数；起手配牌是滥牌，往往会损失分数，这一点毋庸置疑。滥牌失分既成事实，关键是如何减少失分，而不是枉费心思去研究怎样拿一手滥牌去同对手的好牌搞竞争。

其次，滥牌有滥牌的打法。

如良好的心态。做滥牌要以不放炮为第一要务，并时刻谨记安全第一。

如诈听的使用。为了防止放炮包赔，可以诈听。何时实施诈听也有学问。当一家报听时，可以跟舍熟张，坚持一段时间，另外未听的两家觉得只有一家报听，放炮的可能性不是很大，心存侥幸，故而敢于舍出生张，一旦他们放炮，我就可以避免损失。

当又有一家报听时，期望另外未听的一家放炮已经是不可能的了，因为两家听牌，一般人不会轻易舍出生张，此时我应该立即诈听，形成三家听牌的局面。若最后某家平和，我仅失1分，损失很小。

再如应用对手的等级控制理论，牵制注数大的一家或庄家，努力不让他们和牌，降低自己的损失。

最后，我把自己做滥牌的经验告诉大家，即"忍无可忍，从头再忍"。我通常在两家报听时就下定决心不做牌了。滥牌有时能连续两三个小时，这就考验你的忍耐力，坚持就是胜利。巧妇难做无米之炊，切不可拿自己的滥牌与别人的好牌抢拼。滥牌时尽量减少损失，一旦上手好牌时就能够扭转败局。

⑰一般打法是舍一万或六万或6饼，我们分别进行分析。

舍一万，上张4、6、7饼或三、四、六、七万听牌，待牌25张。

舍六万，上张4、6、7饼或一、二、四、五万听牌，待牌25张。

舍6饼，上张一、二、三、四、五、六、七万听牌，待牌24张。

三种方法待牌数几乎相等，就是说无论怎样舍牌，听牌的速度相同。但方法一听牌的口子是2～3（除了摸到六万时是嵌口听），方法二听牌的口子是1～3，方法三听牌的口子是1～2，方法一预期的听牌口子最好，应该舍出一万。

⑱这副手牌乍看起来是缺将，其实它并不缺将。视线的重点应放在三、五、七万上，上三万可嵌六万，上七万可嵌四万。我们分三种情况分析。

第一，舍1饼。上张4饼或四、六万听牌，待牌12张。

第二，舍2饼。上张5饼或三、四、六、七万听牌，待牌17张。

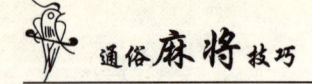

第三，舍5饼。上张2饼或三、四、六、七万听牌，待牌16张。

应该选择第三种打法，它的待牌数虽少1张，却能多一个吃牌的机会（可以吃2饼）。另外，万一以后再摸进3饼或1饼，可以舍出七万，形成这样的牌型：

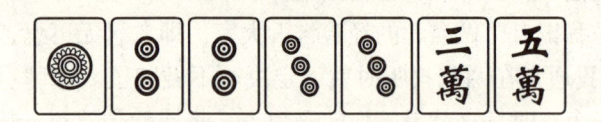

[牌型：一饼 二饼 三饼 四饼 五饼 三万 五万]

上张1、2、3、4饼或三、四、五万皆可听牌，待牌张数21张，还可以碰2、3饼入听，使上张的范围变宽了许多，听牌机会大增。

⑲ 我们分两种情况分析。

一是舍六万。上张2、3、4、5、6、7、8、9饼听牌，待牌28张。

二是舍4饼。上张3、6、9饼或四、六、七万听牌，待牌22张。

相比而言，打法一的待牌数要多一些，打法二的优点是舍出4饼后可以再舍3饼，同时留下1张安全牌，而打法一当遇到对手先听的情况时就束手无策了。另外打法二有可能形成三口叫听的牌型，而打法一只能形成两口叫听的牌型。所以，进攻型战略可以选择打法一，防守型战略可以选择打法二。总的来说，打法一要稍好一些。

⑳ 我们分两种情况分析。

一是舍八万。求和4、7饼，待牌6张。

二是舍4饼，求和五、八万，待牌6张。

从结果看，两种打法似乎是一样的。但是如果求和4、7饼，自己占有1、4、7饼5张,其余各家很可能缺1、4、7饼,又怎能舍出来呢,只有依靠自摸了。因此,第二种打法要好一些。

㉑各种打法中,属舍1饼为上策。分析如下:

舍1饼,上张3、5、6、7、8、9饼或五、六、七、八、九万听牌,待牌37张。

舍7饼,上张1、2、3饼或五、六、七、八、九万听牌,待牌25张。

舍七万,上张1、2、3饼或5、6、7、8、9饼听牌,待牌28张。

㉒一般打法是舍2饼或舍7饼,我们分别进行分析。

舍2饼,上张3、5、6、7、8、9饼或5、6、7、8、9条听牌,待牌40张。

舍7饼,上张1、2、3、4饼或5、6、7、8、9条听牌,待牌32张。

虽然第一种打法比第二种打法的待牌张数多8张,但是差别不算很大。但第二种打法可以吃1、4饼,特别是自己手占2张3饼,吃1饼相对容易一些,而且若碰出3饼,单钓2饼也是好口子,所以应该选择第二种打法。

㉓一般打法是舍5饼或舍三万,也可以舍1饼或七万。由于舍5饼和舍三万是同理,舍1饼和舍七万也是同理,所以我们仅研究舍5饼和1饼的情况。

舍5饼,上张1、2饼或四、七万听牌,待牌12张。

舍1饼,上张2、4饼或四万听牌,待牌12张。

两种打法似乎结果等同,实则不然。因为打法一待牌12张,却可以碰三家舍出的1饼和七万,也可以吃上家的舍牌,相当于一巡之中有四次进张机会;而打法二只能吃上家舍牌或自摸进张,相当于一巡之中有两次进张机会,所以打法一更有利于快速入听。

㉔ 这副牌乍看起来，舍 2 条是三口叫听，似乎好一些。但是听 4、7 饼带 3 条待牌只有 7 张，而且自己占 3 条 2 张、4 饼 3 张，因此 3 条和 4、7 饼都是别家所缺的牌，收炮比较困难。而若听 1、4 条，待牌 8 张，自己占 2 张 3 条，对手若有 1 条闲张很难留住，收炮比较容易。所以，舍 3 条报听容易和牌。

㉕ 我这样来考虑：听家肯定不和 2 饼，有可能和 3 饼，但是我若舍 2 饼求和单钓 3 饼，3 饼是尖张，通常不会有人放炮。相反，我若舍出 3 饼，加之听家舍出过 2 饼，收炮和 2 饼的可能性较大。这就要视情况而定。如果我是听家的上家，我可以听单钓 3 饼，即使有人放炮，我可以截和；如果我是听家的下家，我可以听单钓 2 饼；如果听家是庄家或做牌的分值很高，成为各家的主要牵制目标，那么我可以听单钓 2 饼，因为未听牌的两家的心理是"宁可给我放炮，绝不能给他放炮"，所以容易和出。

㉖ 舍一万更安全。因为舍一万和舍 2 饼相比而言，前者只要对手手牌不占三万即为安全，而后者即使对手手牌不占 4 饼，仍可能有 1、3 饼的嵌搭。

㉗ 一般打法是舍三万或舍七万，我们分别进行分析。

舍三万，上张 3、4、5、6、7 饼或五、六、七、八、九万听牌，待牌 36 张。

舍七万，上张 3、4、5、6、7 饼或一、二、三、四、五、九万听牌，待牌 40 张。

两种打法第二种要好一些。有人说打法一好，因为打法一可以吃进八万听牌，机会似乎又增加了一些。但我也可以说，打法二舍出七万实际上是增加了九万碰出的概率，机会似乎也增加了一些。综合来看，打法二更有利于快速入听。

㉘ 我认为碰 3 条听牌属上策，可分两种情况来研究。

一是碰 3 条听牌。对手见我碰 3 条听牌，通常会认为 3、6 条是安全牌，收炮的可能性很大。

二是不碰3条，继续摸牌。按概率计算，需要再摸三次牌才能摸到有效牌，也就是说再过三巡摸牌报听，若摸进2、4条或二、四万是两口叫，若摸进一、五万或1、5条则是嵌张听，无论怎么听，对手都会估计出你和牌的范围。比如摸进一万报听，对手通常不可能舍出二万和三万，因此收炮可能性很小。

㉙ 通常有三种选择，舍4条或8条或四万，分别来研究。

第一，舍4条，摸6、7、8条或四、五、六万上听，待牌20张。

第二，舍8条，摸4、5、6条或四、五、六万上听，待牌20张。

第三，舍四万，摸4、5、6、7、8条或六万上听，待牌20张。

待牌数相同，但打法一和打法二更有利于牌型的转化，比如摸进三万或七万可将嵌五万的搭子转化成两面搭。特别是打法一最优，一旦以后能听牌嵌7条，对手见我曾经舍出4条，误以为7条是安全牌，放炮可能性较大。

第七章　麻将哲学

麻将是一门学问，人对任何学问的认识都是一个从无知到有知的过程。起初我们对某一学科很陌生，敬而远之，认为这门学科很深邃；当我们对该学科初步了解之后，常常又会认为该学科很简单，不过如此；如果我们能够对该学科再进一步去研究，才真正意识到它的博大精深，而且学习得愈深入，愈加发现自己的无知。比方说计算机，计算机问世之初，民众都觉得计算机是那么高深莫测；待计算机普及之后，很多人接触到这门学问后恍然大悟，"计算机原来这么简单，不就是打字、玩游戏、听 CD 吗"；若能深入研究其原理，才发现计算机是何等复杂。

若是把有知比作一个点，那么未知则是一个面，有太多太多的知识需要我们去学习，有太多太多的未知期待我们去探索。但就学习而言，我们不怕无知，怕的是自己不知道自己的无知，只要我们知道自己该学什么，怎样求学，持之以恒，成功就指日可待了。

麻将涉及的学科很多，前面的章节已讲了很多，但还远远不够。作为一个初学者，只有知道自己差在哪个方面，肯用心钻研，才会不断进步。当他达到一定水平后，还想继续提高技艺，却不知道该如何提高，不知道自己差在哪里，这时能否继续提高就看每个人的悟性。

要成为一名高手，需要很高的悟性，比方说有人远离尘世出家当和尚，而成为得道高僧的少之又少。悟性不是与生俱来的，靠知识的积累，靠生活的磨炼，靠老师的启发。首先，知识的积累要求麻将选手必须具备丰富的知识，包括逻辑推敲、数学、心理学、经济学等学科，学科之间是相通相融的，知识可以开拓我们的思维。其次，生活的磨炼要求麻将选手必须投入到生活之中去，懂得生活，珍惜生活，品味生活。看到大海，心胸顿时广阔；登上高山，树立丰功伟业的豪情壮志油然而生；经历风雨，才能领略亲情友情的可贵；久经挫折，方知人生的艰辛；岁月蹉跎，感悟时光的短暂。生活让我们理解了许多原本无法理解的事物，使我们对世界的认识水平产生飞跃。最后，老师的启发能使选手产生一些灵感，领悟到平时忽略的东西，跳出麻将来认识麻将，这就是"不识庐山真面目，只缘身在此山中"的道理。

希望通过下面的几篇文章，让读者有所感悟，重新来认识麻将、看待麻将、思考麻将，树立成熟豁达的麻将观。也希望能增加读者对人生、对社会的感悟，懂得更多的哲理，从而不仅仅在麻将项目上有所发展，亦能步入一条成功的人生之路。

麻将与书法

世间万物，其理相通，其性相近。认识规律的目的是应用规律，此乃达己之道也。如果将麻将上升到"艺"的高度，我个人认为它与书法仍有许多相通之处。

一是要有认真的态度。练好书法，不在于你写了多少字，关键是你练的每一个字是否都能用心去写、认真去写。一天用心练二十个字远比一天胡写乱画两千字的效果好得多。搓麻也是此理，用心去打每一局，思路清晰，不放过任何细节，认真研究牌面，一天打两个小时，战后能将牌局放入心中，场面历历在目，招数铭记在心，知其所以胜，知其所以败，就是最佳效果。一天若打十二个小时，胡吃乱碰，头脑中茫茫然，即使搓麻一生一

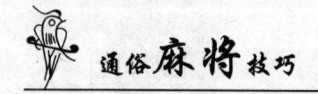

世，也不会有所长进。

二是要有谦虚的态度。真正的书法大家会走遍天下博览碑石，谦虚地学习别人的长处。我们要多看名手的对局，多看名手的著作，现在有关麻将深层次理论研究的作品已经不少，而且在日本、美国还有专业的研究机构。每打一两个月的麻将，就要静心休息一段时间，去学习总结，阅读理论书刊。学会适当休息，思维才能拓宽，认识才能飞跃，牌艺才能有所提高。

三是要勤奋，要持之以恒。这是对以上两条的解释，因为前两条有可能误导大家认为不用实践也可成为麻将高手。其实每一位书法家都是勤练出来的。只能说勤奋不一定成为书法家，但书法家一定都勤奋。麻将也要靠数百场次的对战才可以掌握吃、碰、杠、听、舍牌、猜牌等基本功，要靠上千场的对战才能得到丰富的经验和灵感。

四是要有平和的心境。心静似高山不动，心浮似流水不安。只有心静下来，才可将外界因素完全排除，将水平发挥到最佳状态，方可练手好字，打手好牌。

五是要有挑剔的眼光。自己写一幅字画，自己能够挑出毛病，知道哪里写的不好，就是可塑之才。麻将中有胜有负，知晓胜在哪里，败在何处，谦虚谨慎，水平的提高便指日可待。相反，目空一切，唯我独尊，又怎能反思自己的不足之处呢？

六是要有灵魂。每一幅徐悲鸿画的马都有不同的涵义、不同的气魄，因为他的画总有不同的灵魂蕴涵其中。我们都有过这样的精彩对局——思路清晰，盘面如同神机妙算一般，每走一步已经预测出了两巡后将要发生的变化，对手舍牌如同听你指挥，早已经在你意料之中了。也就是说，打麻将要有个明确的主题，要有中心思想。一盘精彩的对局，决不是某个招式高明，而是行牌流畅，环环紧套，浑然天成，这是因为从配牌到和牌，中心思想贯穿始终。中心思想的内容包括：

是守，是攻，还是攻守结合；

是实，是虚，还是虚虚实实；

是锋芒毕露，还是委曲求全或折中主义；

是招法怪异，还是按部就班……

当然，牌无定式，无论你的计划再周密，总会出乎意料。但是，有明确的中心思想和系统的理论技术来指导行牌的大政方针，才可处乱不惊，保持冷静，化险为夷。相反，就会招法凌乱，变得随心所欲，往往防守成了进攻，压制成了帮助。

七是贵在创新。虽然书法临摹古代名家字体，而欲成为一代宗师，却要风格迥异，自成一体。麻将行牌既要遵循固定技巧，也要时而跳出俗套，以奇制胜，不断地变换招法，让对手无法猜出牌路。

八是极限所至，不可强求。除非命中注定成为麻将天才的人以外，一般人练到某个层次后，水平将达到极限，即使勤学苦练也无济于事。此时，就要拿得起，放得下。

九是要学会生活，懂得生活。麻将仅仅是生活中的一部分，而人生如棋，其实一个高手应当具备的是一个哲人的素质。人只有投入生活，体会生活，理解生活，才能成熟而豁达。当一个人人生无惑的时候，他就可以真正做到心静若水、虚怀若谷、淡泊名利，而这正是高手的品质，也是一种令对手望而起敬的长者之风和大家风范。要打好牌，先要做个好人。

打麻将的人

打麻将的人大多懒惰，能明天吃的饭决不今天吃，能不收拾房间决不收拾，能不洗的袜子决不洗。

打麻将的人大都很骄傲，自以为是一个什么高等品种，天生

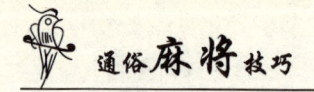

就能和牌,而且是大和,趾高气扬,训这唬那。最窝囊的人,在麻将桌上输个精光,回头还大呼小叫说自己手气不好。

打麻将的人眼光都很高,看上家,盯下家,防对家,关心任何一张牌的走势,就连从来不和牌的人都爱没事跟你谈谈麻将经,就好像他真的很厉害。别人不和牌他也跟着着急,我就不明白一个不会打的人,别人不和牌跟他有什么关系。打麻将的人有满脑子不切实际的问题,和大三元、小三元又怎么样了,和九莲宝灯能不能吃牌啊,这些问题比自己家冰箱里有几枚鸡蛋知道得还要清楚。

打麻将的人都想凌驾于他人之上。希望自己比他人和牌多,希望自己比他人和牌大。希望当庄家,希望做大牌,希望受崇拜。打麻将的人都有皇帝般的梦想,想怎么和,就怎么和,可惜又没那个手气。

打麻将的人大都喜欢当老师,见了人家的麻将局,总要粗起嗓门来冒充内行,"听,就打三万,你怎么不听我的",或用吐沫乱吐人家。人家输了又哭又闹,他反倒哈哈大笑,把脖子高高仰起,"哼,谁让你不听我的"。

打麻将的人都以为自己特有魅力,说起从前,永远都是赢的角色,"其实我不太愿意,可那牌我不得不和"。如果不和,错永远都是运气不好。

打麻将的人都很自恋,虽然不撒娇,但骨子里都渴望得到别人尤其是对手的夸奖。打麻将的人虽然表面上不在乎输多少,其实骨子里心疼得要死,随时随地都要摆出一个最佳姿态来,装作满不在乎。

打麻将的人好色,在一起总在谈论女人如何打麻将。

打麻将的人贪吃,一般边打边吃,零食不断。

打麻将的人渴望伴侣,能在麻将桌上比翼双飞,能在茶余饭后交流探讨麻将的真谛。

第七章

打麻将的人渴望流浪，渴望当大英雄。

打麻将的人情绪化，而且擅长表达。和牌时的得意、输牌时的沮丧一览无余。

打麻将的人不爱文学，但大都爱麻将书带给他的那部分好处。

打麻将的人不善体育，因为大多数时间在麻将桌上度过。

打麻将的人爱情人，是爱在麻将桌的风流（所有麻将人的老婆都好像不支持老公打麻将）。

打麻将的人抽烟，觉得是一种享受。吞云吐雾之时，精神飞离肉体，可以到达一个遥远而又神秘的地方。

打麻将的人叙述能力差，写起东西来揪胡子、抠脚丫，或者还要自摸两下。并不像文人那样一会儿要求喝咖啡，一会儿又要裸体写作。

打麻将的人吃得多，输钱也很多，因为十赌九输。

打麻将的人应酬多，谎话也要多些。而且不会感到不安，谎话一旦成真会感到分外自豪。

打麻将的人处处逞能，反复给老婆承诺下次一定赢。

打麻将的人讨厌老婆太不能干，一天到晚伸手问他要钱，买条裙子要花一千，头发染黄又染黑，卷发烫弯再拉直（花这些冤枉钱在打麻将的人眼里根本毫无意义，还不如用来打麻将）。

打麻将的人多少都有点哥们义气，很容易受他人的影响。人家和大牌，他也要和，人家七对子，他就觉得自己也应该有，好歹也得碰碰和吧。

打麻将的人中，以这样三种人居多且最执著：生活隐痛者、百无聊赖者、占有欲冲动者。

麻将虽然可恶，但也很可爱。打麻将的人纵然有一百条缺点，但总有一件事还是好的，失踪时，在麻将桌总能找到。

点评：此文观点未免有些偏颇，但它却是广大麻将发烧友的

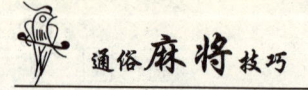

一面明镜,大家可以对照这个反面教材来审视自己的缺点。人不怕有缺点,怕的是不知自己有缺点,不知自己有什么缺点。阅读此文以后,对照缺点改之,则不仅是麻将水平的提高,更是人生历程的一次洗礼。

人生如同一场麻将

　　人生其实就是一场麻将,你必须成为和牌者。

　　坐在一起的对手正如您生活中的三者:竞争者、机会者、压力者。

　　如果你起手的牌很好,相当于你上的是名牌大学,当然,你和牌的可能很大;如果你起手的牌很差,相当于你没有考上大学,当然,你和牌的可能较小。考上名牌大学的不一定能和,没有考上名牌大学的不一定不和。

　　人生中你会碰上许多运气或机会,正如打牌一样,即使你从不和牌也会有机会获得好牌,就看你是否把握。

　　其实当你发现起手牌不理想的时候,对手的牌也不见得比你好到哪里去。

　　一旦你不满足小和,你就希望获得大和,同样你就将自己可能获得的和牌机会转送给别人。

　　无论怎样,别人认可的是你和牌,哪怕是一番,而不关心你做的大牌差一点点就和了。

　　其实你和的牌都是对手给你创造的机会。

　　这局对手若获胜了,就意味着你失败了,生活就是这样残酷,但生活又给你再一次崛起的机会,下一局你一定要更加努力。留给你的机会是有限的,生活不可能给你一次又一次的机会,你失去的机会越多,成功的希望越小。

如果你一旦有机会和，但你希望能够获得更大的和而放弃这个机会，最终你如果真的和了大牌，你不会有太多的喜悦；而一旦结果是对手和了，那么你将痛苦万分。因为，人生最痛苦的事莫过于"得而复失"，人生最快乐的事莫过于"失而复得"。

在人生中我们经历了很多以后，常常能举重若轻；在打牌中我们经历了很多以后，会发现赢输似乎并不重要。

麻将中没有永远的赢家，人生中谁都不可能一帆风顺。

麻将中需要了解对手打牌的风格、摆牌的习惯、出牌瞬间从牌组中抽牌的位置，当你对三家都了解后，你给对手创造赢你的机会远远小于对手给你创造赢他的机会，人生也是如此。

一旦对手和了，你应该想，我不是圣人，投资失误是难免的，但是要总结经验教训；当然，一旦你和了，你会发现你的投资回报是如此的高。和牌是最重要的，人生的成功是最重要的。

对和错往往很难界定，听对了口子，求和三六九条，却没能和上；反而若是听单钓七条，却能杠上开花。好和坏也是难以界定，上手一副好牌，努力做一手大牌，结果失手放炮；上手一副滥牌，从长计议，谨小慎微，最终别家放炮，自己反倒没受损失。对和错，好和坏，常常无法把握，关键是看你的人生态度。千万不要刻意强求，庸人自扰。

人生可以游戏，但最终不能游戏人生。有人曾笑言牌局如人生，倒也有几分道理。有人思虑过度，反被聪明误；有人大智若愚，反倒快意人生。

牌 如 其 人

打麻将的人都知道：三分技术，七分运气。也就是说，玩麻将是谋事在人、成事在天。

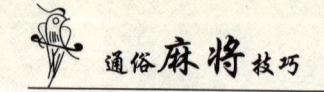

投骰起牌，每人13张，看似公平，实则有很大偶然性。有人起牌极好，有人抓得烂糟。正如赤条条来到世上都是人，但有人生在富贵人家，有人落在贫穷之户，不以你个人意志为转移。

　　但人生的道路和结局，并不全靠起点。不骄不馁，精心筹划，按牌理出牌，坚持不懈地战斗，终能赢牌；起牌虽好，或得意，或急躁，忘乎所以，终局不和。龙变虫，鸡成凤，弹指间江山易人，沧桑巨变。

　　牌的规则又是公平的。万饼条没主次，三六九无大小。"天生我材必有用"，同属芸芸众生，都可定夺成败。

　　进牌出牌轮流走，进出之间，机会或得或失。人生亦有很多机会。转瞬之间，抓住它，不是凭侥幸，靠的是才智、勇气和毅力。出牌有规律，人生亦有规律。但又因人而异，因时而变。"一九易见偏不见，三七不出钓三七"，全在于审时度势，运乎一心。

　　麻将的和法很多，就像人生成功的方法很多，旱路不通走水路，不可吊在一棵树上。但战法又与最初起牌或进牌有关，要想成功，须利用你现有的条件，发挥你的长处，沉着应战。牌场、市场、官场、情场，场场一理。

解读麻将

　　麻将是学问。一位伟人说："你要是会打麻将，就可以了解必然性和偶然性的关系，麻将牌里有哲学。"其实麻将中还包含着逻辑学、数学、心理学、经济学、统计学等学科，我们在平时的搓麻游戏中，应当尽可能地将所学知识融入其中，多问、多想，知其然、知其所以然，尽情体会科学的无穷魅力。

　　麻将是游戏。淡泊名利，笑看人生，麻将不过是游戏而已。

第七章

麻将的结果是赢或输,而麻将的作用却是解除疲劳、提神醒脑、开拓思维、社会交流。我们玩麻将的目的是娱乐、是休闲、是放松、是享受,而不是劳作,这样我们就可以轻松愉快的心情玩麻将,广交牌友,其乐融融。

麻将是心情。爱麻将的城市多半生活悠闲,时光悠游。比如成都,大街小巷都有茶馆,摆不完的龙门阵,打不完的麻将。比如玉溪,气候比春城还适人,物质自古就比较殷实,收入一直都比较稳定;买一杯茶也就几元,租一副麻将也就十几块,谁都可以玩,谁都学得会。工作学习之余,"挤"出点时间,娱乐娱乐,沟通沟通,交流交流,确实是悠然自得呀。

麻将是艺术。清脆悦耳的响声,色彩鲜明的视觉,千变万化的牌形,就足以让参加者着迷。打牌的过程就是一种艺术创作,不断地摸,不断地换,精心构思,精心设计。一条龙、青一色、七小对、海底捞月、杠上开花,那不是艺术杰作么?艺术创作有不同风格、不同流派,麻将也一样。有"婉约派",这种流派打法细腻,先打风,后打将,盯上家,看下家,时时防对家。你不出现,他按兵不动;你一露面,他一个个往外抛。不担风险,不图壮举。用绵绵春雨浸湿你的衣裳,用点点水滴穿透你的顽石。如南美足球,靠细腻的脚下功夫(攻破对方球门,含蓄而隽永。有"豪放派",这种流派粗犷、随意、乱碰、乱吃,无所顾忌。一心追求"杰作",毫不在乎"小品"。只在一心创作,不管世外风云。如一匹脱缰的野马在平原上奔驰,用排山倒海之势攻)破对方防线。像欧洲足球,大刀阔斧,咄咄逼人。输就输得潇洒,赢就赢得痛快,酣畅淋漓。

麻将是人生。四个人往那一坐,便充满期待,充满探索,充满憧憬。人生不也是在期待中完善,在探索中成熟,在憧憬中实现么?人生充满竞争,麻将也充满较量,狭路相逢,勇者胜,智者胜。

麻将是期盼。得到的往往不美，最美是在追求之中。麻坛上有这样的佳话：有一"麻匠"，因为2饼未摸着，丢了大和，整天都在苦苦思索，以至晚上做梦都在想。无意中手摸到了妻子的鼻孔，下意识地从梦中惊醒，兴奋得大叫："自摸2饼，和了！"睁眼一看，手里死死按住的是妻子的两个鼻孔。可见麻将让人为之癫狂的程度。我们都渴望能和上"九莲宝灯"那样的经典之作，苦苦地寻觅，长久地期盼，锲而不舍，就像一个可望而不可及的梦想，让我魂牵梦绕，成为一个我与麻将永恒的情结。

第八章 高手篇

一名高手，除了掌握全面的技巧，还要有丰富的实战经验、强健的身体素质、成熟健康的心态、良好的记忆力等等。麻将高手的竞技，就是一场综合素质的考试。

形 象 篇

反面形象

（1）情感　如果处理不好家庭关系、工作关系、社会关系，在牌桌上心有余悸，自感力不从心，未战而先输一筹。

（2）体力　长期睡眠不足，不注意饮食，营养不良，精神萎靡不振，气血不顺，易上火，身体处于亚健康状态。

（3）精神　心不在焉，遇对手连和三庄以上就方寸大乱，大脑一片空白，心情急切，不顾牌理胡吃乱碰，属于意志薄弱，自控能力差。

（4）心境　没有平和的心态，患得患失，和牌时大喜，打失牌时大呼小叫，不能自持，沉迷于个人世界的大悲大喜之中，心思没能融入牌局之中。

正面形象

（1）情感　平时能有较高的个人修养，爱护家庭成员，关心同事，尊敬领导，干好本职工作，对玩牌是爱玩而不贪玩，有轻有重，工作在先，玩牌在后。俗话说"家和万事兴"，这五个字

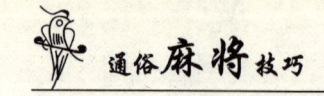

的内涵需细细体会，将使每个人受益匪浅。

（2）体力　每天保证八小时睡眠，注意饮食，长期坚持做有氧运动，精力充沛，一天玩牌不超过五小时，不连续作战。

（3）精神　在牌桌上心平气和，思维敏捷，即使遭遇重创后依然神色不变，稳扎稳打，不急不躁，循序渐进，力挽狂澜。

（4）心境　进麻将场也要讲究门当户对，应当根据自身条件（技术水平、社会地位、经济状况）给自己定位，只有置身于适合自己的麻将场所才能发挥出正常水平。在牌桌上对事不对人，不斤斤计较，礼让三分，时刻保持良好心态。对抓起的每副牌都充满信心，和牌了不骄傲，不和牌要找原因，将每一次失败当作一个学习的过程，客观地看待牌局中的"风水轮流转"现象，不灰心，不懊恼。

心 态 篇

影响麻将胜败的因素有许多，如运气、技术、经验、记忆力、心态等等。

（1）运气　运气好坏是概率事件发生之后在人脑中形成意识的体现，运气是事后的精神产物，世界上根本就没有运气这类物质，所以试图找到运气之后再上牌桌比赛是徒劳无功的。

（2）技术　技术是麻将行牌的基础，没有技术肯定不行。但是技术好并不意味着技术就能在场上发挥出来，技术只有在心态平稳、端正时才能正常发挥。

（3）经验　经验固然重要，大家常看到经验的正面影响，却忽视了经验的负面作用。经验有正确的也有错误的，如果没有科学来指导，往往会产生错误的经验。另外，凭经验办事会压抑我们的思想，会让我们形成惰性思维，而失去对现象应有的辨别、分析、判断能力。

（4）记忆力　记忆力可以帮助你记牌，为你行牌决策提供部分信息。

（5）体力　打麻将比的是智力，同时也是体力的比拼。一场麻将少则三四个小时，多则一个昼夜，高手作战对脑力的消耗很大。有的选手开头一个小时思路清晰，可时间稍长，便昏昏沉沉，就与体力不济有关。

（6）心态　我认为这是最关键的因素，技术、记忆力再好，临场发挥不出来，最终百无一用。就好比一个将军，熟读兵法韬略，军事知识丰富，而到了战场上面对隆隆炮响、血肉横飞则方寸大乱，指挥时抛战术战法于脑后，最终全军覆没。我认识一个麻将老手，技术很好，但他的麻将心态不端正，战术中急于求胜，赛程上无休无止，对输赢看得很重，往往利令智昏，平时能算对的牌型到了牌场上就忘得一干二净，结果大家可想而知，当然是输多胜少。

每个选手都是体质、思想、情绪的表现物，在公平规则下，往往是人的心态决定了最后成绩。我们必须意识到，牌场如战场，每个人都在努力策划着和牌，因此对手和牌是很正常的事情。但是，有些选手却不能正视这一点。对手连续和牌后，会面临以下四种精神状态：①面不改色，心平气和，神情自若；②忐忑不安，心跳加速；③惊慌失措，不能自控；④思想已游离于牌桌之外，犹如行尸走肉一般。在受到震波后，第一种类型的选手没有受到影响，水平依然正常发挥；第二种类型的选手努力自我调节，6分钟后恢复正常状态，失去了两局的机会；第三种类型的选手若不再遭受挫折，20分钟后自然恢复正常状态，失去了六局的机会；第四种类型的选手已经失态，打牌出于本能，完全没有了思想，人在牌局，心在场外，成为一个不会和牌的陪练。

心态决定一切，心态始于心灵，又终于心灵。心态变，情感就会变；情感变，行动就会变；行动变，命运就会变。所以一个选手必须具备健康成熟的麻将心态，学会"情绪控制"，在应对不利局面时，负面因素对个人心理、技术产生的影响力降至最低，才能比赛成绩保持相对稳定，才不会出现大起大落的情况。

我们应该以什么样的心态来参与麻将竞技活动呢？

第一，树立正确的麻将观念。玩麻将的目的是娱乐、是休闲、是放松、是享受，而不是劳作，这样我们就可以张弛有度，以轻松愉快的心情玩麻将，同时减少了麻将中的争吵。有少数人将麻将游戏当成劳作，把赢钱当作目标，一天十几个小时连轴转，通宵达旦，既影响身心健康，又耽误工作学习，每天疲惫不堪，无精打采，实在不可取。

第二，要心平气和，不骄不躁。手气顺也好，手气背也好，不要动辄大呼小叫、喊爹骂娘。心静似高山不动，心浮似流水不安，很多人可以从选手的神态来推测手牌的进展情况。对手越是急躁，你就越要沉稳，这样你可以先胜一筹。高手行牌稳如泰山、滴水不漏，纵然形势万变，也能从容应对、条理清晰、组牌周密、循序渐进。理智永远大于情感，不暴露一点信息，使对手琢磨不透。

第三，修艺先修德，做事先做人。在牌桌上喜欢计较、争斗、焦躁、欠账的人，一定是一个心胸狭隘、自私自利之人；在牌桌上喜欢设卡、偷牌换牌且不守竞赛规则的人，一定是一个品德不健全、好弄心术的人。席勒说："游戏是本能，游戏中的表现是人的天性的自然裸露。"欲提高技艺，先修炼品德，德高才能望重。有些人在麻场上长胜不衰，周围的人却乐于与他同桌竞技，因为他德行高、牌风好。虽然麻将技巧中不乏低劣之术，但达到一定技术层次以后，就可以抛开这些低劣伎俩。凭的是脑力、理论、心态、经验等个人素质取胜，胜得光明磊落，让人心服口服。

第四，注意力要集中，心无杂念。麻将是一种竞技活动，需要敏捷的思维和清晰的记忆力,而且还要专心致志。这就需要我们在麻将游戏中有充沛的精力和体力,平时注重多休息养好精神,不要疲劳作战。另外,我们要分清楚主次,先办正事,然后才是娱乐。倘若旁边是儿女哭闹,电话里是家人的催促,这种情况下仍然坚持战斗,结果肯定是输。再比如人在牌场,心中惦记的是家中的油盐酱醋,或是领导交办的各项事务,此时行牌怎能有章法,结果也是输。

第五,心不可贪,适可而止。只有努力将外部因素对心理的影响降到最低,才能使技术最大限度地发挥。为了确保自己能有一个平和的心态,需要有"小输即是赢"的心理准备,最好能做到淡泊输赢,适可而止,用理智来克服贪念。牌谱上讲:"副副求和,必败无疑。"

第六,要有必胜的信心。有的选手原本踌躇满志,连败几场之后,便心灰意冷,信心全失。无论是在生活中,还是在麻将场上,我们都会时常遭遇挫折,甚至一败涂地,但在任何时刻都要保持"大家"之风范(就好比英国人时刻讲究的绅士风度),相信科学,相信自己的分析判断能力,总而言之,就是要相信自己。牌虽有好坏之分,气势却不会被对手所压倒;牌局有输有赢,信心斗志却不能输给对手。

顺 逆 篇

在无数次的牌战中,顺逆对每个人是机会均等的。但在某一场牌局中的某个时段,你既可能身处顺境,也可能身处逆境,甚至在整场牌局中你都身处顺境或身处逆境。虽然每个人的顺逆机会均等,但每个人对待顺逆的态度却迥然不同,这在很大程度上影响着战绩。

1. 正视顺逆

运气对麻将战绩的影响很大。围棋中，专业九段和业余初段对弈一百盘，九段可以轻松赢初段一百盘。而在麻将比赛中，即使是水平很高的选手打一百盘，能和四十盘已经很不错了，初学者在运气好的时候也能在麻将场上大放异彩、光芒四射，这也正是麻将区别于围棋能够在大众中普及的原因。运气是随机的，是一种机会，机会对每一个朋友都是公平的，有时候你顺一点，有时候我旺一些。技巧却是一成不变的，高手获胜胜在技巧之上，技巧可以最大限度地降低运气对牌局的影响力。

实战中切忌急躁，有人几圈不和，方寸大乱，一败涂地。麻将是现实存在的物质，不是精神的产物，偶尔运气极好是少见的，但也是正常的。如果大家水平相当，每局中每个人和牌的概率仅为四分之一，某个人连和四局的概率仅千分之四，对手三人中有人连和四局的概率则为千分之十二，略大于百分之一。所以遇到对手连续和牌的情况也是完全正常的，因为你经常打麻将，打一天就有一两百局，出现这种情况是符合逻辑的。

2. 把握顺境

身处顺境，往往开局牌面极佳，有对子容易碰出，有搭子容易吃进，上牌快、成牌早、听牌早，和牌顺利。此时要求选手胜而不骄，保持沉稳；不违反牌规，不违背牌理，做牌顺其自然；打牌尽量慢一些，以免出现纰漏；取攻势而不露锋芒，言谈举止不要得意忘形（易招众人反感）；偶尔牌面不佳时，可以放松一下心情，让绷紧的神经休息片刻。

例：某选手身处顺境，连连和牌。这一局也很顺利，第6巡便可报听夹2条，通过分析预计牌墙内有2~3张2条，便没有报听，两巡后摸进2条，改听1、4条。最终结果是对手和牌。

牌理分析：牌墙内至少有 2 张 2 条，早听三分和，不听属违背牌理。

心理分析：麻将是四人较量的游戏，企图局局是自己和牌，便陷入误区。不切实际地追求面面俱到，往往空手而归。

3. 苦度逆境

身处逆境，往往开局牌面杂乱，碰不出、吃不上、成牌慢、听牌迟，即使听牌也很难和牌。选手要学会忍耐与等待，忍耐时间的煎熬，等待新的机遇的降临。在背的时候，不自暴自弃，不自我打击，而是自我调节、自我安慰，思想决不纠缠在对自己失误的自责之中（牌战结束后才是反省失误的时间），而是用最短的时间将失误抛在脑后，振作精神面对新的一局。配牌结束后要根据牌面确定明确的战略思想，没有绝对的优势就取守势，以求少失分数，降低损失。要对自己的技术有信心，坚持猜牌、算牌，而不是消极地听天由命。

例如，某选手身处逆境，已经连续几局听牌却没能和牌，此时摸进 6 饼，如图：

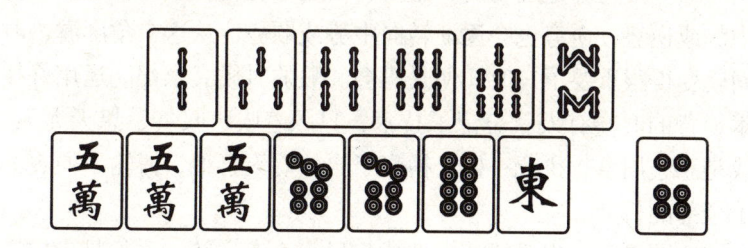

若报听单钓 7 饼，牌墙剩 0～2 张；若报听单钓东风，牌墙中仅剩 1 张。此时报听单钓是自暴自弃的表现。放弃运筹，便是放弃竞争的机会，是投降的表现。正确打法是不报听舍出东风，待上其它牌再报听两口叫或三口叫。

4. 正视失误

行牌过程中决策失误是常有的事，首先我们要允许失误、正视失误、辨证地看待失误。手中只能捏 13 张牌，剩余的牌只能舍出，在两难抉择时非对即错，丢张等失误是难以避免的，又何必过于自责而影响心情呢？另外，错与对是很难界定的，有时决策错了，结果却向好的方向发展；也有时决策对了，结果却向坏的方向发展。我们衡量对错的标准，还是应该看决策是否科学，而不是看结果是好是坏，这样才是一个唯物主义者，才有助于我们认识牌理、提高牌技。

我们还要善于利用失误，将失误造成的负面结果尽可能地转化成正面结果。比如拆搭子，我们从四、五万和 7、9 条中选择一个搭子拆舍，当然应该拆 7、9 条，可是刚舍出 9 条，又摸进 8 条，这时我们应该再拆舍四、五万，上家看我舍出 9 条，跟舍 9 条，恰好我吃进，这就是成功地利用了失误。

5. 顺逆转换

顺势与逆势是运动的，随时间而发生变化，顺势会逐渐转向中势或逆势，逆势也会逐渐转向中势或顺势，从这个角度看，时间就变得很重要了，时间便是机会。顺的时候大家都能运用好技术，背的时候有人就忘记了技术，只顾着唉声叹气、怨天尤人，或是意气用事、拼死一搏，搏赢了自然欢天喜地，搏输了便丧失了全部的机会。

在顺势时，出现错招，造成失局，心态逆转，往往是走向逆势的开端。

在逆势中，牌不顺，心要顺。稳扎稳打，努力运筹，偶尔和牌，信心大增，精神为之一振，是跃出逆势的跳板。

在逆势中，多次受挫，精神处于崩溃的边缘，不关心牌局，遇事大呼小叫、摔牌、骂牌，行牌乖张，已经到了令人费解的程度，把自然而成的和牌打成怪异的失牌，越后悔、越自责，越失误频频，最后跌入逆势的深渊，再也无法拉起。

在原始森林里，有一个有趣的现象：每一个树桩周围，总会有几株非常年轻的树木蓬勃生长。这是因为：在森林里，那些树龄上百年的老树，凭借强大的势力占据了所有的空间。而那些刚出生的小树，因为没有足够的阳光和养分，生长得非常缓慢，甚至死去。一旦有一株老树死去，那些坚持着活下来的小树便会迅速生长起来，用自己的身躯占据那片空间。委曲求全为的就是一朝勃发，忍耐的过程不就是成功的过程吗？

攻守篇

麻将的行牌风格可以分为进攻型与防守型。进攻型是指以和牌为第一目标，敢于冒一定的风险，敢于舍危险牌及生张，做牌以快攻为主。防守型是指以不放炮为第一目标，力求少失分数，克制下家，诛住听家，做牌时以守为主。

1. 两种打法的差异

通过实例予以解释。

【例1】牌至中盘，各家均未入听，手牌为一人听，如下图：

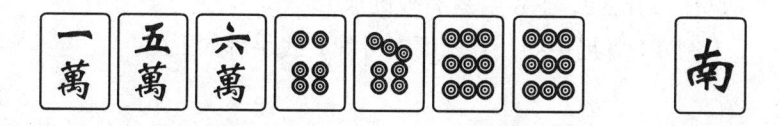

一万　五万　六万　③③③　④④④　⑤⑤⑤　南

手握孤张一万，二万已经四张落地，惟独不见一万，一万很可能有人求碰，此时摸进熟张南风。保守型选手打一万，以防止

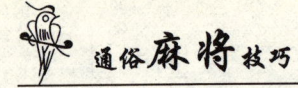

对手将来报听一万对倒；进攻型选手则打南风，凭什么舍一万让对手先行碰听，自己最先听牌不好吗？

【例2】牌至中盘，各家均未入听，手牌为一入听，如下图：

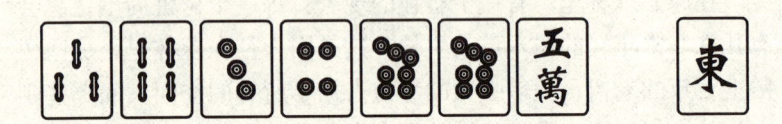

守就舍五万，以免以后放炮；攻就舍东风，以免下家吃进五万，抢在我前面上听。

【例3】此时对手中一家听牌，我手牌如下图：

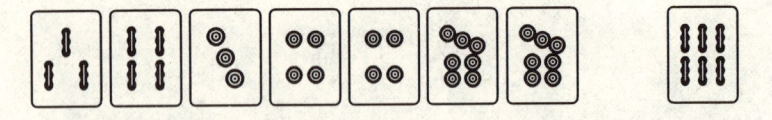

偏偏在此时摸进生张6条，而3条是熟张，保守型选手打3条，留嵌5条的口子，以避免放炮；进攻型选手则打6条，留3、4条两面搭，为以后报听留下好口子。

2. 进攻与防守是对立的统一

攻有守的含义，你争取尽快和牌，和在对手前面，这本身就有守的成分；反之，守也有攻的含义，你努力不给下家喂牌，减慢了对手的做牌速度，不给听家放炮，使听家无法和牌，为自己留有更多的机会，这本身就有攻的成分。

【例4】牌局中期，各家均未听牌，我手牌如下图：

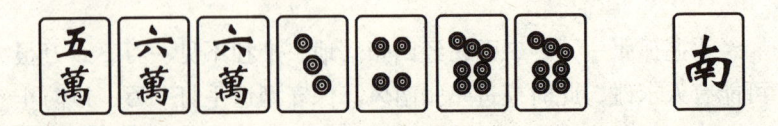

为求速听而取攻势，舍出六万，以骗吃上家的七万。恰巧对家报听，南风反而成为安全牌，进攻的策略此时也成全了守势。

3. 进攻便是最好的防守

【例5】牌局中期，各家均未听牌，我手牌如下图：

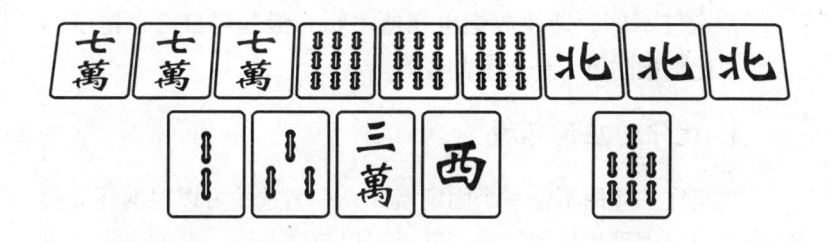

此时各家随时有可能上听，为了安全起见，若采取守势则留住风牌，三巡后可能使手牌转化成下图的状态：

但是，如果对手纷纷上听，而我方始终难以上听，发财、西风舍出去以后再舍什么，到了山穷水尽之时，即便是放弃做牌，也很难保证不放炮。反之，若是采取攻势则舍出西风，可能使手牌转化成下图的形态：

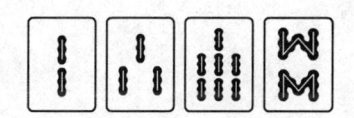

若上张顺利，便立即转化成听牌，如下图：

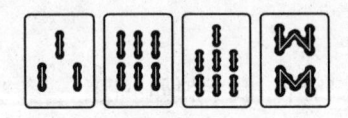

若运气不好，即使放炮也在所不惜，最起码自己也搏了一次，总比消极防御、任人宰割要好。

4. 攻守的应用环境

攻与守的应用不是一个固定模式，一名选手可以根据环境而决定这一局中采用何种策略，甚至可以攻守兼顾。总的来说，攻与守的选择有以下原则：

熟悉对手的打牌习惯、技术特点及性格脾气，可以多攻少守；对于陌生的环境、陌生的选手，可以少攻多守。

水平低的选手即使选择守，也会时常放炮，倒不如每局都取攻势。

水平高的选手即使选择攻，也不会放几次炮，因为他纵然是舍生张，也不会触及最危险的区间，放炮的概率自然较低，因此宜多攻少守。

牌面好，当仁不让，宜取攻势；牌面差，特别是一手滥牌时，委曲求全，只能取守势。

自己的牌墙将在行牌中期或后期摸到，码牌时存储的信息将有效利用，取攻势；自己的牌墙已成配牌或在牌墙尾部，码牌时存储的信息仅能够作为推断的参考，取守势。

5. 总　结

总的来说，对于中级水平以上的选手，多取攻势的战绩将优于多取守势的战绩。往往正是固有的经验束缚了我们的手脚，总是试图运用各种技巧使自己不放一炮，其实丧失的是一次次的机会。不妨胆大一些，多取攻势，也不会放几次炮，因为我们的水平已经达到了一定的高度，纵然是舍生张，也不会触及最危险的雷区，放炮的概率自然较低，却大大增加了和牌的机会。

攻守本无定势，但是攻意味着高风险、高回报、轰轰烈烈，守意味着低风险、低回报、平平庸庸。因此，选择攻，是在考验你的心理承受能力。美国心理学家丹尼尔发现，风险决策后的输赢结果对人而言是不对等的，减少100元带给人的痛苦，远远大于增加100元带给人的愉快。也就是说，进攻型选手在连续两局中，前一局自摸赢6分，后一局放炮输3分，通常这名选手仍沉浸在痛苦之中，这对以后战局中这名选手水平的正常发挥会产生很大的负面影响。

通过以上分析，我们知道高手取攻势是有利的策略，但是为什么在实战中高手大多愿意采取守势呢？这是人的本性造成的。人的本性有贪婪、爱慕虚荣的一面，人只想占有，却不愿失去。人喜欢听到别人的赞许和恭维，希望对手及旁观者说："他水平真高，不放一炮。"人害怕受到别人的嘲笑，不喜欢听别人说："哈哈，他又放炮了。"实际上，人能够超越贪婪，就是战胜了自己。正如生活一样，斤斤计较、一毛不拔将使自己的人生之路越走越窄；乐善好施、仗义疏财将使自己的朋友遍天下，干事创业易如反掌。而超越了虚荣心，便会由大愚若智转变为大智若愚。

另外，高手若常取守势，几圈下来一炮未放，而其他对手则均点炮三两次，他们必定心中愤愤不平，无论高手是赢是输，却视高手甲为虎狼，原本三个互不相识的牌手（乙、丙、丁）开始形成联手压制同盟。这种状况一旦形成，他们行牌就有了倾向性，特别是舍牌的选择上，会尽量避免给甲点炮。比方说，丙要么舍A，要么舍B，而从牌理分析，甲必定不和A，乙必定不和

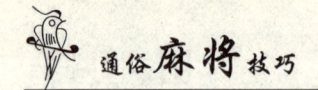

B，丙会舍出 A，即使乙和牌，他也很平静。其实，不光是舍牌，在碰牌、吃牌等方面都将发生变化，一打三，形势是极其恶劣的。

行为篇

首先，摸牌时轻拿轻放，要保存体力。不要用指头读牌，宜直接摸进，即使已经养成读牌的习惯，也应该用拇指压在牌的正面，手掌放低，以免曝光。坐姿要挺胸，以免驼背。不要翘二郎腿，不要抖腿，那样消耗体力。

不要做无用的动作，比如手牌已经报听，上家舍出东风，自己刚准备去摸牌，对家喊碰，明知这张牌不该自己摸，却急切地搓一下，一方面白白消耗体力，另一方面，一旦是自己的和牌，顿时心情低落。行牌应当尽量避免受到不必要的刺激，特别是那类自找的刺激，造成心跳加速、胡思乱想，给自己增加额外的负担。如对手已经和牌，却急切地翻看牌墙寻找自己的和牌，若和牌将至，则捶胸顿足，却于事无补。

其次，行牌要遵守牌规，以免招人反感。上不打，下不摸；喊碰即碰，摔牌即和；在摸进和牌时，宜轻拿重放，轻拿是防止他人硬碰，重放是给对手造成心理震慑。

再次，牌场上各类人都有，三教九流、鱼龙混杂，自然也不乏素质低下、牌品全无之辈，此时应避而远之。麻将的游戏规则是可以耍奸耍诈，但决不能耍赖，打牌要虚，为人要实。碰到偷牌、诈和等行为的人转身就走，决不纠缠；碰到挑刺的人，据理力争，消除误会，若对方态度不好、胡搅蛮缠，也应该停止比赛。因为争吵导致情绪波动，扰乱思维，从医学角度讲，怒伤肝、气伤肺，影响身体健康，如果继续比赛，则必输无疑，普通人不具备泰山崩而色不变的定力。

还有,要善于把握自己的精神兴奋程度。一场牌局通常为六个小时,这个时域中,选手的精神状态起伏很大,总体兴奋程度的发展是:由低到高,再由高至低。

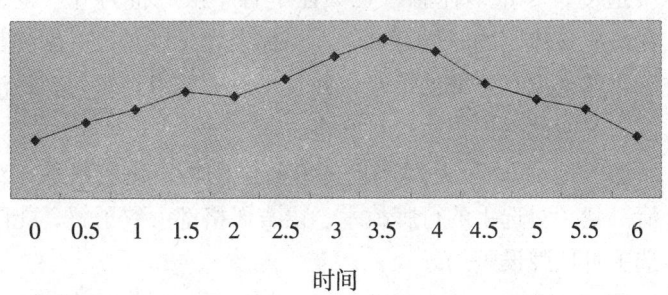

精神兴奋程度曲线图

时间

前两小时:各自能保持心神安定,是有攻有守、互有进退的缓冲阶段。

中两小时:攻守分明,竞争呈白热化状态。此时在前期无错招、运气较好者,精神集中,思维清晰,愈战愈勇,牌面浑然天成,心情愉悦,占据优势。而前期出现失误者,成绩不佳,在推断、计算方面产生一定的心理障碍,思维迟钝,错招连连,心情沮丧,自信心受到打击,情绪波动大,不能有效控制局面,占劣势。形成胜者攻、败者守和强者愈强、弱者愈弱的局势。

后两小时:属于攻守双方相互转换的冲刺阶段。中期的攻方在取得胜果后,不愿冒进,由攻转守,稳扎稳打,步步为营,进入收尾阶段。中期的守方在成绩不佳的影响下,心烦意乱,求胜心切,转守为攻,牌理全失,更加被动,最终惨败。

由此来看,麻将的战绩很大程度取决于心境。很多人往往在

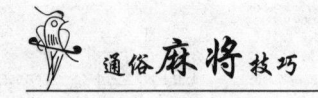

牌局前期尚能保持镇定，后期却丧失理智、自毁前程，致使由小输瞬间转变为大输。

最后，要争取占据天时、地利、人和。

"天时、地利、人和"主要是指趋利避害，最大限度地加大比赛的胜算。

所谓"天时"，就是指打麻将的前提条件是办完正事，并且娱乐要适度，尽量多休息，三天以上打一次麻将为宜。也就是说，在最应该休闲的时候打麻将，当你上牌桌后对每一副牌都有新鲜感，丝毫没有急躁的情绪，并且乐意去努力经营一副最滥牌的时候，说明此时你很适合打麻将。

所谓"地利"，就是对当前的麻将活动场所比较熟悉，对规则一清二楚，对选手的行牌战术、语言风格都大致了解，能防止陌生选手打伙牌设骗局。

所谓"人和"，就是自己养成良好的牌风，如良好的牌品，得到各位选手的好评，在经常出入的麻将活动场所有很好的人缘，大家都乐意与自己同桌竞技。而不是做一个大家都讨厌的选手，一上桌就成为各家严格控制的目标，行牌处处受限制，势必增加了和牌的难度。

猜 牌 篇

1. 以两报扣为研究对象

① 某家开局就舍出中张，而后摸啥打啥，说明该选手牌面很好，进入一入听或二入听状态（搭子齐备，一摸即听或一碰即听），此时就要根据自己的手牌对其加强控制。随后该选手将摸牌插进手牌，抽出1饼舍出，再观察海内见3饼，不见2饼，推测该选手很可能求碰2饼，手牌可能是以下情形：

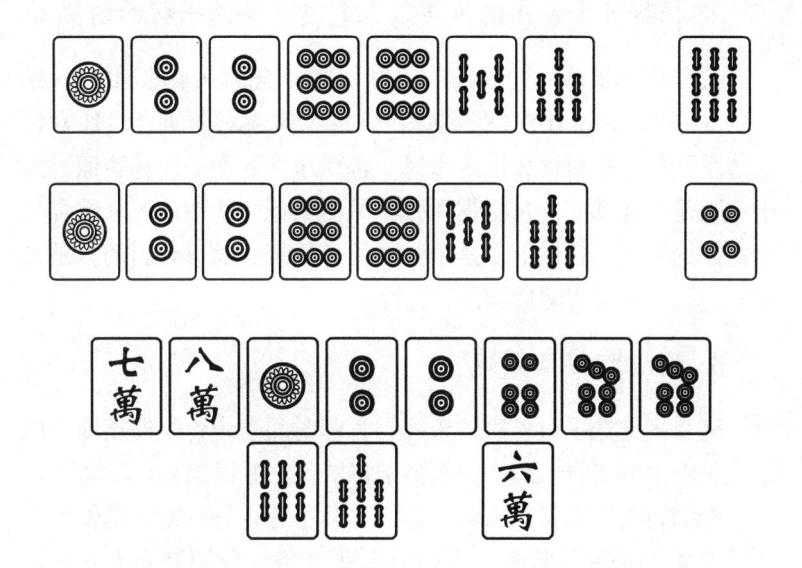

② 甲家舍出8饼，两巡后甲家又**摸进**8饼直接舍出，这时丙家从自己手牌中抽出一张8饼舍出，推测选手丙很可能求碰9饼。因为两报扣不允许收炮，没有理由跟熟，最大的可能是丙家为8、9、9饼的复合面子，抛砖引玉，舍出8饼，促使对手拆舍嵌8饼的搭子，达到自己碰出9饼的目的。

③ 我手中有一对东风待碰，第8巡时各家未听牌，上家舍出东风，此时碰出东风也不能听牌，这种情况下可以考虑摸牌。不碰东风的原因是：上家也抱一对东风，久未碰出，便拆舍东风，下一巡他还会舍出另一张东风；潴风战术颇为普遍，上家压一张东风，或许下家、对家也在压东风，因此第一张东风入海后，第二张东风会立即跟出，待下家或对家舍出时再碰。

④ 一局中前三巡各家均舍风牌，此后陆续舍出中张万子，说明各家手牌中均无万子接茬，此时，我摸进五万，推测牌墙中万子牌居多，可以留下五万兜搭。

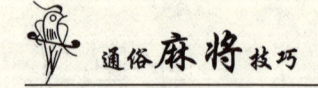

2. 根据开局舍出的风牌数来判断每个选手牌面的优劣

按照概率来算,开局前三巡每人进牌16张(配牌13张+摸进的3张),应该有3.3张风牌,除掉风牌成对的机会,通常每个选手开局之初应该舍出3张风,舍风小于3便是优势牌面,大于3则是劣势牌面。再根据风张出尽后其他舍牌的情况来综合判断各家的牌面,舍出的多是中张者便是优势牌面,舍出的多是幺九、边张者便是劣势牌面。

3. 通过盯牌来算牌

高水平的选手对各家的舍牌、舍牌时间、舍牌是即摸即打还是从手牌中抽出打入海内,都能记忆清楚,并以此来计算牌张。

例如,仍以两报扣来说,这一局我手牌较好,第7巡便可听牌边7条,是否报听呢?海内有2张9条,分别是下家开局舍出、对家跟熟舍出,说明这两家不占7条;海内1张8条,是上家在第4巡从手牌中抽出舍入海内的,他在第6巡摸7条打7条,并无人碰,由此说明牌墙内有3张7条,可以报听边7条。

4. 通过牌的特性来算牌

打两报扣时,边张(1、2、8、9)、尖张(3、7)、中张(4、5、6)、风牌在行牌中各有其特点。

边张:前期易出;到中后期仍海内不见,多被人抱成对子或刻子。手中有一对边张,若是到中期仍未碰出,可能别人手中也有一对,有时根据牌型需要拆舍对子,否则会导致两家对死的局面。

风牌:前三巡易出;过了四巡未出现的生风通常就被潴到八巡以后了。手中有一对风牌,若是到中期仍未碰出,可能别人手中潴着一张,因此不能拆舍。你若前脚拆,他会后脚舍;你若不拆,他顶多再潴两三巡,自然会舍出。

尖张：前期不会出现；若是中期出现一张，而其邻张海内居多，则此尖张在牌墙中所剩较多，对手即便摸此尖张也会即摸即打。

中张：前期不会出现；若是前期、中期均未出现，定为死牌，牌墙中所剩极少。

5. 根据海牌来算牌

①前期舍条，说明其手牌无条子。
②中期摸牌后插入手牌之中，抽出条子舍入海内，说明手牌有条，但条不多。
③中期摸上条子即摸即打，说明手牌不用条，且占有的条子少。
④后期舍饼舍万不舍条，说明手牌需要条，且条子多。
⑤后期摸上条子即摸即打，说明手牌做牌在饼子、万子上。
根据自己的能力去观察，可以大致推算出某张牌占有的情况，也可以推算出某家和牌的范围。

6. 及早拆搭可奏效

高手对局，盯张都很准确，使用普通骗招，往往很难奏效。
【例1】手牌如下图：

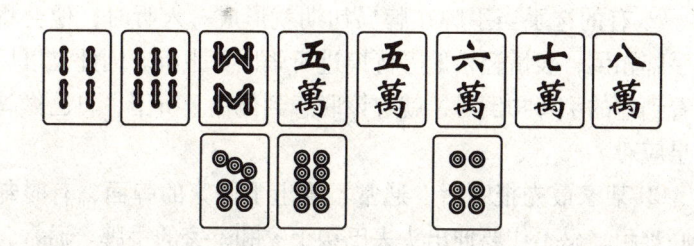

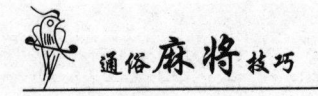

若是摸进6饼报听时,再舍出4条,对于高水平的对手,根本诱骗不出7条。但是,如果提前两三巡舍出4条,待我报听时,对手均盯住我曾经舍过4条,往往7条会立即入海。因为高手行牌自信而果断,推测对手不和的牌会大胆舍出,甚至于拆搭、拆对也会舍出;推测对手求和的牌宁可放弃听牌,也不会轻易舍出。

【例2】手牌如下图:

一万 一万 | 四万 四万 四万 | 七万 七万 七万 | 五万 | 五万 | 六饼 | 七饼 | 八饼

若是摸进6饼报听时,再舍出4条,对于高水平的对手,已经猜出极有可能求和2、5条,期待对手点炮已经不大可能。但是,如果提前两巡舍出4条,待我报听时,对手均盯住我曾经舍过4条,往往2条会立即入海。

7. 根据牌手的习惯猜牌

① 有的选手当手牌对子(或刻子)较多时,他会将这些对子(或刻子)扣倒在门前,当有人舍出他求碰的牌时,他会从中翻起两张牌,碰倒形成明刻。因此,以后一旦看到他将部分手牌扣倒时,就应该联想到他有几个对子,并且尽量注意不要舍出生张,以免他碰出。

② 有的选手当手牌在牌局初期就形成一人听时,他会将全部手牌扣倒,表情轻松地等待摸进听张即可报听。因此,以后一旦看到他的手牌扣倒时,就应该联想到他快上听了,自己做牌时及早应对。

③ 某家最先报听后,通常不看上下两家的牌面,有时却好奇心难耐,忍不住要伸出头去巴望上家和下家的手牌。通常,听个好口子时,人的自信心强,胸有成竹,故而能耐住性子等待和

牌；而听个劣口（对倒、嵌张或单钓）时，自己对和牌也无信心，生怕绝和，急于了解听张的好坏。

④ 某家第二个报听，如果通常他不愿再翻看头家报听已经扣倒的牌，而这局却反常地翻看头家听牌者的牌面，必是自己听了好口子（要么是海内尸牌较少的两口叫，要么是三口叫），生怕对手抢在自己前面和牌。

⑤ 很多年轻选手都有事先将准备好下一巡的舍牌放置在手牌最右侧的习惯（因为大多数人都是右撇子），还有一些选手喜欢将下一巡准备舍出的牌压在手心下，以便轮到自己摸牌时顺手将其快速舍出。既然是预先已决定了舍出的牌，必定是孤张或无用之牌，那么这张牌的左右都应该是安全的。某家舍出二万，同时报听，如果二万是放置在手牌最右边，说明该选手事先已经决定舍出二万，由此推理出和牌与二万无关（这个推理方法在对手手牌副露较少的情况下准确性更高）；而正常情况下，会认为和牌与二万高度相关。

【例1】手牌如下，二万为有用张。

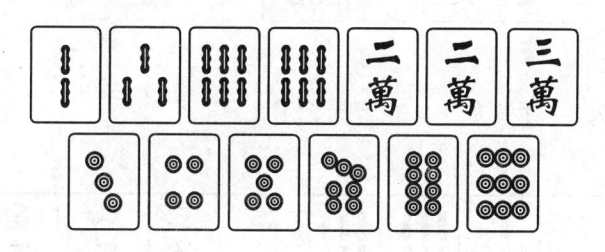

通常不会将手牌摆放成这种形式：

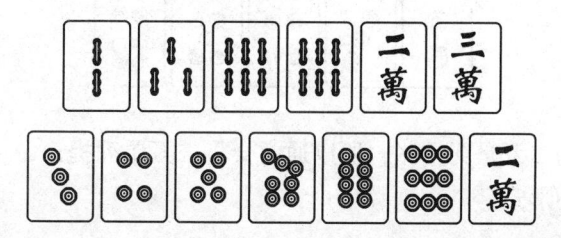

【例2】手牌如下,二万为孤张。

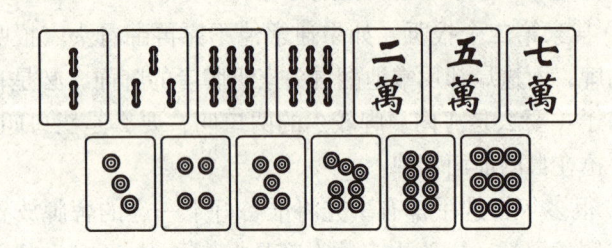

因为二万是孤张,所以通常会将二万单列提出,将手牌摆放成这种形式:

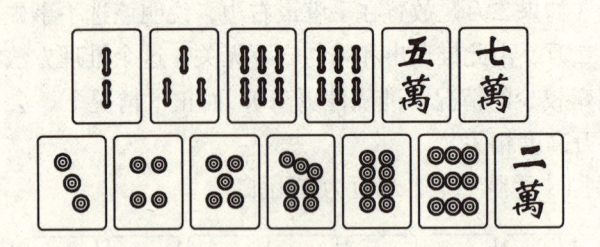

【例3】手牌如下,二万为无用张。

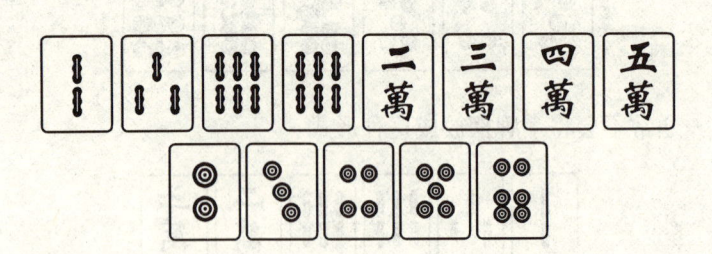

因为二万是无用张,所以通常会将二万单列提出,将手牌摆放成这种形式:

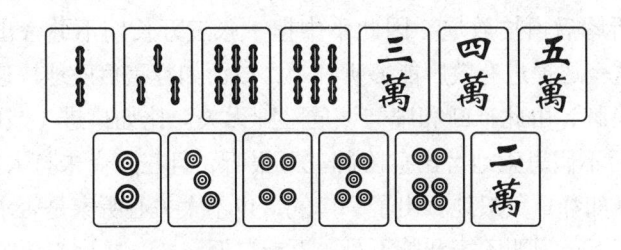

其实对于日常熟识的牌友，可以多去观察他的行为及习惯，就会总结出这样或那样的规律，值得我们学习借鉴并加以利用。

8. 根据表情猜牌

① 某家见有人叫碰三万而唉声叹气，下一巡又舍出一万，那么再下一巡必舍二万。

② 若某选手头家报听，在他听张的那一刻注意观察对手的表情，则：摸入中张而喜形于色者，是摸进嵌张或钓将成功，求和之牌通常与报张无关；摸入中张而故作镇定者，通常是贴张组搭报听，故意掩饰内心的不安，装出一副无所谓的样子，求和之牌通常与报张有关；前一巡摸张似乎准备报听，却又未听，而下一巡神情焦急紧张的摸牌却神奇般地上听了，很可能是摸啥钓啥，求和的就是报张。

③ 某高手将一高度危险牌七万轻松打在听家门前，挑衅般地说，"给，拿去和吧"，其中必有内情。很可能该高手手中有3张六万，或是六万被其码在牌墙末端，因此七万成了安全牌。

④ 当前已经有一家（甲方）听牌多时，一、二万是熟张，三万是很危险的生张。此时又有一家（乙方）报听且同时舍出三万，通常后听的乙家在报听并舍出危险牌三万时会有两种表情：一是虽准备报听，但又恐三万被甲和牌，故此犹豫不决，最终要么是必须舍三万，要么是舍出三万将听成好口子，于是很艰难、

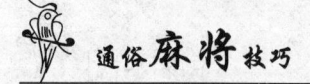

很谨慎地打出三万，由此推断和牌可能与三万有关。二是乙家在对手听牌后惧怕放炮，因此手中捏一张三万长期不敢舍出，恰好，这一巡摸进有效牌能够听牌了，故而如释重负般地快速舍出该危险牌，由此推断和牌与该危险牌无关。比如摸进（或吃进）牌A后不假思索地舍出危险牌三万报听，且三万尚未打入海内，便已经如释重负般地长出了一口气，也不太关心听家是否求和危险牌三万，说明乙家和牌不是一万或二万。

9. 根据逻辑推理来算牌

①牌至中局，某家上一巡舍出2饼，这一巡却摸进3饼报听并舍出五万，分析上一巡他手牌有以下五种可能性：

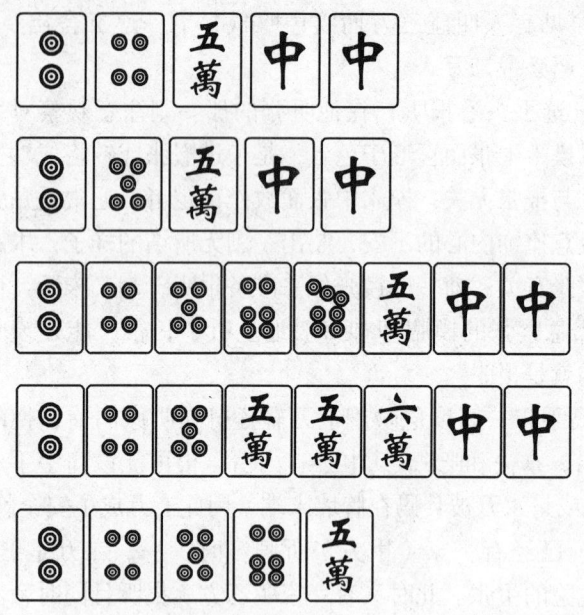

前三种牌型都意味着该选手打丢张了，因此只要该选手没有遗憾、懊恼的表情，就可以排除前三种可能，由此推断出他不和1、2、4、5饼。此例就是假设排除法的推理运用。

② 拆对或拆搭后报听，均不会是贴张听。因为搭子原本富余，就不存在组搭报听的可能性。

例如，某选手先拆舍出七万、九万，接着摸进3饼报听，推理出该选手不和1、2饼。

③ 牌局中期，已经有两家报听，我手中有3个4饼，而8饼是现熟张，由此推理：听家手牌占有4饼的可能性不大，不应该有3、4饼或4、6饼的搭子，因为8饼是安全牌，因此听家不可能有6、7饼的搭子，由此推理出2饼和5饼是安全牌。

④ 第1、2巡即打中张，表示该家可能牌好或有很多字牌、幺九牌的对子。

⑤ 某家摸三万报听，是否求和二万呢？这要判断他手中是否有一个孤张四万，可以用假设排除法来推理。如果他手中有孤张四万，就不可能舍五、六万，因此，他若是曾经舍过五万或六万，能推断出他手中不会有孤张四万，就必不和二万。

⑥ 上家舍出二万，甲未吃而摸牌，甲却摸进一张二万报听了，通常只有以下几种情况：

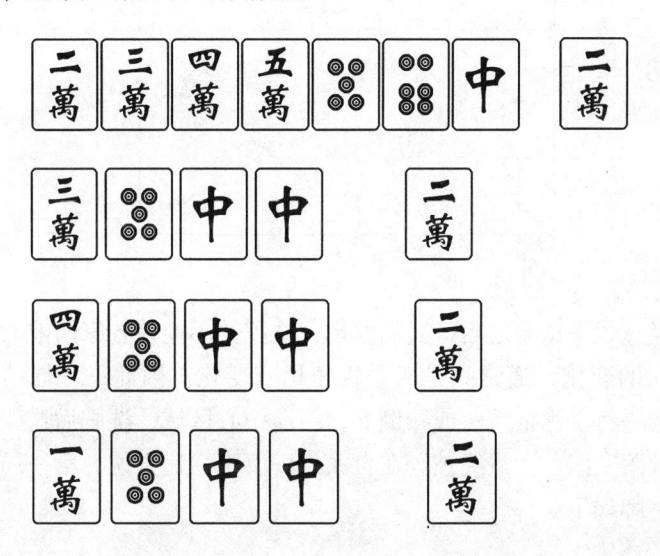

二萬 三萬 四萬 五萬 六饼 六饼 中 二萬

三萬 六饼 中 中 二萬

四萬 六饼 中 中 二萬

一萬 六饼 中 中 二萬

| 三萬 | 三萬 | 三萬 | 中 | | 二萬 |

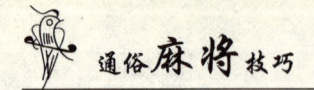

五种假设的牌型中有四种都求和小万子,遇到上述情况时,一、三、四万都是危险牌。

码 牌 篇

一局结束后,每个选手通常会将自己的手牌推倒(或扣倒),然后开始洗牌。洗牌时四人同时将自家门前的牌向牌堂中心推搡,如图所示:

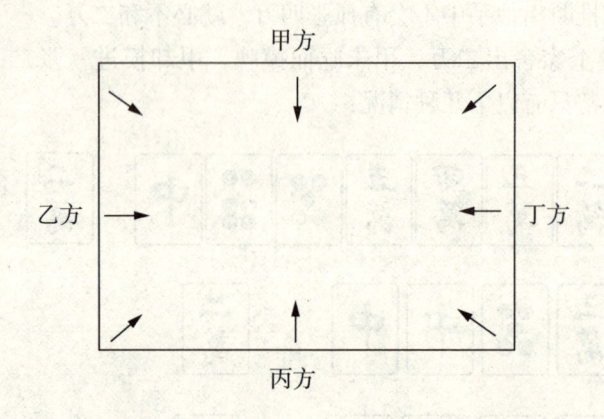

甲方

乙方　　　　　　　丁方

丙方

经过数次试验之后,我们发现,洗牌并不能使各家门前的牌发生大的变化,通常只是四个拐角稍有变化。因此,一局结束后,选手将手牌推倒(或扣倒)在门前中心区域,洗牌后这些牌仍旧散落在门前,最终被码在自家的牌墙中。比方说,第一局某选手手牌如下:

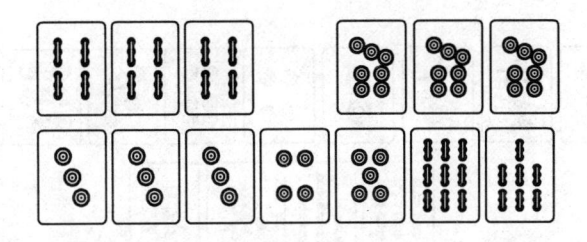

那么第二局，他码的牌墙中，4条、7饼、3饼各有2张以上。

因此，一个高水平的选手，在牌局结束后不是急于推牌、洗牌，而是留心观察各家手牌中的明刻和暗刻，特别是中心张和尖张的成刻情况，为下一局行牌准备有效信息。在洗牌时，手法能做到轻推重接。"轻推"是为了减少牌河的流动，以确保各家门前的牌不会发生大的变化；"重接"是防止别家对牌的推搡在我门前形成缺口，也是为了不让牌河发生大的流动。在码牌时，不急不慌，手码的是门前的牌，眼睛观察的却是其他三家的牌，记忆各家牌墙的主要特征。

例如，规则为两报扣，丙方对上一局各家的手牌记忆如下：
甲方：饼子居多
乙方：

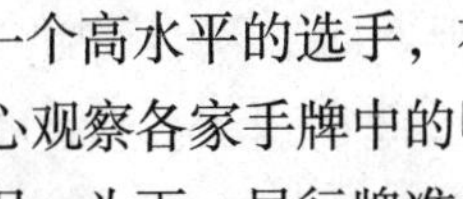

丙方：万子居多
丁方：

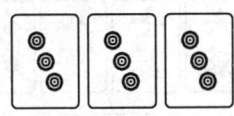

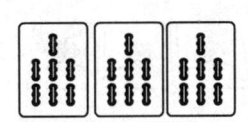

这一局配牌从甲方牌墙的中段开始抓起，配牌结束时刚好把丁方的牌墙抓完，丙方的手牌如下：

四万 六万 八万 ◎ ◎◎/◎◎ ◎◎◎ ◎◎/◎◎◎ ◎◎◎/◎◎◎ ◎◎◎/◎◎◎

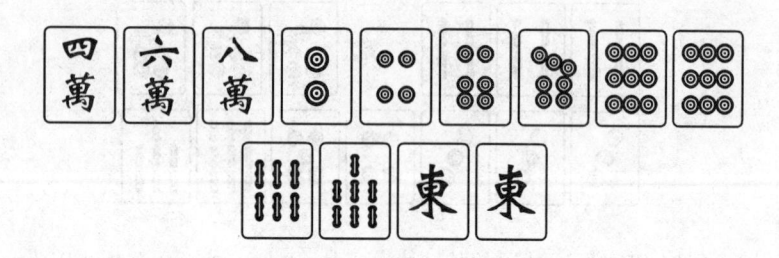

‖‖‖ ‖‖‖ 東 東

① 由于3饼在丁方的牌墙中，而丁方的牌墙在配牌时会部分给各家，因此3饼能摸到的可能性很小，最先舍出2饼、4饼。

② 行牌之初便是摸丙方的牌墙，而丙方的牌墙中万子居多，因此万子的搭子是好搭，不必拆舍。几巡后摸进七万，形成六、七、八万的顺子。

③ 因为上一局中5饼、8饼均未成刻，因此5饼、8饼在本局的牌墙中均匀分布，摸到的可能性很大，只是时间或长或短，耐心等待。

④ 因为这局牌的和牌阶段将摸乙方的牌墙，而乙方牌墙中有3个8条，因此，6、7条的搭子就很有希望。

⑤ 在以后的发展中，碰进东风，摸进5饼，上听，手牌如下：

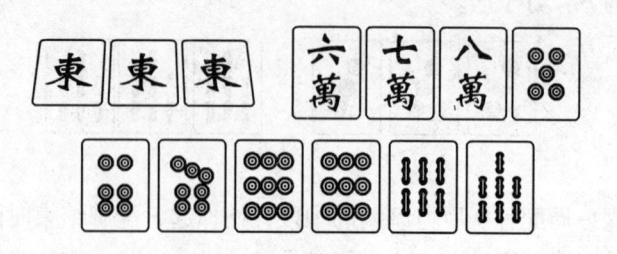

東 東 東 六万 七万 八万 ◎◎◎ ◎◎ ◎◎ ◎◎◎/◎◎◎ ◎◎◎/◎◎◎ ‖‖‖ ‖‖‖

⑥ 摸到乙方牌墙中段时，摸进8条和牌。

洞 察 篇

1. 洞察人的精神状态

人是情感动物，心理的变化常通过表情、举止等反映出来，因此由表及里，可以揣摩人的内心世界。

① 某输家将危险牌生硬地打到听家门前，说明内心胆怯，表里不一，心理已接近崩溃的边缘。

② 某输家牌战之初话语很多，打了三四个小时以后就不吱声了，是遭受重创后意志消沉的表现。此时再适当说一些长自己志气灭他人威风的话语，该家就会彻底崩溃。如："这么滥的牌居然上听了！""这张牌都能摸上，真有些意想不到呀！"

③ 一旦有对手和牌，某家看也不看，迅速将牌推进牌堂，说明该选手气急败坏，精神已经崩溃。

④ 牌局打了三个小时后，某选手不慎点炮，只是淡然一笑，或是谈笑风生，丝毫没有气恼的样子，说明该选手修养高、心理素质好，是个很难对付的选手。

⑤ 别人放炮后，自己或幸灾乐祸，或是亮出自己手中的炮牌，讲述自己何等高明，这类人浮躁、浅薄，思想意识单纯，是容易对付的选手。

2. 甄别牌桌上的语言信息

日常的搓麻游戏，通常不像正式比赛场合那么严肃，话语比较随意，人多嘴杂，如何甄别并利用牌桌上的语言信息呢？

首先要分清说话者所代表的利益群体。

如果是对手说出的话，多半有其说话的目的，其目的常常是声东击西，迷惑众人，通常不可相信。例如，选手甲摸 2 条报

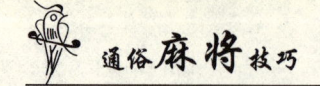

听,选手乙说"和的是3条吧",选手甲立即从手牌中亮出一个3条说,"谁还没个3条呀",选手乙顺势舍出3条,甲亮出手牌报和。报听牌如下:

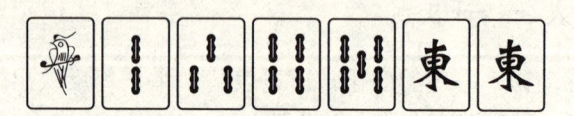

其实仔细回想起来很简单,甲、乙站在不同的立场上,甲从自己的利益出发来说话,信息当然是不利于乙的,乙怎么能拿甲说的话当判断的依据呢?

如果是与某选手熟识的旁观者说出的话,其话语多半倾向于该选手,亦不可相信。例如,旁观者张三与选手李四熟识,选手李四报听后,张三说,"这么好的口子肯定自摸了",其实李四听的是东风与红中两对倒,张三说话的目的是让其余各家认为李四听牌口子为标准三口叫,从而忽略生张风牌的危险性。

如果是与各选手均无利害关系的旁观者说出的话,其话语应当可信。例如,旁观者李四与各选手均不相识,选手丙报听舍出3条,李四说,"放着两口叫不听,怎么这么打牌呢",可以猜测出丙在听对倒、听嵌张之间作出了听嵌张的选择,引起了李四的不满,估计选手丙求和嵌2条或嵌4条。

其次,要看选手说出的话是有意的、无意的还是刻意的。

有意说出的话语是正常思维产生的,语速慢且均匀,条理清晰,语言的真假主要看平时该选手的习惯,常说假话的不可信,常说真话的可信。

无意说出的话语是瞬间思维产生的语言,发话突然,语速快,条理混乱,语言是真实的。例如,甲刚一摸上6条,大骂"这个滥牌",寻思片刻之后,竟然报听了,真是出乎大家意料。6条早已让丙碰出,自摸绝6条报听原本是好事,甲为什么要破口大骂呢？一看牌堂，上一巡甲舍出了 7 条，就猜出结果了。原来甲本欲听嵌 6 条，无奈 6 条只剩绝张，只好不报听拆舍出 7 条，偏巧又摸进 6 条，错失和牌良机，只能再报听 4、7 条。

刻意的语言，说话时装腔作势，眼神飘忽不定，语言是最虚假的。例如，甲摸进九万报听，三巡过后掀起手牌中的另外一张九万，眨着眼睛对大家说，"九万凑了一对将"，好让对手明白他的和牌与九万无关系，其实他求和的正是五、八万。

3. 观察听牌迹象

推倒和打法中选手不需报听即可和牌，那么我们如何判断对手是否已经听牌了呢？一般来说，下面几种现象是听牌的迹象：

①三吃落地，所剩的牌仅 4 张。

②在已经打过很生的张子后，又吃进一张牌。

③牌已抓到十巡左右的时候。

④对手打牌时不加考虑——已摆出所谓"手已直了"的姿势。这种情况必是对手已经听牌，而且牌面很好，很可能是多口叫听，决不会是单钓将，手中无需换牌，志在必得。

⑤某家平常舍中张、尖张时多有疑虑，惟恐下家吃牌，此时舍出中张却无所谓，不怕下家吃牌，估计他已经听牌。

⑥看海内牌的时候多，看自己手中牌的时候少。

⑦某家在焦虑紧张之后，又露出轻松喜悦的表情。

⑧有的选手很善于聊天，开始侃侃而谈，接着话突然少了（进入组牌的关键期了），过一会儿又滔滔不绝了，多半已听牌，有闲工夫聊天了。

图书在版编目(CIP)数据

通俗麻将技巧/赵国鑫著
.-北京：人民体育出版社，2006（2019.9.重印）
ISBN 978-7-5009-2919-2

Ⅰ.通… Ⅱ.赵… Ⅲ.麻将-基本知识 Ⅳ.G892

中国版本图书馆 CIP 数据核字(2005)第 140567 号

*

人民体育出版社出版发行
三河兴达印务有限公司印刷
新 华 书 店 经 销

*

850×1168　32 开本　9 印张　220 千字
2006 年 6 月第 1 版　2019 年 9 月第 11 次印刷
印数：50,001—53,000 册

*

ISBN 978-7-5009-2919-2
定价：25.00 元

社址：北京市东城区体育馆路 8 号（天坛公园东门）
电话：67151482（发行部）　　　邮编：100061
传真：67151483　　　　　　　　邮购：67118491
网址：www.sportspublish.cn

（购买本社图书，如遇有缺损页可与邮购部联系）